부모 이노베이션

부모 이노베이션

초판 1쇄 인쇄 / 2011년 11월 15일
초판 1쇄 발행 / 2011년 11월 25일

지은이   윤미정

펴낸이   박동선
펴낸곳   자우북스
주소   서울시 마포구 망원동 423-9
등록   제 10-1332호
전화   02-324-8638
팩스   02-333-8643
E-mail   jawoobook@hanmail.net

ⓒ 윤미정. 2011

ISBN 978-89-5918-071-4   13370

값 14,000원

창조와 공감의 시대
부모의 자기혁신을 위한
열정적 멘토링

부모

PARENTSINNOVATION

이노베이션

차례

1장 ☀ 나는 부모다

2장 다 같은 부모가 아니다

3장 부모의 세상읽기와 미래교육

4장 ☀ 패러다임의 변화와 꿈의 실행

5장 ☀ 영어의 날개를 달아주자

어제도 오늘도 나는 많은 아이들을 만났다. 유치원 아이부터 중학교, 고등학교 아이들까지. 그리고 그 아이들을 자식으로 두고 있는 부모들과도 매일 만난다.

오랜 세월 수많은 부모와 자식의 관계들을 경험하면서 내가 느낀 아쉬움과 안타까운 마음은 어찌 보면 하나의 사실에서 비롯된 것이다. 아이의 머리를 바꿔서 성공시키겠다는 부모가 주변에 너무나 많다는 것이다.

머리를 바꿔서는 인간이 성공할 수 없다. 진정으로 인간이 성공하려면 가슴이 바뀌어야 한다. 그래서 아이의 머리를 채우려고 하는 부모가 아니라 가슴을 채우려는 부모가 더욱 많아지길 기대하면서 나는 이 책을 쓴다.

이 책은 나의 두 아이를 미래형 인재로 길러내기 위해 나름대로 열정을 쏟았던 나의 자녀교육에 관한 보고서이자 미래교육의 중요성을 고민하고 실천해온 한 사람의 교육자로서 이땅의 부모들에게 자기혁신을 촉구하는 희망의 제안서이다.

내가 이 책을 쓰게 된 첫 번째 동기는 오래전 맺었던 큰아이와의 약속이다. 어린 두 아이를 데리고 새로운 세상을 공부하기 위해 미국으로 건너가 생활했던 3년 동안 우리 세 모자는 새로운 생활이 가져다 준 여러 어려움들을 함께 하면서 더 많이 감정적으로 소통할 수 있었다. 그러던 중 작은아이와 나는 홀로 기러기 아빠라는 몫을 3년 내내 감내하고 있던 남편을 생각해 한국으로 먼저 돌아오기로 결정했다.

그때 가장 가슴 아프고 두려운 일이 사춘기, 흔들리는 시기의 큰아이를 홀로 미국에 두고 떠나와야 한다는 사실이었다. 우리는 서로가 흔들리지 않게 할 목표가 필요했다. 그래서 나와 큰아이는 서로에게 한 가지씩 약속을 하였다. 아이는 컴퓨터 공학도라는 자신의 꿈을 이룰 수 있도록 도와줄 좋은 대학에 진학하는 것을 목표로 삼았다. 그리고 나는 큰아이가 그 도전에 성공한다면 나도 도전 한 가지를 실행하겠다는 약속을 하였다.

평소 큰아이는 내게 이렇게 말하곤 하였다.

"엄마의 삶에 대한 열정이나 문제를 해결하는 모습은 대단하세요. 엄마가 낯선 미국에서 부딪히고 도전하던 모습이 저는 자랑스러웠고 제게 큰 힘이 되었어요. 엄마는 현명한 해결사예요. 그런 엄마의 경험이 다른 부모님들에게도 전해지면 좋겠어요. 엄마 이야기를 책으로 쓰시면 좋지 않을까요?"

그래서 나는 아이가 내게 바라던 책을 쓰겠다고 약속했다. 아이는 목표하던 대학에 진학하는 것으로, 나는 자녀교육에 관한 나의 경험과 방법을 책으로 엮어 내는 것으로 서로에게 힘이 되자고 했다. 나는 목표를 정한 아이에게 작은 동기 하나를 더 보태주고 싶은 마음이 컸다. 멀리 떨어져 있지만 엄마도 너와 함께 도전하고 있다는 것을 보여주고 싶었다.

큰아이는 정말 잘해주었다. 아이는 문제가 생길 때마다 지레 좌절하거나 포기하지 않았다. 자신의 문제를 들고 주변 사람들에게 다가서는 방법을 스스로 터득해 갔다. 자기의 문제를 부끄럽게 생각하지 않고 도움을 요청하고 다른 사람의 의견을 경청하는 과정에서 아이는 문제를 인식하고 주체적으로 해결하는 방법들을 알게 되었다. 그런 경험은 아이가 다른 사람들과 성숙한 관계를 맺을 수 있도록 도와주었고 좋은 사회인으로 한 걸음씩 내딛게 하였다. 마침내 아이는 자신이 원하던 콜롬비아 대학교에 입학하였다.

지금 큰아이는 대견하게도 자신의 목표를 하나하나 이뤄가고 있는 중이다. 그리고 둘째도 형의 도전에 자극을 받고 자신의 꿈을 펼치기 위해 미국으로 건너가 공부 중이다. 그런 아이들의 모습들을 보면서 나는 다시금 스스로를 돌아보지 않을 수 없었다. 힘든 상황에서도 목표를 실현하기 위한 도전을 주저하지 않고 있

부모 이노베이션

는 우리 아이들에게 이 엄마도 계속 도전하고 있다는 사실을 보여주고 싶었다. 그래서 잠시 잊고 있었던 큰아이와의 약속을 지키기 위해 책을 쓰기로 용기를 내게 되었다.

나는 지극히 평범한 사람이다. 전라남도 목포, 유교적 전통이 뿌리깊은 고산 윤선도의 후손 해남 윤씨 집안에서 1남 5녀 중 둘째 딸로 태어나 남아선호의 시절, 귀한 남동생의 그늘에 가려 평범하게 자랐다. 그러나 평범한 내가 단하나 다른 이들에게 자신 있게 말할 수 있는 것은 지금까지 50년 세월을 살아오면서 나는 어느 한 순간도 현실에 안주하지 않았다는 것이다. 나는 끊임없이 세상을 읽어내고 세상과 소통하려 하였고 더 나은 세상과 미래를 위해 내가 먼저 나 자신을 던져 도전하였다.

나는 어떤 문제에 부딪혔을 때 문제의 본질을 보려고 애쓰며 살아왔다. 드러나 보이는 표면적인 현상에 집착하기보다는 본질적인 문제 해결을 하려고 했다. 당장은 부모로서 가슴이 아파도, 혹은 조직에 손해가 되더라도 잘못을 덮기보다는 문제를 통해서 하나라도 교훈을 얻을 수 있는 방법을 찾아내려 하였다. 문제를 해결하고 미래를 내다보는 내부의 힘을 기르는 일에 집중하였다. 그것은 내가 우리 두 아이들을 교육하는 원칙과 같은 맥락이다.

지금의 나를 가만히 한번 들여다본다. 사업이라는 것을 한 번도 해본 적도 없던 내가 어떻게 여기까지 올 수 있었을까. 내가 하는 사업이 단순히 이익창출이 목적이었다면 나는 하지 않았을 것이다. 나는 교육자다. 아이들이 미래를 꿈꾸게 하고 성숙한 사회인으로 자신의 색을 발견하고 밝혀나갈 수 있도록 도와주는 것이 나의 보람이고 목표다. 교육자로서의 자부심과 숙연한 책임감이 없었다면 나는 지금의 일을 할 수 없었을 것이다.

나는 진정으로 우리 아이들이 살아가야 할 미래를 고민했고, 미래의 세상을 보여주기 위해 좀 더 큰 도전을 선택했다. 그리고 그 도전의 과정에서 무척 많은 것을 배웠다.

나의 도전이 비록 거창한 성공이 아니라 하더라도 아주 평범한 한 아줌마가 이렇게 인생을 바꿀 수 있다는 사실만으로 많은 부모들이 용기를 내는 데 도움이 되기를 바라는 마음에서 이 책의 동기를 또한 찾고 싶다.

나의 일천한 경험이 누군가의 인생에서 반딧불이 되었으면, 죽어있던 열정을 흔들 수 있는 작은 울림이라도 되었으면 하는 바람이다. 이럴 땐 어떻게 하면 좋을까 막막할 때 곁에 두고 열어보면서 작은 격려가 되고 희미한 빛이 될 수 있는 그런 책이었으면 좋겠다.

아이를 키우는 부모로서 또 미래를 고민하는 교육자로서 내 인생의 열정과 에너지가 이 책을 접하는 모든 분께 감염되기를 바란다. 그리고 다시 열정의 바이러스가 그들의 아이들에게까지 감염되기를 소망한다.

부모 이노베이션

나의 이 도전에 가장 큰 용기를 준 이는 바로 우리 가족이다. 엄마의 열정은 그 누구도 따라갈 수 없을 것이라고 힘주어 얘기하는 사랑하는 우리 아이들, 기혁이와 성욱이. 그리고 나에게 늘 좀 쉬라면서도 열정적인 내 모습을 좋아해주는 나의 열렬한 지지자 남편. 감사하고 사랑한다.

　이 책은 나의 또 다른 시작이고 도전이 될 것이다.

2011년 가을 연희동에서
윤미정

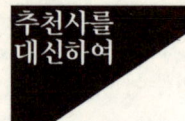

그리운 어머니!

어머니의 책이 출간된다는 소식을 접하고 뛸 듯이 기뻤습니다. 오래전 한석봉 모자처럼 함께 도전해보자던 약속을 이렇게 지켜주셨군요. 매일 잠조차 제대로 주무시지 못할 정도로 바쁘신 줄 알고 있는 저는 어머니의 이번 도전이 정말이지 감동스럽습니다.

십여 년 전, 지금 생각해보면 어머니는 정말 겁이 없으셨습니다. 어린 저희 두 형제를 데리고 기댈 사람이라고는 아무도 없는 미국 땅에서 어머니는 무엇을 찾고자 하셨던 건지 사실 그때는 잘 몰랐습니다. 낯선 땅에서의 어려움과 외로움을 이겨내시며 어머니는 우리에게 새로운 미래사회의 모습을 보여주려 하셨고 어머니 스스로의 미래를 변화시키고자 하셨다는 걸 나중에야 알 수 있었습니다. 어머니는 늘 우리를 통해 미래교육을 실천하시고 그 경험과 고민을 다른 많은 부모님들과 교육현장의 분들과 나누기 위해 노력하셨습니다.

기억나시죠? 미국에 도착하자마자 9 · 11사건이 터져 아파트도 얻지 못하고 우리 세 식구는 한동안 유랑민 생활을 해야 했습니다. 처음엔 언어 소통이 제대로 되지 않아 답답하기 이루 말할 수 없었습니다. 정말 힘든 시간의 연속이었습니다. 그 많은 시련들을 이겨낼 수 있었던 어머니의 용기는 어디서 나왔던 걸까요?

그때 어머니가 저희들을 데리고 새로운 모험을 시작할 용기가 없으셨다면 과연 제가 지금 제 꿈을 위해 도전하며 삶을 즐기고 있을 수 있을까요? 그때 우리가 먼 타국에서 서로를 의지하며 앞으로 나아가는 방법을 배우지 못했다면 제가 혼자의 힘으로 공부하며 원하는 바를 이룰 수 있었을까요?

어머니를 보면서 우리 형제는 스스로 목표를 갖게 되었습니다. 어떤 어려운 문제에 부딪혔을 때도 늘 피하지 않고 정면으로 보다 나은 해결책을 찾을 수 있게 된 것도 어머니에게 배운 일입니다. 어머니는 우리 형제가 우리 스스로를 믿을 수 있는 힘을 기르도록 이끌어주고 격려해 주셨습니다.

"너희가 살아갈 세상이다. 너희들이 진정으로 원하는 것이 무엇인지를 먼저 찾아라."

어머니는 늘 우리 두 형제에게 스스로 꿈과 미래를 찾아가는 길을 열어주기 위해 자신의 편안함을 포기하셨습니다. 성장한 지금에서야 뒤돌아 생각해보니 힘들 때마다 한국으로 돌아가고 싶은 마음이 얼마나 컸을지, 또 아버지가 얼마나 그리우셨을지 조금이나마 짐작이 됩니다. 어머니의 도전과 헌신은 저에게 많은 가르침을 주었고 어머니의 삶은 지금도 제가 어떻게 살아가야 하는지 답을 찾을 수 있게 해주는 제 생의 롤모델입니다.

보내주신 원고를 읽으면서 전 어머니의 도전이 끝이 아니라 새로운 시작이라는 것을 느낄 수 있었습니다. 이제는 조금 편히 쉬시면서 평범하게 지내셔도 될 것 같은데 다른 부모님들께 조금이나마 도움이 되기 위해서 누가 시키지도 않는 상담과 컨설팅을 하시고, 그리고 그 조언들을 정리하여 책으로 묶어내시는 모습을 보면 정말 어머니의 꿈과 열정은 끝이 없는 것 같습니다.

많은 분들이 어머니의 책을 읽고 우리 형제가 경험했던, 또 경험하고 있는 아름다운 도전들을 계속해서 이어 갈 수 있기를 바랍니다.

사랑하고 존경하는 어머니!

어머니의 새로운 출발을 축하드리며 어머니의 열정이 많은 이들에게 감동과 용기를 줄 수 있으리라 확신합니다.

뉴욕
콜롬비아대 기숙사에서
기혁 올림

부모 이노베이션

배를 만들고 싶다면 나무를 잘라 손질하고 공구를 준비하고
일을 분배하여 주되 일꾼들을 재촉하지는 말라. 대신 그들에게
바다에 대한 무한한 그리움을 가르쳐 주라
· 생 텍쥐페리 ·

자녀교육은 부모교육이다

토양이 되어주는 부모

아이를 둔 많은 부모의 눈빛을 딱 한 마디로 정의하면 '기대'라는 단어가 가장 적당할 것이다. 자녀에 대한 기대 하나로 부모들의 눈은 가득 차 있다. 세상의 모든 부모가 다 그럴 것이다. 어떻게 보면 부모의 길은 아이에 대한 막연한 기대로 꽉 채워진 마음을 시간이 지날수록 하나씩 하나씩 비워가는 과정이 아닐런지...

사실 우리가 그런 기대감이 없다면 어떻게 아이를 키울 수 있을까. 그 기대감 때문에 부모는 힘을 내기도 한다. 그런데 아이에 대한 기대를 실현시키고자 하는 방법은 부모마다 너무나 다르다. 부모가 갖고 있는 아이에 대한 기대는 어떻게 하면 현실로 구현될 수 있는것일까? 이 책은 이 물음에 대한 나의 진술서이다.

똑같은 씨앗을 심어도 어떤 식물은 싹이 나면서 병이 나고 어떤 식물은 아주 잘 자란다. 씨앗의 경쟁력은 우선적으로 씨앗 안에 있다. 어떤 잠재력이나 능력은 씨앗의 내부에 존재한다. 그러나 그 씨앗이 일정한 시기에 싹을 틔우게 도와주는 것은 씨앗을 덮고 있는 흙, 토양이다. 부모가 바로 씨앗이 싹을 틔우게 할 수 있는 토양의 역할을 해야 한다. 토양이 좋지 않으면 아무리 튼실한 씨앗이라도 흙 속에서 죽어버리거나 싹을 틔워도 잘 자라기 힘들다. 토양이 얼마나 비옥하냐에 따라서 씨앗의 운명이 결정된다. 그렇기 때문에 부모는 끊임없이 배우고 노력해서 자신을 채우고 가꾸어 아이에게 비옥한 토양이 되어야 한다.

흙을 너무 깊게 파고 씨앗을 묻으면 싹이 나올 수가 없다. 씨앗의 모든 것을 품어주고 받아들여주는 것은 좋지만 과잉된 양분으로 싹을 틔우려고 한다면 씨앗은 썩어서 죽고 만다. 또 너무 얕게 심으면 씨앗은 따가운 햇빛에 말라 죽고 말 것이다. 부모도 그와 같다. 과잉 보호와 방치. 둘 다 아이를 죽이는 일이다.

아무리 힘들어도 부모는 부모다

세상에 부모로 태어나는 사람은 없다. 부모는 되는 것이다. 부모가 되어 내 아이에게 특별한 사람이 되는 것이다. 부모라는 존재는 한 생명을 자신의 몸에서 떼어내 자신의 분신으로 만들어 놓은 그 순간부터 자신의 역할을 반드시 해내야 한다. 적어도 아이가 세상으로 당당히 걸어 나갈 때까지는 반드시 책임을 져야 한다. 그 과정에서 아이가 돌부리에 부딪히고 넘어지더라도 포기하지 않고 용기있게 일어나 다시 걸을 수 있도록 길을 터주고 불을 밝혀주며 끊임없이 박수를 쳐주면서 지켜봐주어야 한다.

아이들은 공부를 하지 않을 때 별의별 핑계를 만들어 둘러대곤 한다. 부모도 마찬가지다. 많은 부모가 자신이 부모 노릇을 잘 못하는 이유를 자신이 아닌 다른 데서 찾아서 변명하기 바쁘다. 그러나 부모라는 존재는 어떠한 상황에서도 자기의 부모 된 역할을 포기하면 안 된다.

사람이 자신의 어려운 상황을 이야기로 설명하는 것과 그것을 감정으로 표출해 드러내는 것은 다르다. 그런데 대개의 부모들은 자기의 힘든 부분을 아이에게 말로 설명하고 대화로 이해시키려 하지 않고 감정으로 표출해 버린다. 소리를 지르고 화를 내고 심지어 아이를 때리기도 한다. 아무것도 하지 않고 귀찮아하면서 아이를 방치하기도 한다. 그럴 때 아이들은 부모가 겪고 있는 어려움이 공포스럽다. 그러면서 아이들은 '어른들은 어려움이 왔을 때 이렇게 하는구나'를 몸으로 느끼고 배우게 되며 자신도 어른이 되었을 때 같은 행동을 할 수도 있다.

"엄마 아빠는 지금 이런 상황에 처해 있고 빨리 이번 문제를 해결하려 애쓰고 있단다. 그 동안에는 여러 가지 힘든 일이 많을 거야. 네 도움이 정말 필요하구나. 얘야, 조금 힘들어도 우리 잘 이겨내보자. 그렇게 해줄 수 있겠니?"

아이로 하여금 막연한 불안감, 공포감을 갖게 하는 부모의 여과되지 않은 감정의 표출보다는 비록 어린 아이지만 부모가 힘들 때 솔직하게 알려주고 이해시키는 것이 훨씬 더 현명한 해법이다. 오히려 아이는 그 과정에서 가족 구성원의 일원인 자기를 자각하고 동등하게 책임을 나누며 자랄 수 있게 된다.

그러나 대부분의 부모는 그렇게 하지 않는다. 부모는 왜 자기의 어려움을 아이한테 이야기 하려 하지 않을까? 부모의 권위 때문에? 부모란 그런 힘없는 모습을 보이는 것이 아니니까? 그러면서 아이에게는 자기 자신을 제어하지 못하고 성질을 낸다. 아이들은 자신의 부모가 왜 그러는지 알 수가 없다. 그저 자신을 사랑받지 못하는 못난 존재로 여기게 될 뿐이다.

힘들수록 현명한 부모가 되어야 한다. 경제적 이유든 정서적 이유든 인생이 정말 힘들 때 현명한 부모는 자신의 상황을 자기 안에서 이분화시킬 수 있어야 한다. 경제적으로 심리적으로 안정되고 그야말로 좋은 조건 속의 부모는 조금만 노력해도 좋은 부모가 되기 쉽다. 그런데 그렇지 못한 대개의 부모는 힘들면 힘들수록, 상황이 처절하면 처절할수록 내 아이의 삶을 바꿔줘야겠다는 의지도 처절하게 가져야 한다.

"그래. 내가 힘들면 힘들수록 내 아이들은 더 잘 키워야지."

이런 의지가 아이에게 인풋(in-put) 되어야 한다.

"내가 힘드니까 부모의 노릇은 좀 못해도 이해하겠지."

이것은 핑계이고 위로받고 싶은 마음일 뿐이지 현실적으로 어떤 것도 해결해 주지는 못한다.

"내가 힘드니까 이 정도는 용서 받을 수 있어."

이것은 용서가 되고 되지 않고의 문제가 아니다. 부모의 역할은 어떤 상황에 처하더라도 반드시 해내야만 하는 숙명이다. 삶이 힘들다고 부모로서의 역할을 등한시한다면 자신과 아이 모두의 인생을 실패로 몰아가는 것이다. 아무리 힘들어도 부모는 부모다.

얼마 전에 범죄를 저지른 한 미혼모가 감옥에서 아이를 낳고 키우는 다큐를 본 적이 있다. 아이를 시설에 보내는 것이 더 좋을 거라는 주위의 의견을 접고 아이 엄마가 출감한 후 아르바이트를 하면서 끝까지 아이를 힘들게 키우는 사연이었다. 현실에서 이 엄마는 앞으로도 더 많은 시련을 만날 것이다. 하지만 이 엄마는 요새 종종 볼 수 있는, 아이를 낳아서 아무데나 버리고 편한 삶을 찾아가는 부모와는 인생의 급이 다르다. 당장은 경제적으로, 현실적으로 힘들더라도 그 엄마가 보여주는 부모로서의 모습이나 역할은 아이에게 돈으로는 감히 살 수 없는 것을 주고 있는 것이다. 부모라면 적어도 그런 길을 걸어가는 데 확신이 있어야 한다.

부모는 공기와 같다

한적한 시골의 신선하고 맑은 공기를 항상 맡고 자란 사람은 도시에 올라오면 제일 먼저 느끼는 것이 답답한 공기다. 가슴이 갑갑하고 숨이 막혀와 견딜 수 없게 된 사람은 얼른 다시 고향으로 되돌아가려 한다.

부모도 공기와 마찬가지다. 항상 새롭고 따뜻하며 늘 활기 넘치는 부모 밑에 있던 아이들을 욕설과 폭력이 난무하고 불건전한 게

부모 이노베이션

임에 빠져 있고 서로를 불신하는 그런 환경에 놔둔다면 아이들이 과연 오래 버틸 수 있을까? 처음에는 호기심에 잠시 머물다가도 다시 자신의 부모가 있는 가정이 그리워서 돌아갈 수밖에 없다.

한두 번 크고 작은 일탈을 하지 않은 아이들은 거의 없다. 부모들은 아이가 잘못된 길로 빠질까 필사적으로 아이를 막지만 아이는 부모를 속여서라도 가보고 싶으면 가본다. 그런데 아이가 되돌아갈 가정의 공기가 늘 불안하고 도망가고 싶고 혼만 나던, 기억하고 싶지 않은 공기라면 아이는 결코 돌아오지 않을 것이다.

지금 우리 아이가 어떤 공기 속에 살고 있는지 되돌아보자. 부모가 매일 싸우고 폭력과 욕설이 난무하는 그런 곳은 아닌지, 부모가 권력자가 되어 모든 일을 다 결정하고 아이를 옥죄고 있지는 않은지 되돌아보자. 누가 아이한테 뭐라 할 수 있겠는가.

반대로 아이가 오염된 곳으로 갔다하더라도 자신이 오랫동안 맡아왔던 냄새와 공기가 아니면 다시 돌아가고 싶어질 것이다. 부모는 그렇게 아이에게 맑은 공기, 그리운 향기가 되어야 한다.

일시적으로 흔들리는 아이를 다시 되돌리는 힘은 부모와 자녀의 굳건한 신뢰에 있다. 신뢰와 소통은 일시적으로 이뤄지는 것이 아니다. 아주 어렸을 때부터 부모가 보여준 일관된 태도에서부터 형성된다. 아이든 어른이든 나를 안아주고 믿어주는 곳에 있기를 당연히 원한다. 아이가 방황을 끝내고 돌아올 곳이 있도록 부모는 창을 열어 신선한 공기를 가득 채우고 기다려줄 수 있어야 한다.

내 아이만의 시크릿

지금 이 시각에도 이 땅의 수많은 부모들이 안테나를 세우고 아이의 성공을 위한 정보를 수집하고 있을 것이다. 그런데 아쉽게도 그들이 추구하는 성공의 길이 대개 같은 방향으로 모인다는 것이다. 국내외 명문학교 졸업, 의사, 법관, 교수, 대기업 취업...

이렇게 한결같아야만 하는 것일까. 자녀들의 남다른 재능이 어디에 감춰져 있는지를 일찌감치 눈여겨보고 남들이 잘 가지 않았어도 가고자 한다면 길을 먼저 닦을 용기와 도전을 꿈꾸게 해주고 박수를 쳐줄 수 있는 혜안이 필요하지 않을까?

부모는 아이의 색깔에 맞는 교육 방법을 찾아야 한다. 우선 내아이가 어떤 에너지에 반응하는지를 살펴야 한다. 아이가 어떤 일에 모른 척하고 어떤 일에 화를 내고 어떤 일에 관대한지 부모가 파악하고 있는 것이 무척 중요하다.

대부분 아이들은 무슨 일을 하기 싫으면 짜증을 부리고 화를 낸다. 상관없다고 외면하기도 한다. 부모들은 보통 이렇게 말한다.

"왜 이렇게 짜증이야! 하기 싫으면 하지 마! 누가 하랬어?"

이런 대응은 아이가 부모에게 요청하는 도움의 신호를 무시하는 태도이다. 어떻게 해야 할지 막막할 때, 못해내면 어쩌나 두려울 때, 누군가에게 지적받을까 겁이 날 때 아이들은 부정적인 반응으로 자신을 방어한다.

아이가 부정적인 반응을 보이는 지점이 바로 아이가 반드시 극복해야만 하는 약점이 있는 곳이다. 그럴 땐 부모가 함께 솔루션을 찾아보고, 아이 스스로가 실천해볼 수 있는 기회를 주어야 한다. 따라서 부모는 아이가 부정적인 반응을 보이는 에너지에 오히려 주목해야 한다.

또한 부모는 자녀가 어디에 이끌리는지 파악해야 한다. 관심의 에너지가 어디로 쏠려있는지 알아야 한다. 그 에너지가 아이의 강점이 될 수 있도록 도와주어야 한다. 부정적인 에너지를 극복하고 긍정적인 에너지를 끌어올리는 일이 부모의 역할인 것이다. 바로 그 긍정적 에너지 반응이 아이의 시크릿이다. 우리 아이만의 시크릿을 찾아야 한다.

내 아이의 시크릿을 발견하는 과정에서 무엇보다 부모는 아이에게 보여줄 자기인생의 그림이 있어야 한다. 아이는 부모인생의 그림을 보고 자신의 그림을 상상하게 된다. 부모가 그려놓은 세상의 그림이 언제나 좌절하고 미리 포기하고 불만만을 내지르는 부정적인 것이라면 아이의 그림도 마찬가지로 어둡고 졸렬하고 형편없을 것이다.

결국 부모가 먼저 잘 살아야 한다. 부모가 먼저 세상을 알아야 한다. 그러면 아이는 당연히 부모의 그림을 보고 그 그림을 닮으려고 할 것이다. 부모는 아이가 삶의 그림을 아름답게 그려나가기 위한 부모의 역할을 알아야 하고 아이의 그림을 지지해주어야 한다. 그럴 때 내 아이만이 갖고 있는 긍정적인 에너지 반응, 시크릿이 보일 것이다.

자녀교육은 부모성장의 과정

바야흐로 세상은 정보화시대를 지나 스마트시대로 접어들었다. 스마트폰, 스마트쇼핑, 스마트냉장고, 스마트러닝, 스마트네트워크… 스마트한 신조어들이 하루가 멀다하고 쏟아진다. '스마트'는 원래 '똑똑한, 지능화된, 지능형, 세련된, 멋진'이란 뜻이지만 현실에서 '스마트'의 쓰임은 셀 수 없이 많다. '스마트'란 말은 이제 뭔가 새롭고 세련된 것의 의미로 인식되고 있다.

세상은 변화를 예측할 수 없을 만큼 빠르게 돌아가고 문화와 시장의 국경은 무너졌으며 무엇이든 하나로 뒤섞여 새로운 가치를 창출한다. 그야말로 스마트하게 세상은 알아서 움직이고 변화하며 시시각각 진화하고 있다.

이 거대한 폭풍의 시기에 부모들은 자기 존재가 자녀들에게 얼마나 강력한 영향을 줄 수 있는지를 우선 알아야 한다. 부모는 아이를 무엇으로도 될 수 있게 한다. 그렇기 때문에 더욱 조심스럽고 신중해야 한다.

스스로 어떤 부모인지 돌아봤을 때 자신만만한 부모는 많지 않을 것이다. 지금 내가 갖고 있는 행동양식이나 가치관, 이 모든 것들이 정말 아이에게 물려줄 만한 것인지 고민하는 부모도 많을 것이다.

부모는 이미 한 인격체로 만들어져 다 자라버렸다. 그래서 오랜 세월동안 굳어져버린 잘못된 습성을 버리기란 참으로 어려운 일이다. 그러나 낡고 고루한 습성을 버리지 못한 채 내 아이에게 올

부모 이노베이션

바른 가치관과 삶의 태도를 심어 줄 수는 없다. 자기의 낡고 단단한 틀을 깨야 한다. 매너리즘을 버려야 한다. 전혀 새로운 틀을 모색해야 한다. 보다 합리적이고 보다 민주적인 모습으로 스스로를 다듬고 세상의 파도를 온 몸으로 타고 넘어가는 자기 혁신이 있어야 한다.

자기만큼만, 혹은 자기보다 못한 아이로 키우려면 지금 당신의 생각과 방식대로 실행해도 무방하다. 그러나 나보다는 잘난 아이로 키우고 싶다면, 보다 멋진 생을 경영할 수 있는 아이로 성장하기를 원한다면 내가 아닌, 세상이 원하는 아이로 키워라. 내가 원하는 아이와 세상이 원하는 아이는 다르다. 그렇기 때문에 자녀교육은 필연적으로 부모성장의 과정이자 부모교육의 과정일 수밖에 없다.

부모혁신 - 나를 끊는 일

자식을 가진 부모라면 자녀가 세상에 나갈 때 좀더 세련되고 좀더 여유있고 좀더 자신있는 사람으로 첫발을 내딛길 간절히 바랄 것이다. 그렇다면 부모들은 자녀들을 세상에 내보내기 전까지 아이를 성숙하게 하고 단련시켜서 어떤 강펀치가 와도 유연하게 피하고 또 정면으로 맞서 대응할 수 있도록 곁에서 방법을 일러주고 트레이닝 해주어야 한다.

일류 스포츠 선수들의 트레이너나 감독들도 훈련 과정에서 견해 차이로 선수와 갈등을 겪기도 한다. 그러나 프로인 그들은 자기의 선수들을 결코 포기하지 않는다. 결국은 승리하게 만든다. 자녀교육도 마찬가지다. 부모도 때로는 아이들과 갈등하고 문제를 겪게 되지만 부모가 자녀를 포기하지 않는다면 우리 아이들은 세상과 당당히 한 판 붙을 것이다. 그렇게 하기 위해서 부모는 용기를 내야 한다. 낡은 자신을 과감히 버리고 바꿀 수 있는 용기를 가져야 한다.

부모는 아이의 투영이며 삶의 멘토다. 부모 스스로의 삶을 가꾸지 않으면 당연히 아이의 삶도 가꿔지지 않는다. 지금 내가 갖고 있는 모든 못된 버릇과 게으름 이기심 무지함을 던져버리고 새로워져야 한다.

한동안은 금단현상도 올 것이다. 한 두 해도 아니고 수십 년 동안 몸과 마음에 찌든 독을 제거하는 것은 쉬운 일은 아니다. 그러나 시간을 끌수록 고통은 길어지고 무엇보다 내 아이에게 마땅히 주어져야 할 자기 계발의 기회가 줄어든다.

당장 시작하자. 다시 말하지만 부모의 혁신 없이는 자녀가 성공하기 어렵다. 부모는 세상의 변화의 바람에 아이보다 먼저 정면으로 부딪혀야 한다. 부딪혀 바람의 방향을 알려주는 풍향계가 되주어야 한다.

1장

나는 부모다

아기와 함께 있을 때
돌봄의 거룩함을 느끼는 어머니는 행복하다.
인간의 꽃을 키우기 위해 삶의 태양으로 존재하는
큰 기쁨을 느낄 때 행복하다.
그 작은 꽃은 태양이 비치는 그곳으로
자신의 내면을 향하기 때문이다.
· 프뢰벨 ·

부모에게 자식은
종교보다 거룩하다

우리 큰아이 기혁이는 세상에 아주 힘들게 태어난 아이다. 당시 나는 이상 임신 중 하나인 전치태반의 진단을 받고 조심하던 중이 었다. 임신 8개월에 들어선 어느 날 한 밤중이었다. 갑자기 아랫 도리에서 묵직한 무엇인가 풍 하고 터지는가 싶더니 뜨끈하고 끈적끈적한 액체가 내 몸에서 쏟아져 나오기 시작했다. 놀랄 틈도 없이 이미 온 침대는 피로 흥건히 젖었고 여전히 내 아랫도리에서는 새빨간 피가 폭포처럼 쏟아져 내리고 있었다. 순간 나는 비명이 터져 나왔고 자다 놀란 남편은 서랍 속 속옷들을 꺼내서 터져 나오는 피를 온 힘을 다해 틀어막고 있었다.

그것은 공포였다. 내 몸 안에서 같이 숨 쉬고 느끼며 살아 온 내 아이가 세상에서 사라질지도 모른다는 죽음과 같은 공포였다. 단 한 순간도 상상해보지 못한 현실이 내 앞에 펼쳐져 있었고, 생전 처음 겪어보는 상황에 두려움과 공포로 내 몸과 정신은 완전히 굳어 있었다.

"제발 제 아이를 살려 주세요."

병원을 향하는 차 안, 나의 간절한 절규가 가슴 속에서 터져 나오고 있었다. 의사는 조금만 늦었으면 산모와 아이가 동시에 위험할 수도 있었다면서 당장 수술을 권했다. 의사는 수술을 하게 되면 아이는 인큐베이터에서 당분간 자라야 하며 아이의 건강에 대한 어떤 것도 장담할 수 없다고 하였다. 그즈음 잦은 인큐베이터 사고로 아이가 지체가 되거나 극단적으로 사망하는 경우가 있다는 것을 알고 있던 나는 인큐베이터만은 피하겠다고 했다. 그래서 나는 절대안정을 위해 1인실로 옮겨졌고 양팔에 온갖 종류의 링거를 맞으며 외부인의 출입이 금지된 채 한 달여 간 병원에 입원해 아이를 지켰다. 그러던 중 아이를 낳기로 미리 잡아놓은 수술 날짜 하루 전 아이가 갑자기 거꾸로 서는 골반위(骨盤位)가 되어 위험한 상황 속에서 응급 수술을 하게 되었다. 그렇게 36주 만에 아이를 제왕절개로 낳았다. 마취에서 깨어나자마자 의사에게 물었다.

"우리 애기 손가락 발가락 다 있나요?"

아이가 뱃속에서부터 느꼈을 극심한 스트레스와 한 달여 동안 병원에서 투여받은 많은 약물로 인해 혹 아이가 나쁘게라도 되었을지 모른다는 두려움에서 나온 물음이었다. 이 두려움은 내가 일찍부터 아이의 뇌 발달에 대한 관심을 갖게 한 계기가 되었다.

부모 이노베이션

이렇게 큰아이를 어렵게 품에 안으면서 나는 생명의 존귀함과 아이의 신성함을 절절하게 느끼게 되었다. 세상의 모든 부모가 자신의 아이가 소중하지 않을 수 없겠지만 우리 아이가 세상에 태어나기 위해 겪었던 많은 어려움을 통해 나로서는 아이에 대한 절실함이 너무나 커질 수밖에 없었다.

"아, 이 작은 아이를 위해 할 수 있는 것은 다 하리라."

그때부터 나의 귀는 당나귀 귀가 되었고 눈은 올빼미 눈이 되었다. 그렇게 나는 오감을 열어 아이의 모든 반응과 환경에 민감하게 대처하고 아이에 대한 모든 것을 스폰지처럼 흡수하였다. 임신 때부터 아이가 혹 잘못될 수도 있을 것이라는 두려움에서 매달린 뇌발달과 영재교육을 나는 아무도 가르쳐주지 않는 환경에서 혼자 열심히 찾아 배우고 실천했다.

나뿐만 아니라 대한민국에서 자녀는 부모에게 종교와 같다. 아니, 종교보다 더 크다고 생각한다. 그 어떤 신앙도 내 습성이나 내 삶의 태도를 쉽게 바꾸지는 못하지만 자녀는 부모를 몽땅 바꿔 놓는다. 내가 아이를 위해 무엇을 바꿔야 하고 어떻게 변화해야 하는지 끊임없이 뒤돌아보게 하고 실천하도록 만든다. 아이는 종교처럼 무거운 책임과 역할, 뜨거운 열정을 가르쳐 주었다. 아마 모든 부모가 아이가 태어나는 순간 자신도 부모로 새로 태어났음을 감동적으로 느꼈을 것이다. 자녀란 모든 부모에게 종교보다 더 위대하고 종교보다 더 신성한 존재다.

가정에서 시작되는 정서교육

모든 부모는 아이의 장래에 대해 꿈을 갖고 부모가 원하는 모습으로 자라주길 기대한다. 좋은 대학 좋은 직장에 들어가고 좋은 배우자를 만나길 바란다. 기대가 크면 클수록 어릴 때부터 문화센터와 유치원, 최고의 학교를 보내고 유명한 학원을 보낸다. 대한민국의 부모들만큼 아이에게 모든 것을 다 바치는 이들이 또 있을까. 하지만 물질적으로 해결되는 일만큼 간단한 것은 없다. 부모가 경제적으로 여유가 있다면 더욱 쉽다. 그러나 한 인간을 키워내는 일이 어찌 돈으로만 될 일인가.

내 아이를 하나의 아름다운 인간으로 이 사회에서 거듭 탄생시키기 위해서는 출산의 고통보다 더 긴 시간 동안의 인내와 지혜가 필요하다. 부모가 아이에게 줄 수 있는 것이 물질적인 것이 먼저라고 생각하는 부모는 그 외 어떤 것들을 줘야 하는지 잘 모르기 때문이다. 그 가운데 중요한 한 가지가 어릴 때부터 이루어지는 정서 교감이고 훈련이다.

정서 훈련은 아주 어릴 때부터 이뤄져야 한다. 갖고 싶은 것을 참는 훈련과 때와 장소를 구별할 줄 아는 훈련. 그리고 허용될 수 있는 것과 없는 것을 판단하는 훈련, 이런 훈련을 통해 아이는 기본적인 분별력과 자제를 배우게 된다.

우리는 백화점 같이 많은 사람이 모이는 곳에 가면 떼쓰는 아이를 흔히 볼 수 있다. 기어코 그 자리에서 자신이 원하는 대로 해야 하는 아이는 부모를 진땀나게 만든다. 이 아이를 어떻게 할 것인가. 아이가 아주 어리다면 아이를 부모 품에 꼬옥 안아주는 것이 최고다. 그렇게 함으로써 아이는 부모의 심장소리를 들으며 정서적 안정을 취할 수 있게 된다. 그러나 아이가 자신의 의사표현이 분명해지는 나이라면 사정이 다르다. 더구나 공공장소에서 아이가 그럴 경우 마냥 내버려 둘 수만은 없다. 아이가 징징대도 가만히 서서 지나가는 사람들을 향해 동정의 눈빛을 구하는 엄마는 이렇게 말하고 싶을 것이다.

"나는 멀쩡한데 아이가 그래요."

"아이 키우기 너무 힘들어요."

이것은 다른 사람들에게 투정부리는 것이나 마찬가지다. 부모의 능력은 이때 드러난다. 아이는 자신이 부모를 이기고 원하는 것을 얻을 수 있는 손쉬운 방법이 사람들 앞에서 떼쓰고 부모를 난처하게 하는 일이라는 것을 감각적으로 알고 있다.

"아, 그래 알았어. 뭐 해줄까? 잠깐만! 이것 사줄까?"

이렇게 아이와 타협해 버리는 부모는 앞으로도 계속 아이에게 끌려 다닐 것이다. 어떠한 통제와 훈련도 먹히지 않게 된다. 결국 순간의 평화를 위해 모든 것을 쉽게 허용해 버리는 부모가 되고 말 것이다.

그러나 합리적인 부모라면 이때를 놓치지 않는다. 아이가 배움의 기회와 훈련을 받을 수 있는 기회를 놓칠 리 없다. 이러한 훈련은 집에서도 마찬가지인데 먼저 아이를 잡고 눈을 맞추며 진정시키고 멈추게 해야 한다. 그러나 통제가 되지 않는 아이라면 일단 갈등의 자리를 피해야 한다. 그곳이 사람이 많은 공공장소라면 더욱 자리를 피해 아이를 데리고 나와야 한다. 그런 다음 아이를 데리고 비상구나 후미진 조용한 곳에 가서 단호하게 얘기를 한다.

"잠깐만! 엄마는 오늘 사야 할 중요한 물건이 있고 너도 네가 원하던 자동차를 사러왔어. 그렇다면 둘 다 기분 좋게 쇼핑을 해야 하는데 예정에도 없던 것을 사달라고 조르고 떼를 쓰면 엄마도 너도 즐거운 마음으로 쇼핑하기 힘들 것 같구나."

엄마는 아이에게 왜 쇼핑을 하러 왔는지에 대해 확실하게 말해 줘야 한다. 그리고 어느 한 사람만이 아니라 둘 다 만족한 시간이 되어야 함을 이해시켜야 한다.

"자, 네가 결정해. 네가 계속 같은 행동을 할 거면 나는 너를 데리고 집으로 돌아갈 거야. 지금부터 엄마랑 얘기해 보고 네가 진짜 원하는 것이 없으면 다음 기회도 있어. 남에게 피해를 주고 엄

부모 이노베이션

마에게 피해를 주고 네 스스로에게 피해를 주는 행동을 하면 네가 원하는 것을 절대로 얻지 못하게 될 거야."

용납될 수 없는 행동이 있다는 것을 가르쳐 주어야 한다. 아이가 '허용'의 한계를 알아야 진정한 '자유'도 배울 수 있다.

"네가 자동차가 아닌 다른 장난감도 갖고 싶은 거구나. 그렇다면 엄마도 생각해봐야 해. 네가 원하는 것은 원래 자동차 하나였고 그 장난감은 우리가 미리 약속하고 온 것이 아니잖아. 이렇게 떼를 써서는 그것을 갖지 못할 거야. 대신 지금부터 엄마가 쇼핑을 마칠 때까지 떼쓰지 않고 기다려준다면 엄마도 네가 원하는 것을 생각해 볼게. 너랑 같이 물건을 사러 온 것은 너만 좋아서 되는 것이 아니라 엄마도 즐겨야 해. 여기에 온 사람들도 다 그래."

처음에 아이는 못 알아듣는 것 같지만 두세 번만 경험하면 다 알아듣는다. 나의 만족을 위해 다른 사람에게 피해를 끼치게 되면 자신도 피해를 볼 수 있음을 가르쳐야 하고, 내 감정뿐만 아니라 다른 사람의 감정도 존중해야 한다는 것을 단호하면서도 차분하게 알려주어야 한다.

고집을 자주 부리고 통제가 되지 않는 아이를 동반해야 할 때, 부모가 할 수 있는 효과적인 훈련 방법은 집을 떠나기 전에 목적지와 함께 그 곳을 왜 가는지를 설명해주고 일어날 수 있는 여러 상황에 대해 인지시켜주는 일이다. 그리고 그 상황에서 아이가 해야할 일과 하지 말아야 할 행동에 대해서도 대화를 나눠야 한다.

"야, 일어나. 백화점 가자."

갑자기 생각지도 않았던 일정 속으로 끌려 다니는 아이는 감정적으로 반응할 수밖에 없다. 아이를 논리적으로 키우고 싶다면 언제나 아이에게 미리 설명하고 상황을 짐작하게 해야 한다.

"얘야, 엄마는 지금 백화점에 가야할 일이 있는데 너도 가겠니? 엄마는 장도 봐야 하고 할머니 선물도 사드려야 하거든. 꽤 오래 걸릴지도 몰라. 그러면 너는 지겹기도 할 테고 재미없을 수도 있어. 그렇지만 놀이터도 있고 서점이나 장난감 가게도 있단다. 네가 거기서 떼를 쓰거나 말썽을 부리지 않고 안전하게 있을 수 있다면 엄마는 지금 같이 가고 싶은데 함께 가겠니?"

이렇게 아이와 소통하고 교감하는 일은 아이가 다른 사람의 정서를 받아들이고 자신의 정서를 올바로 표현하며 그에 맞는 행동을 하는 것 즉, EQ를 높일 수 있는 훈련이 된다.

아이는 이런 훈련을 통해 자신과 마찬가지로 다른 사람도 욕구가 있다는 것을 이해하게 된다. 우리가 행복해진다는 것은 자신의 욕구와 함께 다른 사람의 욕구도 성취될 때 모두가 행복해진다는 것을 뜻한다. 어릴 때부터 남과 더불어서 행복하면 행복의 크기가 배가 된다는 것을 경험하게 해야 한다. 이런 과정과 훈련이 어려서부터 부모가 아이에게 진정으로 해줄 수 있는 교육인 것이다.

아이에게 이러한 정서훈련을 시키려면 부모가 먼저 정서훈련을 해야 한다. 아이가 이유도 없이 화를 낼 때가 있다. 그럴 때 부모도 그 아이를 보면 화가 난다. 그렇지만 부모는 화를 조절할 줄

부모 이노베이션

알아야 한다. 부모가 먼저 화를 내면 그 땐 훈련이고 뭐고 없다. 우리나라 부모들은 부모도 감정이 있다는 것을 대화로 하기보단 꼭 화를 내면서 표현을 한다. 화 끝에 더욱 울컥한다.

"야, 내가 너한테 이것도 해주고 이것도 해주는데 넌 도대체 왜 그래?"

전혀 지금의 상황과 관계없는 얘기를 끌어와 그동안 참아왔던 아이의 문제까지 모조리 지적을 한다. 부모는 아이에게 강자이기 때문에 그러한 불합리한 태도도 스스로 용인하는 것이다.

부모가 아이의 정서를 다듬어주지 못하고 무조건 혼내거나 윽박지르는 불합리한 태도를 계속 보이면 아이는 부모가 자신이 어떠한 경우에도 이길 수 없는 힘이 있는 사람으로 여기게 된다. 어려서부터 아이는 부모는 강자이고 자신은 약자라는 패자의 의식을 느끼게 될 것이다.

파워게임에서 질 것을 아는 아이는 자신을 드러내지 않고 포장함으로써 자신과 타협하게 된다. 혹은 부모에게 지나친 아부를 하거나 때로는 극단적인 정서를 보일 때도 있다. 그리고는 다른 곳에서 자신의 카타르시스를 해결하려 한다. 거짓말을 하게 되고 감추려 한다. 그것은 결국 다른 곳에서 폭발하게 되는데 마치 풍선의 한 곳을 누르면 다른 곳의 압력이 커지는 것과 같은 풍선효과가 나타나게 된다.

부모가 자신의 감정을 조절하지 못하고 아이의 정서를 파악하지 못한다면 아이는 아무것도 경험할 수 없다. 실패하고 그 속에서 얻은 결과로 지혜로워질 기회를 놓치게 되는 것이다. 자신이 실제로 해보고 느낄 수 있는 경험과 실패는 피겨선수 김연아가 수십 만 번의 턴을 하는 과정을 통해 마침내 멋진 선수가 될 수 있는 것과 같다. 그 연습과정이 힘이 든다고 해서 참아내지 못하면, 옆에서 지켜봐주지 못한다면 지금의 김연아는 없다.

아이가 태어나 학교에 입학하기 전까지 가정에서 부모와 함께 있는 동안 아이는 인생의 거의 모든 것을 배운다. 부모와 눈빛으로 교감하고 껴안고 뒹굴며 놀면서 사랑을 확인하며 부모의 품 안에서 믿음을 느끼고 밥상에서 화목을 배운다. 옷 입는 법, 식사하는 법, 친구를 만드는 법, 화해하는 법, 노는 법... 아이는 가정 안에서 정서가 안정된다. 아울러 부모와 함께 불렀던 노래와 부모의 무릎 위에서 들었던 이야기를 통해 아이는 세상의 지혜를 터득하게 된다.

이러한 가정교육에서 아이는 기본적인 사회성과 배려심을 배우며 긍정적인 삶의 태도를 갖게 되는 것이다. 그리고 앞으로 살아갈 자신만의 색깔을 찾을 수 있다. 인격형성의 90퍼센트가 바로 이 시기에 이루어진다. 따라서 이 시기의 가정교육이 없다면 아이는 다시는 인생에서 그러한 것을 배울 수가 없다. 가정교육이 모든 교육의 뿌리인 이유다.

당신의 '부모 나이'는 몇 살인가

아이들은 학교에서 공부를 한다. 또 학원에서도 배울 수 있다. 그러나 배운 지식들은 머릿속에 꽉 차 있는데 이것을 자신의 인생을 아름답게 꾸미는 데 쓸 줄은 잘 모른다.

자신이 배우고 익힌 지식을 통합적으로 자기화하는 방법은 가장 가까이에 있는 부모가 함께 찾아줄 수 있어야 한다. 부모가 날마다 아이와 이야기 하고 끊임없이 들어주면서 관계해야 한다. 무엇인가 해보려 할 때 기대해주고 자신의 경험을 이야기 해줘야 한다. 그러다 다른 결과가 나오면 무엇이 부족하고 미숙했는지 실패의 원인을 함께 찾아볼 줄 알아야 한다.

아이가 무엇을 하고싶어 하는지 모르고 어떤 일을 계획할 때 필요한 힘이 무엇인지 아무런 힌트도 주지 못하는 그런 부모는 아이가 실패할 때마다, 비뚤어진 행동을 할 때마다 이렇게 말한다.

"괜찮아, 크면 나아져. 걱정할 것 없어."

아이를 위로하고자 하는 말이든 부모 자신을 위로하는 말이든 이것은 무책임한 말이다. 사람은 누구나 시간이 흐르면 자신의 경험만큼 어느 정도 자신의 행동이나 일의 결과를 예측할 수 있게 된다. 따라서 가만히 둬도 나아진다는 것은 어떤 상황을 이해할 수 있게 된다는 의미일 뿐이지 가만히 두어서 문제가 해결되고 상황이 올바르게 바뀐다는 말이 아니다. 상황을 변화시키려고 노력하지 않으면 후에 또 똑같은 상황을 반복할 뿐이다.

우리는 살면서 늘 새로운 문제와 부딪친다. 그때마다 고민하고 갈등한다. 수많은 문제와 맞닥뜨리는 상황에서 어쩔 줄 모르고 우왕좌왕 하는 아이가 있고, 침착하게 자신의 경험을 되씹어 분석해 해결하는 아이가 있다. 무엇이 이 아이들을 다르게 만들었을까. 시간이 지나면 알게 된다고 아이를 가만 두는 부모와 그 상황이 어떤 의미인지 아이와 미리 들여다보고 예측하고 많은 간접경험을 통해 분석해보는 부모의 차이가 두 아이의 차이일 것이다. 어느 아이가 더 풍요롭고 큰 삶을 살 수 있을까.

"아, 괜찮아. 뭘 그래? 크면 다 나아져. 놔둬."

실제로 자신의 주관적인 경험으로 크면 나아진다고 믿는 어리석은 부모도 있고 아이의 문제에 대해 신경 쓰고 싶지 않고 그냥 귀찮아서 그러는 이기적인 부모도 있다. 이런 태도는 적극적으로 아이를 도와주고 싶은 부모의 태도가 아니다.

부모도 자녀와 똑같이 나이 먹는다. 부모는 세월의 나이뿐만 아

부모 이노베이션

니라 내 아이의 나이만큼 부모라는 나이도 먹게 된다. 부모가 된 지 10년이 지나고 20년 30년이 지나도 아직 한두 살인 부모가 너무나 많다. 이들은 부모도 나이가 있다는 것을 인식하지 못한다. 그냥 어느 때부턴가 부모의 자격을 갖게 된 것이지 아이가 발달하는 시기에 맞추어 아이에게 제대로 된 부모의 역할을 해주지는 못하는 사람들이다.

아이뿐만 아니라 부모도 함께 나이를 먹고 성숙해져야 한다. 자녀에게만 좋은 성적표를 요구할 것이 아니라 부모로서 자신의 성적표도 만들어봐야 한다. 부모로서 좋은 성적을 거두기 위해서는 스스로 부모 되는 공부를 열심히 하고 자신의 부모 역할이 합리적이고 효율적인지 점수도 매겨봐야 한다. 부모의 나이는 시간이 지나면 자연히 얻어지는 것이 아니다. 부모 스스로가 성장시켜 가는 것임을 잊지 말아야 한다.

부모의 양육태도가
아이마다 다른 색깔을 만든다

우리 가족을 잘 아는 많은 사람들은 우리 아이들을 두고 어릴 때부터 원래 잘했던 아이들로 얘기한다. 나는 그 말에 절대 동의하지 않는다. 분명 아이들을 두뇌 발달과 영재교육을 염두해 두고 키운 것은 사실이다. 그러나 그것은 아이들이 세상을 깨우칠 때 남들이 10시간이 걸렸다면 5시간으로 줄일 수 있는 방법을 언제든지 꺼내 쓸 수 있도록 어려서부터 가르친 것에 불과하다.

첫째아이 기혁이는 어떻게 보면 그런 교육이 성공한 케이스다. 나는 기혁이와 어려서부터 어떤 현상이 왜 일어나는지 늘 질문하고 함께 답을 찾으며 원인과 결과를 분석하면서 키웠다. 그리고 나는 아이를 키울 때 반드시 규칙적이고 지속적으로 가르쳤고 합리적이고 일관적인 태도를 유지하려고 애썼다. 어떤 문제가 발생하면 우선 그 문제가 나의 문제인지 아이의 문제인지 파악하고 합리적으로 해결하려 노력했다.

그러나 둘째아이 성욱이는 달랐다. 첫째는 내가 가슴에 안으면 품에 폭 안겼지만 둘째는 내가 가슴에 안으려 하면 비집고 품에서 나가려고 하였다. 이런 작은 차이부터 시작해 매사 진지하고 학습에서 놀라운 집중력을 보여준 첫째 기혁이와 둘째 성욱이는 완전히 기질이 달라 보였다. 첫째의 교육에서 효과를 보았던 후레쉬 카드도 둘째는 효과를 볼 수 없었고 무엇보다 주의가 산만했다. 나는 둘째를 통해 모든 영재교육이나 유아교육이 아이에게 똑같이 적용되고 성공할 수 없다는 것을 경험하게 되었다. 아이마다 각기 다르기 때문에 아이의 기질을 명확히 파악하고 교육의 시기나 방법을 결정하는 것이 중요하다는 것을 알게 되었다.

또한, 나도 둘째를 키우는 데 첫째만큼 집중하기가 어려웠다. 처음 둘째가 갓난아이였을 때는 첫째를 유치원에 보내고 교육하는 일로 정신이 없었다. 첫째처럼 둘째를 하루 종일 집중해서 봐줄 수가 없었고 방치하는 시간이 많아졌다. 둘째에게 대하는 내 태도도 첫째 때와는 다르게 산만해졌다.

"첫째는 잘 되었는데 둘째는 왜 안 되지?"

내가 둘째에게 보여준 양육태도가 일관성이 부족했던 것은 생각하지 못하고 이 아이는 왜 이러나 하면서 첫째와 다른 둘째를 불안하게만 지켜보았다. 그럴수록 나는 둘째를 자꾸 열등하게 생각하게 되고 가능성이 부족한 아이로 보기 시작했다.

신념 같던 나만의 자녀교육 방법이 둘째가 태어나면서 틀어지기 시작하자 자신감이 없어졌다. 둘째는 더 잘 키울 수 있을 거라고 생각했는데 그렇게 되지 않았다. 핑계가 자꾸 늘어났다. 둘째와 함께 하기로 마음먹었던 일들을 다 못하고 미뤄두고 다음날로 넘기기 일쑤였다.

"바빠서 못했는데 뭐, 다음에 하지. 혼자서도 잘 놀고 잘 배우는데. 둘째는 다르니까 방법도 다를 수 있지."

둘째에게 미안해하기보다는 자꾸만 나를 합리화시키고 스스로를 위로했다. 그 사이 둘째는 제 맘대로 쑥쑥 자라고 있었다.

둘째가 15개월가량 되었을 때 아이 둘을 키우면서 치일 대로 치인 나는 내 자신을 답답해 하며 들여다보게 되었다. 뭔가 돌파구가 필요했다. 그러던 어느 날 신문에서 모교인 동국대학교에서 교육대학원 유아교육전공자를 뽑는다는 기사를 보게 되었다. 혼자 공부하고 스스로 답을 찾던 자녀교육에 대해 좀 더 체계적이고 명확한 가르침이 필요했던 나는 눈이 번쩍 뜨였다. 나를 기다리는 구원의 손길 같았다.

무조건 아이를 친정엄마 손에 맡기고 대학원 공부를 시작하게 되었다. 그때부터 둘째는 엄마 손을 떠났다. 바쁘다보니 둘째를 돌보는 일에 일관성을 잃게 되고 아이와의 관계가 즉흥적이 되는 경우가 더 많아졌다. 게다가 둘째 입장에서는 양육자(케어기버 caregiver)가 엄마에서 여러 명으로 바뀐 것이다. 할머니였다가 엄마였다가 하면서 아이에게 이중 기준이 생겨 버렸다. 그러면서 아이가 할머니에게 하는 태도와 엄마에게 하는 태도가 달라지기 시작했다. 할머니한테는 자신이 하기 싫은 일은 다 시키고 뭐든지 받아내려 하더니 엄마한테는 또 다른 모습으로 다가섰다. 어쩌면 둘째는 그렇게 제 스스로 사는 방법을 찾았는지 모른다. 할머니의 넘치는 사랑으로 할머니 앞에서는 독불장군처럼 행동하는 아이를 합리적으로 키우는 것은 거의 불가능했다. 아이는 자신의 감정에 의해 많이 움직였고 자신을 조절하고 통제하는 능력을 배울 기회를 점점 더 놓치게 되었다. 그런 후에 돌아보니 한참 시간은 흘러버렸고 그때부터 잘해 보려 했지만 첫째처럼 아이가 내 뜻대로 되어주지 않았다.

내가 대학원을 다니는 동안에 첫째는 유치원을 졸업하고 초등학교에 입학했다. 어릴 때부터 좋은 습성이 훈련된 큰아이는 별 문제 없이 새로운 사회에서 잘 지내고 있었다. 그렇지만 둘째는 달랐다.

일하는 엄마는 아이에게 한없이 약하다. 아이를 볼 때마다 아이를 훈육하겠다는 마음보다는 아이를 받아주고 위로해주고 싶다는 마음이 더 커지게 마련이다.

'에이, 괜찮아 질 거야, 둘째니까.'

나와 남편은 아이가 안쓰러워 마음에 들지 않는 부분도 그냥 넘기며 어려운 방법을 찾기보다는 핑계나 위로가 먼저 머릿속에 생기기 시작했다. 이러면서 둘째의 문제는 아무 이유 없이 용서가 되었다. 가정에서 해야 할 훈육과 교육은 점점 멀어져 갔다. 인간관계나 사회관계에 대해서 잘못된 부분을 교정하거나 생각해볼 시간도 없었다. 아이를 데리고 차분히 앉아서 감성터치하며 책을 읽어준 시간이 첫째 때보다 훨씬 짧았다. 첫째 때는 아이의 모든 행동과 심리를 엄마가 파악하고 이해하며 문제가 생겼을 때 해결 방법을 찾고 감성과 논리 훈련을 충분히 시킬 수 있었는데 둘째는 그렇게 되지 않았다. 아이가 아무런 제재나 통제 없이 한마디로 '자유로운 영혼'이 되버린 것이다.

제재가 없으면 좋은 생각이든 나쁜 생각이든 생각이 너무나 자유로와지게 마련이다. 그런 면에서 둘째는 아이디어나 창의력이 번득였다. 대부분 그런 아이들은 머리는 좋을지 몰라도 훈련이 되지 않은 상태라 어느 부분을 참아내야 하고 어느 부분을 스스로 통제해야 하는지 잘 모른다. 자기 감정조절이나 상황조절이 되지 않는 것이다. 그래서 자주 섣부른 실수를 하게 되고 감정이 시키는 대로 행동하다가 문제를 일으킨다.

부모는 흔히 형제를 키우면서 성향이 다른 아이들을 보고 깜짝 놀라기도 하고 실망하기도 한다. 물론 아이들이 타고난 기질의 차이도 무시할 수는 없다. 그러나 그것은 어느 정도는 아이를 키우는 부모의 방식에 따라 나타나는 차이이기도 하다.

형제라 하더라도 자란 환경과 상황이 다르다. 첫째는 대개 모든 관심이 아이에게 집중된 상태에서 부모가 아이에게 온갖 정성을 다해 보살펴지기 마련이다. 그러나 둘째는 부모의 양육 태도가 첫째와 완전히 다른 상태에서 돌봐질 수밖에 없다. 우선 둘째에게 집중할 수 있는 시간과 여유가 절대적으로 부족하다. 첫째도 함께

부모 이노베이션

돌봐야 하기 때문이다. 더구나 첫째를 키우는 모든 일은 부모가 처음 겪는 일이므로 부모는 긴장하고 주의 깊어지며 열심이다. 그러나 둘째를 키울 때는 이미 그 시기의 육아를 한 번은 경험한 상태이므로 긴장도 풀어지고 익숙한 일에 새로움도 덜 느끼게 되며 이 정도 쯤이야 하는 안일함도 갖게 된다. 게다가 둘째의 상황을 첫째와의 경험을 토대로 판단하고 결론을 내리기 쉽다. 서로 다른 아이라는 사실을 무시한 채.

한 부모에게서 태어난 다른 아이들, 형제의 색깔이 다른 이유에는 여러 가지가 있다. 그러므로 부모는 아이들의 차이를 무조건 아이의 다른 기질로만 볼 것이 아니다. 아이들이 처한 양육 환경과 부모 자신의 양육 태도를 먼저 되돌아 봐야 한다. 그 다음에 색깔이 다른 아이들에게 맞는 교육을 선택하는 것이 가장 중요하다.

형제 키우기
서로를 부탁하라

"엄마, 나도 형처럼 될 수 있을까."

어느 순간 둘째가 언제부터인지 몰라도 습관적으로 이 말을 하고 있다는 것을 알게 되었다. 큰아이가 너무 정답 같은 아이였기 때문에 둘째는 형을 보면서 늘 숨이 막혔을 것이다.

나는 둘째 앞에서 형이 대단하다거나 자랑스럽다거나 닮아보라는 소리를 한 번도 하지 않았다. 내가 말을 하지 않아도 둘째는 이미 자기 형이 대단하고 자랑스럽다는 것을 보고 느끼고 있었기 때문이다. 만약 내가 둘째에게 형과 비교하면서 형처럼 되라는 말을 했다면 아이는 자신의 형도 인정하지 못했을 뿐만 아니라 자기 자신의 자존감도 세우지 못했을 것이다.

나는 우리 아이들이 서로를 도와주는 존재가 되기를 늘 바라면서 키웠다. 내 자신이 많은 형제들 속에서 아들과 딸의 차별로 상처를 받으며 커왔고 그런 기억들 때문에 내 부모님들을 존경보다는 연민으로 기억할 수밖에 없는 것을 늘 안타까워했다. 그런 나로서는 우리 아이들에게 부모님 같은 잘못을 반복할 수는 없었다. 나는 아이들이 갖고 있는 각각의 모습들을 있는 그대로 인정하는 부모가 되고 싶었고 지금도 그 노력을 계속하고 있다.

형제 키우기의 지혜 중 하나가 한 아이의 문제를 다른 아이 앞에서 절대로 이야기 하지 않는 것이다. 두 아이가 동시에 잘못한 것이 있을 때는 함께 꾸짖기도 하지만 나는 의도적으로라도 다른 아이가 약점으로 이용할 수도 있는 문제나 큰 꾸지람은 다른 아이 앞에서는 절대로 얘기하지 않았다. 형제는 가장 가까우면서도 또 서로를 가장 잘 이용하는 관계이기도 하기 때문이다. 서로의 약점을 쥐는 순간 둘 사이에는 무언의 강자와 약자 관계가 만들어진다. 그리고 그것은 평생 열등감으로 작용할 수도 있다.

가족 간에 서로를 시기하고 음해하고 상처 준다는 것은 안 될 말이다. 부모가 한 아이 앞에서 다른 아이를 욕하면 그 아이의 동의를 얻는 것이 아니라 결국은 두 아이 모두에게 비난받을 수밖에 없다. 한 아이를 칭찬하려고 다른 아이 흉을 보면 둘 다에게 상처를 주는 것이고 언젠가 부모는 둘 모두에게 외면당하게 될 것이라는 것을 명심해야 한다.

나는 아이들에게 서로를 부탁을 하고 도움을 청했다. 큰아이가 10살쯤이었을 때 하루는 큰아이 친구네 가족이 놀러온 적이 있었다. 평상시처럼 엄마들은 식탁에 앉아 차를 마시며 이야기 중이었고 아이들은 거실에서 블록놀이를 하고 놀았다. 그런데 아이들 노는 모습을 보니 첫째가 블록을 멋지게 애써 만들어놓으면 둘째가 가져가 버리는 것이다.

"와, 형 멋지다. 그거 나 줘. 내가 갖고 놀 거야!"

한두 번은 참는 듯하던 첫째도 계속 동생이 뺏어가니까 큰소리를 몇 번 냈다. 어린 둘째는 형의 기분은 아랑곳 하지 않고 계속 제 맘대로 행동했고 첫째는 성질을 꾹꾹 눌러 참고 있는 모습이 보였다. 사실 한 대 쥐어박고 싶을 만큼 얄미운 천방지축 동생을 참아내기란 어려운 일이다. 우리 집에선 손님이 오면 아이들에게도 '너희들도 놀고 싶겠지만 어른들도 반가운 자리를 즐겨야하니 서로 목소리를 조금씩 낮추자' 는 일상적인 룰이 있었다. 그걸 아는 첫째는 더 이상 화를 내고 소리를 지르지도 않고 그 자리에서 블록을 내려놓고 한 마디도 하지 않은 채 제 방으로 들어가 책을 읽다 마음이 진정된 뒤 나와 다시 놀면서 먼저 동생에게 블록을 만들어주었다. 일단은 갈등의 자리가 해소되었기 때문에 나는 모른 채 두었다. 그리고 손님들이 가시고 밤에 아이들이 잠자리에 들었을 때 조용히 큰아이 옆에 앉아 이야기 해주었다.

"기혁아, 아까 낮에 놀 때 보니까 성욱이가 좀 너무하더라. 엄마도 성욱이가 너한테 너무 함부로 하고 있다는 것을 느꼈어. 진짜 속상했지? 엄마도 다 알아. 그런데 우리 기혁이 진짜 대단하던걸. 엄마 같았으면 한 대 때리고 소리치고 싶었는데 기혁인 참고 조용히 네 방으로 가더구나. 엄만 정말 깜짝 놀랐어. 우리 아들이 어린 동생의 심술도 참아주고 네 감정을 이기는 법을 알다니 이렇게 많이 큰 줄 몰랐어. 이런 것들이 너한테 언제가는 큰 도움이 될 거야. 기혁이가 엄마 실망시키지 않고 잘 커줘서 정말 고마워. 사랑해."

그리고는 아이를 꼬옥 안아주었다.

"기혁아, 엄마는 너를 만나서 둘째 성욱이가 태어나기 전까지 5년 동안 엄마가 줄 수 있는 모든 사랑과 정성을 다해 키웠고 모든 시간을 너에게 집중할 수 있었다. 그러나 엄마는 네 동생 성욱이한테 미안해. 성욱이에게 엄마는 너 만큼 해주지 못했어. 엄마는 너도 돌봐야 했고 엄마가 학교에 다니기 시작하면서 성욱이하고 함께 할 시간도 적었잖아. 더구나 성욱이는 네 다음으로 태어나 형인 너와 자주 비교당하면서 지내야 했어. 엄마는 성욱이가 밝고 따뜻한 아이지만 혹 사람들이 너보다 못하다고 평가할까봐 두렵단다. 엄마는 네 도움이 필요해. 엄마가 성욱이에게 다 해주지 못한 것들을 기혁이가 도와줄 수 있으면 좋겠다. 부탁한단다."

때로는 '자유로운 영혼'이라 불리는 성욱이가 기혁이 공부에 방해가 되기도 하면서 기혁이가 예민해질 때도 있었다. 그럴 때면 나는 성욱이에게 가서 부탁하였다.

"우리 성욱이. 신나는 일이 있구나. 정말 재미있게 보이는데? 엄마도 함께 껴 줄래? 우리 같이 놀면 진짜 재미있겠다. 이럴 때 형도 오면 좋겠다, 그렇지? 근데 지금 형은 연구 중이야. 혼자 수학 문제를 붙잡고 열심히 풀고 있어. 뭐가 잘 안 풀리나봐. 우린 이렇게 재미있게 놀 건데 말야. 성욱아, 형 좀 안 됐다. 빨리 문제 해결하고 우리랑 놀면 좋을 텐데. 어떻게 우리가 좀 도와 줄까. 우리 착한 성욱이가 형을 좀 도와줄 수 있지? 사람들은 일이 잘 안 풀릴 때는 가끔 짜증이 나기도 해. 그럴 때 우리가 재미있게 노는 건 좋지만 조금만 조용히 해주자. 우리가 바쁜 형 좀 봐주지 뭐."

지금도 우리 성욱이는 존경하는 사람 중 하나가 자신의 형 기혁이라고 자신 있게 말한다.

아이가 좋은 일을 했다면 그것을 절대로 잊지 않고 표현하는 것도 중요하다.

거실을 무심히 지나가는데 둘째 성욱이가 평소와 조금 다르게 시키지도 않은 그림까지 그려가며 독후감을 쓰고 있는 것이 보였다. 나는 일단 별 일 없듯 그 자리를 지나친다. 그리고 아이가 잠자리에 들 때 가만히 옆에 누워서 이야기 한다.

"엄마가 너에게 할 말 있어. 아까 낮에 보니까 독후감 쓰더라. 근데 와, 너 진짜 어떻게 혼자서 그런 생각을 했어? 정말 대단해. 그림도 멋지던 걸. 엄만 무슨 화가 그림인 줄 알았어. 끝까지 앉아서 색칠까지 다 하는 걸 보면 우리 아들 인내심도 대단해."

"언제 보셨어요? 엄마는 형하고 공부하고 있었잖아요? 엄마가 날 안 보는 줄 알았는데... 정말 내 그림이 그렇게 멋졌어요?"

아이는 부모에게 자신의 긍정적인 행동을 모두 다 보여줄 수 있

부모 이노베이션

다는 것을 알고 다시 잘해보려고 애쓴다. 내가 모를 때도 부모가 자신을 놓치고 있지 않다는 생각은 언제나 자신의 행동을 돌아볼 수 있게 해준다. 또 성욱이는 엄마가 형에게만 신경쓰고 있다고 속상해 하다가 엄마가 자신도 알아준다는 안도감에 형에게 느꼈던 질투도 거두게 된다.

부모는 머리 뒤에도 눈이 달려야 하고 등에도 눈이 있어야 한다. 온 몸에 센서를 달아놓고 24시간 켜두지 않으면 안 된다.

아이의 잘못을 배움의 기회로

주위의 많은 이들이 우리 큰아이 기혁이를 보고 말썽 한 번 안 피운 모범생이라고 얘기한다. 그러나 아이를 키우면서 크고 작은 일들이 어떻게 없을 수가 있을까.

아이가 초등학교 3학년 겨울 때 일이다. 한겨울의 날씨는 매서웠다. 그날따라 눈이 많이 와서 운전도 힘든 날이었다. 같은 초등학교에서 어릴 때부터 친하게 지낸 큰아이 친구 집에서 우리를 초대했다. 두 집안은 자주 서로 놀러 다니기도 한 사이여서 그날도 어린 작은아이까지 데리고 놀러 갔다. 아이들은 평상시처럼 서로 어울려 잘 놀았고 나도 친구 어머니와 커피를 마시며 즐거운 시간을 보냈다. 하지만 갑자기 내린 폭설 때문에 서둘러 친구 집을 떠나 눈길을 헤치고 집으로 돌아왔다. 그런데 막 집에 들어서자마자 전화벨이 울렸다.

부모 이노베이션

"기혁 어머니, 혹시 기혁이가 우리 아이 딱지 가져갔는지 좀 봐 주실래요?"

나는 가슴이 철렁했다. 그 어머니 말은 친구 동생이 좋아하는 딱지가 있었는데 우리 아이들이 놀고 간 뒤로 하나가 없어졌다고 했다. 당시 아이들 사이에서 유행하던 플라스틱 캐릭터 딱지였는데 그중에서도 제일 좋아하는 딱지가 없어졌다는 것이다.

큰아이가 지금까지 엄마를 속인 적이 한 번이라도 있었다면 이렇게까지 내 가슴이 무너지진 않았을 텐데 정말 큰아이는 단 한 번도 그런 적이 없었다. 그러니 큰아이가 남의 물건을 가져오는 일은 상상도 할 수 없는 일이다. 결국 나는 아이가 나를 절대 속이지 않는다는 학습이 나도 모르게 되어 있었던 것이다. 그래도 나는 일단 확인을 해야 했다.

나는 조용히 큰아이를 불렀다. 내가 전화를 받는 순간 아이도 불안한 기운을 느낀 것 같았다. 쭈뼛거리는 아이에게 물었다.

"기혁아, 너 혹시 아까 친구 집에서 놀다 가지고 온 것 있니?"

아이는 아무 말도 하지 않고 눈만 껌벅거렸다.

"괜찮아. 말해 봐. 사람은 누구나 실수할 수 있어. 엄마도 알아. 좋아하는 물건을 보면 순간적으로 사람은 누구나 갖고 싶을 수 있어. 엄마도 어렸을 때 친구 집에서 종이 인형 하나를 몰래 가지고 온 적이 있어. 그런데 그 인형을 볼 때마다 내가 자꾸 창피해지는 거야. 누가 볼까봐 겁도 나고. 그래서 한 번도 갖고 놀지 못했어."

그리고 나서야 비로소 아이가 딱지를 쥔 손을 내미는 것이다.

내 아이가 남의 것에 손을 대지 않았을 거라는 기대가 깨지는 순간이었다.

"엄마에게 보여줘서 고마워. 용기가 필요했을 텐데. 그렇지만 이 딱지를 가져온 것은 네 잘못이야. 실수를 인정하고 책임지는 용기도 네가 이제 보여줘야 해. 어떻게 했으면 좋겠니?"

아이는 아무 말도 못하고 서 있기만 했다.

"엄마는 이걸 지금 돌려줘야한다고 생각해. 네 것이 아닌 것을 가져왔기 때문에 너는 네 친구 동생한테 미안하다고 해야 하고 친구 어머니한테도 사과해야 해. 하지만 사과를 하려면 기혁이 네 자존심도 상하고 엄마도 자존심이 엄청 상할 거야. 실수를 인정하는 것보다 더 중요한 것은 실수에 책임을 지는 용기를 배우는 것이라고 엄마는 생각해. 직접 사과드릴 수 있겠니?."

나는 아이에게 분명하고 단호하게 말했다.

"물론 이걸 돌려줄 방법은 많아. 만나지 않고 메일을 보내 사과해도 되고 딱지는 우편으로 돌려줄 수도 있고... 네가 선택할 수 있어."

아이는 직접 가서 사과하는 방법을 택했다. 나는 그 자리에서 그 눈 속을 헤치고 아이와 함께 다시 친구 집으로 갔다.

"아, 그냥 기혁이한테 물어보고 나중에 우리 아이 편에 돌려주시면 되지, 뭘 이 눈 속에 이렇게 오셨어요?"

그 어머니는 놀란 표정으로 우리를 다시 맞았다. 다른 문제였다면 이 눈 속을 헤치고 오지는 않았겠지만 이것은 자식의 도덕성과

부모 이노베이션

관련된 문제다. 큰아이는 곧장 친구 동생에게 가서 사과했다.

"미안해. 형이 말도 없이 가져가서. 그때 순간적으로 너무 이게 갖고 싶었어. 미안해. 돌려줄게, 여기 있어."

사과를 하고 나온 아이 앞에서 나는 친구 어머니에게 정중히 사과했다. 가슴은 아팠지만 오히려 아이에게 다시없는 좋은 배움의 기회를 주고 싶었다.

"미안해요. 우리 아이가 실수를 했어요. 실수를 한 것은 물론 우리 아이지만 그 실수를 하지 않도록 내가 잘 가르쳤어야 했는데 정말 미안해요. 죄송합니다."

아이는 아무 말도 못하고 서 있다가 나를 따라 저도 친구 어머니께 죄송하다는 말씀을 드렸다. 그리고 우리는 돌아왔다.

사실 나는 잠깐이지만 아이의 자존심을 생각해 그 일을 감춰 줄까도 생각해보았다. 같은 학교 친구의 동생에게 자신의 잘못을 밝히고 사과 하는 일은 아직 어리지만 그래도 자존심 상하는 일이었기 때문이다. 그렇지만 이내 마음을 다시 먹었다. 작은 자존심을 살리려고 큰 도덕성을 망가뜨릴 수는 없는 일이었다.

정직하게 살지 못하는 것은 남을 힘들게도 하지만 무엇보다 자신을 상처내는 일이다. 그것은 자신만이 아는 양심의 문제고 양심이 깨졌을 때 스스로 느끼는 속박감은 자신의 영혼을 평생 감옥에 가둬 두게 된다. 그렇기 때문에 나는 아이에 대한 실망감보다 중요한 것이 이 문제로 아이를 어떻게 다시 세울 수 있느냐였다. 이번만큼 아이에게 도덕과 양심의 문제를 배우게 할 수 있는 좋은 기회는 없다고 보았다.

　나는 살면서 우리 아이들을 가르칠 수 있는 계기가 오면 그 계기는 절대로 놓치지 않는다. 만약에 내가 평소에 아이의 잘못에 관대하고 건성으로 넘어가는 엄마였다면 그 일은 별로 효과가 없었을 것이다. 더구나 도덕성과 관련된 일은 아이의 정체성을 형성하는 데 아주 중요한 영향을 미치는 일이 아닌가.

　그 이후로 큰아이는 내가 아는 한, 한 번도 남의 물건에 손을 댄다든가 부모를 속이는 일은 없다. 우리는 지금 더욱 단단히 서로 신뢰하고 있으므로 난 큰아이하고의 그런 경험들이 좋은 기억으로 남아있다.

　아이의 도덕성을 심어줘야 할 때는 부모가 단호하면서도 부모 자신을 버릴 수 있어야 한다고 생각한다. 그때 그 순간 내 자존심은 무너졌지만, 우리 아이가 바로 자랐기 때문에 어쩌면 자존심을 더 잘 지키고 있는 것인지 모른다.

　아이의 실수나 잘못을 배움의 기회로 삼지 않는 것은 부모가 한 일 중에서 가장 바보 같은 짓이다.

아이의 전환점을 함께 하자

큰아이를 열정과 정성으로 키운 반면 둘째는 내가 일을 시작하게 되면서 생각만큼 돌봐주지 못했다. 그래서인지 잘 훈련된 큰아이와 달리 둘째는 기회만 있으면 제 생각대로 빠져나갈 수 있는 구멍이 많은 아이였다. 그런 아이들을 데리고 나는 또 한번 모험을 시도했다.

내가 교육대학원에 진학한 이유는 우리 아이들을 어떻게 키울 것인가에 대한 고민이 그 출발점이었다. 그러기 위해 유아교육을 전공했는데 과목을 선택할 때 교육방법론이나 유아교육 미래교육에 실질적인 도움이 되는 지식과 정보를 얻는 데 초점을 맞췄다.

그 중 미래교육을 수강할 때 나는 정신이 번쩍 들었다. 변화하는 새로운 세상과 새로운 교육환경에 관한 이야기는 내게 또 다른 도전을 꿈꾸게 하였다. 미래에는 더 이상 교육이 단순한 지식정보의 전달에 그치는 것이 아니라 창의성을 발현시키는 데 있다는 것과 무엇보다 중요한 것이 아이를 둘러싼 교육환경이라는 것을 알게 된 나는 우리 아이들의 교육환경을 바꿔주고 더 넓고 진취적인 곳에서 새롭게 아이들을 교육하고 싶었다.

이런저런 방법을 찾던 중 미국의 유학 제도를 듣게 되었고, 내가 학생비자(F1비자)를 받아 미국에서 공부를 하게 되면 내 아이들이 무상교육의 혜택을 받을 수 있다는 사실을 알게 되면서 마침내 나이 마흔에 미국유학이라는 또 다른 도전을 선택하게 되었다.

나는 용기를 내서 아이들만 데리고 미국으로 건너갔다. 아이들도 나도 그곳에서 새로운 교육을 꿈꾸었다. 그곳에서도 작은아이 성욱이는 자유로웠다. 엄마도 형도 새로운 환경과 문화에 적응하느라 정신없었기 때문에 작은아이를 훈육하고 정서를 다듬어주기가 쉽지 않았다. 덕분인지 작은아이는 미국에서 본인의 감정을 억누르고 절제하기 보다는 신나게 아이들과 흙놀이를 즐기며 감정을 마음껏 발산하면서 3년을 정말 자유롭고 행복하게 보냈다.

유학하는 내내 가장 힘든 사람은 가족과 떨어져 혼자 생활해야 했던 남편이었다. 고민 끝에 나는 TESOL과정과 아동보육학을 다 마치지 못한 채 고등학교 입시를 앞두고 있던 큰아이만 미국에 혼자 남겨두고 3년 만에 한국으로 돌아오게 되었다.

한국에 돌아온 작은아이는 한글도 어눌했고 영어도 발음은 유창하지만 깊이 있는 의사전달을 하기에는 아직 미숙했다. 거기다 다른 환경에서 오는 문화적 충격도 감수할 수밖에 없었다.

초등학교 3학년으로 편입한 아이는 한 학기 동안 자신이 어떤 행동을 해야 할지 잘 몰랐고 단지 축구를 통해 학교 아이들과 어울리기 시작했다. 밝고 즐거운 아이였으므로 친구들에게 관심을 끌려고 말도 안 되는 농담이나 우스꽝스러운 몸짓도 보였다. 제 입장에서는 그것이 친구들에게 자신을 알릴 가장 편한 방법이었을 것이다.

친구들이 모두 학원이나 집으로 돌아간 뒤에도 아이는 집으로 오지 않고 혼자 학교 운동장에서 가방을 내팽개치고 개미굴을 파며 시간을 보내곤 했다. 아이는 문제가 있을 때 해결하기 위해 노력하기 보다는 자신을 무너뜨리면서 상황을 쉽게 벗어나려 하였다. 그러나 아이에게는 이 시기가 한국 사회에 돌아와서 긍정적인 사회관계와 자기 정체성을 만드는 중요한 때였기 때문에 계속 그렇게 내버려 둘 수는 없었다.

그때 나는 학원 사업을 시작하면서 정신없이 바쁠 때였다. 나도 두렵고 혼란스러웠다. 그렇지만 내 아이를 그냥 방치할 수는 없었다. 교육 사업을 한다면서 내 아이조차 제대로 가르치지 못한다면 어떻게 다른 아이들을 책임질 수 있을까. 부모가 어떠한 경우에도 포기할 수 없는 것이 자녀교육이다. 부모의 인생은 아이들의 인생을 제외하고 생각할 수는 없다.

나는 남편과 상의를 했다. 무엇보다 공부를 잘하고 못하고 보다는 아이의 습관과 행동을 올바르게 정립할 수 있도록 도와주는 것이 우선이라는 데 생각이 일치했다. 어려서부터 한 번도 적절한 시기에 제대로 훈련되지 못한 아이가 행동만 바꾸는 것은 아무 의미가 없었다. 그것은 아이의 겉모습만 바꾸는 것이다. 자신이 왜 바뀌어야 하는지 알지 못하고 목표를 세우지 못하면 아이는 절대로 변하지 않을 것이라는 것을 우리 부부는 잘 알고 있었다.

작은아이가 한국에 돌아와 낯선 사회에서 자신을 알리고 인정받으려고 할 때 가장 쉬운 방법은 웃기고 까불고 그런 것이었다. 그러나 재미로는 얼마 버티지 못 한다. 재미로는 결국 몇 달 지나면 그저 그런 주변인으로 남을 수밖에 없다.

결국 교육은 아이가 세상에 뿌리를 내리고 튼튼한 기둥을 잘 세울 수 있도록 도와주는 것이다. 아이가 기둥을 잘 세우려면 자신의 힘을 믿고 실력을 쌓기 위해 노력해야 한다. 내가 어떤 색깔을 가지고 있는지 찾고 그 색깔을 밝히기 위한 방법들을 스스로 터득하고 쌓아가야 한다. 나만의 시크릿을 발견하고 발전시켜야 한다.

먼저 아이와 진지한 대화를 나누는 것으로 시작했다.

"엄마 아빠는 네가 잘 커줘서 고맙다. 한국에 돌아와서도 잘 적응하는 것 같아 다행이구나. 그런데 우리가 보기에 네가 다 좋아 보이진 않더구나. 네가 학교생활을 하면서 너 스스로 불만족한 것이 뭐니?"

아이는 공부가 힘들다고 하였다. 수학은 재밌지만 특히 국어와 사회는 지겹고 싫다고 했다.

"그럼 성욱이 너 계속 이렇게 지내고 싶니? 학교공부는 재미없고 마음을 나누는 친구도 없이 그러면서 말이야."

"아뇨, 바꾸고 싶어요. 하지만 어떻게 아이들에게 다가가는 것이 좋은 건지 또 어떻게 공부해야 할지 잘 모르겠어요."

아이에게서 자신을 바꾸고 싶고 잘 하고 싶다는 말이 나오면 그 다음은 쉽다.

"그럼, 우리 바꿔보자. 엄마 아빠가 도와줄게. 넌 잘할 수 있어. 우리는 네가 여기에서 머무를 거라고 생각하지 않는단다. 미국에 다녀온 것은 네게는 큰 경험이야. 그 경험이 네 인생에 도움이 돼야지, 그 경험을 겨우 아이들과 친해지는 수단으로만 쓴다는 것은 너무 아쉽잖아. 친구들은 너의 모습을 보고 다가오는 거야. 친구들에게 도움을 줄 수 있는 성욱이, 빈 깡통처럼 소리만 요란한 친구가 아니라 속이 꽉찬 바위처럼 마음과 실력을 갖춘 성욱이가 될 때 친구들은 너를 먼저 찾을 거야. 우리 한 번 해보자!"

한국 수업에 어려움을 겪고 있는 아이에게 우선 학습력을 길러 줘야 했다. 그러면서 아이의 마음속에 튼튼한 기둥을 세우도록 도와주기로 했다.

우리 부부는 우선 책임을 나누었다. 학원사업을 시작하면서 늘 늦게까지 일하고 오는 내가 아이를 돌봐주기는 힘들었다. 오히려 나보다 병원에서 정확한 시간에 퇴근하는 남편이 저녁시간을 아이와 함께 하기로 했다. 대신 나는 아이의 수업이나 학습 방향, 교재, 학원 선택 같은 교육의 전반적인 부분을 책임지기로 하였다.

아이는 오후 6~7시 이전까지는 학교와 학원에서 수업을 받고 집으로 돌아와 7시 이후에는 아빠와 시간을 갖도록 했다. 그리고 가족 모두가 적어도 일주일에 세 번 이상은 늦게라도 아이와 시간을 꼭 보내기로 했다.

우리 집에는 가족 간 소통할 수 있는 보드판이 거실에 있었는데 거기에 남편은 먼저 아이와 30일 표를 만들어 붙였다. 그날그날 목표한 책읽기, 학교숙제, 공부와 아침에 일찍 일어나기 같은 사소한 생활습관까지 각각의 아이템을 만들고 목록별로 아빠와 함께 매일 성취도 점수를 매겼다. 일방적으로 아빠가 점수를 매기는 것이 아니라 아이와 이야기하고 합의해서 점수를 매겼다. 그래야 아이도 자신의 행동을 객관적으로 볼 수 있기 때문이다. 당시 아이가 가장 하고 싶은 일이 게임이었다. 그래서 일주일을 체크한 후 목표점 이상이 될 경우 금요일 저녁 30분이나 1시간 단위로 게임을 할 수 있는 시간을 상으로 주었다. 그리고 한 달이 지나면 반드시 우리는 아이와 함께 잘한 일을 칭찬해주고 고쳐야 할 것은 방법을 찾아보고 다음 목표를 정하였다. 또 무엇보다 책읽기에 중점을 두었는데 다른 일은 못하고 넘어가도 책읽기는 빼먹지 않고 하도록 격려하였다.

이렇게 3년을 아이와 함께 애를 썼다. 물론 계획이 틀어지고 안 될 때도 많았다. 중요한 것은 아무리 힘들어도 하루도 빠지지 않고 꾸준히 아이와 반성하고 소통했다는 것이다. 그러면서 아이는 점점 자신을 다스릴 줄 알게 되고 규칙적인 학습이 습관화 되었다. 그리고 어느 일정한 시기가 되자 아이가 자신 없어하고 싫어

하던 일들도 "어, 몰랐는데 엄마 이것도 재미있는데요." 하기 시작했다. 아이는 자신이 생각지도 않은 부정적인 측면이 긍정적으로 변하는 경험을 할 수 있었다.

오랫동안 훈련되지 않았던 아이가 매일 규칙적으로 계획대로 해나간다는 일은 쉽지 않았다. 그러나 끝까지 부모가 포기하지 않고 계속 아이와 함께 하자 어느 순간 아이의 공기가 바뀌었다. 불편하고 익숙하지 않던 규칙적 습관을 담은 공기가 자기한테 익숙한 공기로 다가 온 것이다.

4학년 때까지 학교에서 영어나 축구로만 기억되던 아이가 5학년 때부터 성적이 향상되면서 자신감을 얻어 발표도 열심히 하게 되고 그럴 때마다 선생님과 친구들이 칭찬을 해주자 아이는 완전히 바뀌었다. 주변의 사람들에게 인정을 받게 되자 아이는 자신을 중요한 사람으로 느끼기 시작했다. 초등학교를 졸업할 때 사람들에게 작은아이는 착하고 성실하고 공부도 열심히 하는 아이로 기억되었다. 시간이 조금 걸렸지만 작은아이는 결국 자신의 정체성을 세울 수 있게 된 것이다.

작은아이는 밝고 긍정적인 성향을 가진 아이다. 우리는 그런 장점은 살려주면서 자신의 목표를 갖고 실천할 수 있는 아이가 될 수 있도록 도와주었다. 한국에 돌아와서 어릴 때부터 너무 긴 시간 동안 통제 받지 않고 자유롭게 펼쳐졌던 아이를 잘 다듬고 예쁘게 접어서 자신의 목표에 집중하는 아이로 변화하는 과정은 길고 힘들었지만 우리 가족에게는 의미있고 보람있는 경험이었다.

중학교에 진학한 작은아이는 초등학교 때와는 다른 문제에 부딪혔다. 중학교의 교육환경은 아이가 다닌 미국의 학교와 그나마 열린 교육을 지향하던 아이의 초등학교와는 너무 다른 권위적인 환경이었다. 성욱이는 중학교 선생님들이 자신이 정한 기준만 강요한다며 늘 불만을 토로했다.

하루는 집으로 돌아오자마자 몹시 속상해하며 얘기를 꺼냈다. 점심시간에 몇몇 수학을 좋아하던 친구들과 모여서 누가 어려운 문제를 가장 특이하게 푸는지 내기를 하며 공부하고 있었는데 갑자기 한 선생님이 오시더니 묻지도 않고 모여서 떠든다고 머리를 때리고 욕을 하더라는 것이다. 수학공부하고 있었다고 말하자 알았다고 사과도 없이 가버리는 선생님의 모습에 아이는 충격을 받았다.

편견을 가지고 바라보는 선생님과 획일적인 환경, 존중되지 않는 학생의 인권, 불합리한 모습의 학교에 아이가 적응하지 못하고 계속 문제제기를 하였다. 그 모습도 한국 교육의 현실이니 받아들이고 잘 이겨내자며 다독였지만 마음이 돌아선 아이는 미국행을 원했다. 아이는 여기에선 자신이 자신을 속이게 될 것 같다고 하였다. 그 말이 나와 남편을 움직였다.

작은아이는 이미 6학년 때 형이 콜롬비아대학에 입학하는 모습을 보더니 자극을 받았는지 큰아이가 다녔던 미국의 중학교에 7학년 신청서를 넣어보겠다고 했다. SSAT(Secondary School Admission Test)와 IBT시험 성적이 필요했었는데 작은아이는 성적이 좋았고 학교 인터뷰에서도 좋은 평가를 받았다. 학교 측에선 성적이 좋아 아이를 기숙사 생활을 하는 8학년으로 입학허가를 했지만 나와 남편은 아이를 보내지 않기로 하고 그냥 한국 중학교에 진학을 시킨 상태였다. 그러던 중 아이가 미국행을 고집하자 결국 우리 부부는 아이를 믿고 곧바로 미국으로 다시 보냈다.

그러나 미국에 가서 공부하는 것은 만만한 일이 아니다. 한 학년을 올려 입학하게 된 작은아이는 처음엔 학교생활에 강한 자신감을 보였다. 하지만 입학 후 얼마 지나지 않아 아이의 얕은 지식은 바닥을 보이기 시작했다. 여러 사건을 겪기도 했다. 장난삼아 했던 일이 학교를 발칵 뒤집은 경우도 있었는데 자기가 성숙하지 못한 행동을 하게 될 때 자신뿐만 아니라 주변 사람들에게도 힘든 일이 되는지도 크게 깨닫게 되었다.

그런 과정을 겪으면서 아이는 스스로를 제대로 보기 시작한 것 같다. 처음으로 매사에 스스로 열심히 하지 않은 부분에 대해서 후회한다는 말을 진지하게 꺼내기도 했다. 지금 작은아이 성욱이는 또 한 번의 전환점을 맞고 있다.

처음에는 아이를 부모가 손잡고 이끌어 주지만 아이가 어느 정도의 기간을 걸쳐 성숙해지면 인생의 변화는 부모가 만들어 주는 것이 아니라 아이 스스로가 만든다는 것을 알아야 한다. 작은아이는 분명 큰아이와 전혀 다른 색깔을 갖고 있는 아이다. 그러나 부모의 관심과 소통이 아이에게 계속 자극을 주었고 결국 성향은 전혀 다르지만 삶의 태도에 있어서 둘은 같은 유형의 아이로 성장하고 있다.

물론 우리 부부는 이번에는 함께 가지 못했다. 그러나 몸이 떨어져 있을 뿐이지 우리 가족이 함께 하지 못하는 것은 아니다. 큰아이 기혁이 또한 8학년부터 멀리 미국에서 혼자 공부하고 있다. 우리는 자주 통화하고 종종 밤새워 토론한다. 아이들은 자신에게 문제가 생길 때마다 제일 먼저 우리 부부를 찾는다. 조언을 구하고 해결 방법을 물어 온다. 하소연도 하고 자랑도 한다. 우리는 한번도 떨어져 있다고 생각해 본 적이 없다. 우리 가족에겐 물리적 거리가 아닌 심미적 거리가 훨씬 중요하다.

아이들은 커나가면서 한두 번은 자신의 전환점을 맞을 때가 있다. 그런데 그 전환점을 넘어올 때까지는 반드시 부모가 자녀와 함께 해야 한다. 함께 하면서 부모는 아이가 넘어지면 일으켜 세워주고 아이의 도전에 대해 아낌없이 칭찬해주어야 한다. 아이가 목표를 잃지 않도록 길을 내어주고 불을 켜주어야 한다. 인생의 중요한 순간을 힘들게 헤쳐 나가는 아이에게 부모만큼 큰 힘은 없다. 아이가 늘 잘하는 것은 아니다. 잘 하다가도 한 번쯤은 문제를 일으키고 길을 벗어날 때가 있다. 그때 아이를 다시 돌아오게 하는 힘은 이전부터 아이가 느꼈던 아이와 부모의 관계에 있다.

부모 이노베이션

부모는 퇴근이 없다

언젠가 학원으로 건물 상해보험을 담당하는 설계사가 찾아왔다. 맞벌이를 하는 설계사 부부에게는 아이가 둘 있었는데 아이를 키우는 일이 참 힘들다며 어떻게 하면 자기 부부가 좋은 부모가 될 수 있는지를 물었다.

부부는 전날도 힘든 일을 마치고 집에 돌아와 쉬고 있었다고 한다. 그러다 새벽에 아이가 우는데 잠이 부족한 부부는 짜증이 나기 시작했다. 부부는 서로에게 아이를 미루다가 결국 다투고 말았다는 것이다. 내가 말했다.

"한 가지만 얘기할까요? 부모는 퇴근이 없습니다."

대부분의 맞벌이 부모들이 자기 직업이 두 개인 것을 잘 모르고 있다. 사회에서 일하는 직장만을 자신의 직업이라고 생각한다. 그래서 일단 일이 끝나면 집에 가서 쉬고 싶어 한다. 직장에서 일하고 돌아오면서 '아, 이제 퇴근이다.' 하고 생각하고 휴식을 기대하게 된다. 하지만 내가 부모가 된 순간 그것은 포기해야 한다. 부모라는 직업은 24시간 계속 되고 있고 집에 돌아와서는 퇴근이 아니라 부모라는 직업이 새로 시작되는 것이다.

부모라는 직업은 하루 종일 지속된다. 자신이 어디에 있든, 자신이 인식하는 순간에도 인식하지 못하는 순간에도 부모의 머릿속에는 늘 아이로 차 있다. 직장은 자신과 가족을 위해 목적의식적으로 가는 곳이지 가족 행복의 장이 아니다. 가족의 행복을 위해 부모가 더 집중해야 하고 투자해야 할 곳은 바로 부모로서 일을 시작하는 가정이다. 건강한 가정을 만들어 행복한 삶을 꾸리기 위해 부모는 자신의 안락한 휴식도, 개인적인 욕구도 잠시 접어둘 수 있어야 한다. 특히 맞벌이 부모를 둔 자녀는 부모가 퇴근해있는 시간이 하루 중 유일하게 부모의 사랑을 느낄 수 있는 시간이다. 부모가 퇴근해서 돌아온 순간이 자녀에게는 부모와의 하루가 시작되는 시간이다. 이때 부모는 피곤함을 무릅쓰고 합리적인 부모 역할을 효과적으로 수행할 수 있어야 건강하고 행복한 가정을 만들 수 있음을 잊지 말아야 한다. 그렇다고해서 부모로서의 개인적인 욕구를 억누르라는 것은 아니다. 자신에게 주어진 시간을 효과적으로 활용하여 부모로서의 역할과 자신의 욕구를 적절히 조절할 수 있어야 현명한 부모이다.

특히 한국의 아버지들은 자녀교육을 아내에게만 맡겨두려고 한다. 하루 종일 힘들게 일하고 들어왔는데 다시 아이를 봐야 하고 집안일을 하는 것을 억울하게 여긴다. 내가 가족을 먹여 살리려고 이렇게 고생을 하는데 집에서 노는 아내가 당연히 아이를 봐야한다고 생색을 낸다.

이런 태도는 시대착오적이다. 21세기 다변화된 정보사회에서 역할을 나누고 주어진 임무만을 고집하는 일은 시대를 거꾸로 사는 일이다. 부부의 불협화음도 사실 거기서부터 시작되는 경우가 많다. 가정 안에서 부부는 더 이상 분업화된 관계도 주종의 관계도 아닌 평등한 동지적 관계다.

돈을 벌어오는 일만이 부모의 역할이라고 생각하는 무지한 아버지가 없기를 바란다. 아이들은 돈으로 자라는 것이 아니라 부모와의 오랜 정서적 교감과 사랑을 표현하는 부모의 행동을 기억하며 자란다.

좋은 부모가 되고 싶다면 실질적으로 자신은 투잡(tow job)을 갖고 있다고 생각해야 한다. 그래서 "아, 지금은 퇴근 했으니까 쉬어야지" 하면서 소파에 눕기 보다는 "자 이제부터 부모로서 어떤 일을 할까?" 하는 고민을 해야 한다. 그러면 TV가 꺼지고 부부가 함께 음식을 만들고 집안일을 나누며 아이에게 집중하려고 할 것이다. 부부가 서로를 도와가며 시간을 줄여 자녀와 한 시간이든 두 시간이든 진실로 함께하면 그 부모가 바로 좋은 부모다.

힘든 일이다. 방금 일하고 왔는데 또 아이를 돌봐야 하고 집안일을 해야 하고. 그러나 용기를 가져야 한다. 부모의 역할은 나 혼자가 아니라 부부가 함께 하는 것이기 때문이다. 그럴 때 부부 사이의 골도 해소가 되고 믿음도 깊어질 것이다.

맞벌이 부부들은 맞벌이라 어쩔 수 없다는 핑계를 갖지 말아야 한다. 맞벌이를 하는 첫 번째 이유는 우리 가족이 행복하게 살기 위한 좋은 조건을 만들기 위해서다. 그것이 수단이어야지 가족의 목적이 될 수는 없다. 부부가 맞벌이를 하려고 마음먹었다면 자신의 인생이 두 배로 힘들어 질 것이라는 각오로 해야 한다. 내가 잠자는 시간이 8시간이 아니라 4시간이라는 각오로 맞벌이를 해야한다.

직업도 자기 인생이지만 자녀도 절대로 포기할 수 없는 자기 인생이다. 물론 자신의 인생을 가꾸는 일을 하지 말라는 것이 아니다. 직장에서 인정받고 좋은 사회적 관계를 만들어 나가는 일은 중요하다. 자신의 꿈을 이뤄나가고 인생을 풍요롭게 하기 위한 여러 가지 활동을 하는 것은 아름다운 일이다. 그러나 하고 싶은 모든 것을 다 해가면서 동시에 좋은 부모가 되어 훌륭한 자식을 키우기는 쉽지 않은 일이다. 지금 이 순간에도 내 개인적인 삶이 지나가고 있다는 사실은 가끔 부모에게 허망함을 가져다 주기도 하고 내가 짊어진 짐을 너무 무겁게 느껴지게도 한다. 그러나 부모는 어느 시기에는 자신의 인생마저 희생해가면서까지 자식의 발전을 위해 에너지를 집중해주어야 할 때도 있다. 이것을 자기 인생의 중요한 부분으로 인식한다면 공허한 삶의 피해의식은 없을 것이다.

세상의 모든 직업은 그만 둘 수 있다. 그런데 부모는 그만 둘 수가 없다. 아이가 태어나는 순간 내게서 부모라는 이름은 영원히 지워지지 않는다.

나는 그 설계사에게 이렇게 말했다.

"오늘부터 당장 가서 저녁에 부인보다 먼저 퇴근했으면 청소해놓고 기다리세요. 부부가 같이 밥하고 설거지 하세요. 그리고 부부가 함께 아이를 행복하게 키우는 일의 가치를 서로에게 일깨우며 아이를 키우는 일을 즐기세요. 클래식 음악도 틀어주고 노래도 함께 불러주세요. 아이를 재울 때는 그림책도 읽어주세요. 부모가 함께 전달해준 행복을 먹은 당신 아이들은 나중에 살다가 힘이 들 때도 그 향기 그 공기를 기억하고 절대로 외롭거나 불행하지 않을 겁니다."

핑계를 대자면 우리 인생은 끝이 없다. 아이 낳은 것도 핑계가 되면 그건 처음부터 잘못된 것이다. 내가 힘들고 귀찮은 건 아이의 문제가 아니라 부모의 문제인 것이다.

생각을 바꾸어야 한다. 부모는 출근 시간도 없고 퇴근 시간도 없다. 특히 맞벌이 부부에게는 아주 절실한 문제이다. 그리고 그것은 두 부부가 사랑을 확인하고 신뢰를 쌓는 일이기도 하다.

그 설계사인 남편은 돌아가면서 웃으며 한 마디 하였다.

"그럼 전 이제 실천만 하면 되네요."

새 시대 아버지의 역할

나는 거의 매주 학부모를 상대로 세미나를 연다. 엄마들이 아이의 손을 잡고 학원을 찾고 강연을 듣는 것이 보통인데 요사이 달라진 것은 전보다 훨씬 많은 아버지가 참석한다는 것이다. 고무적인 현상이다. 자녀교육에 엄마 아빠가 따로 있을 수 없다. 아버지도 부모로서의 자기 역할을 분명히 인지해야 한다.

그런데 세미나에서 미래교육과 자녀교육에 대한 강연을 들은 아버지는 어머니들보다 훨씬 적극적으로 질문하고 공감하며 아이 교육에 능동적으로 참여한다. 가정에서 아버지가 어떤 일을 자신 있게 추진하고 서두르면 가족 구성원의 생각이 바뀌기 때문이다.

많은 민주적인 아버지는 가족 전체의 정서적인 흐름을 콘트롤하고 정신적 지주의 역할을 해주고 아내의 의견에 동조해주면서 신나게 옆에서 박자를 맞춰준다. 그런데 대부분 아버지들의 단점

부모 이노베이션

은 바쁘고 시간이 없다는 이유로 지속을 못한다는 것이다. 그렇지만 세상의 흐름은 대부분 아버지가 어머니보다 훨씬 먼저 읽게 된다. 그래서 아버지는 가족이 세상으로 나아갈 수 있게 돛을 올리고 방향을 잡을 수 있는 것이다. 따라서 자신이 읽은 세상의 흐름을 놓쳐선 안 된다.

아버지가 가장인 이유는 가족 안에서 권위를 높여 지배하기 때문이 아니다. 과거 조선시대, 봉건시대 사회에서는 가장이 아무 일도 하지 않고 있어도 권위만 있으면 됐다. 그러면 모든 가족들은 가장의 권위를 지키기 위해 나서서 희생할 수밖에 없었다.

지금은 시대가 바뀌었다. 가장은 가족의 손을 잡고 세상의 변화에 직면하고 있는 사람이다. 때문에 세상의 변화의 흐름을 보고 내 가족들이 이 세상에 동떨어지지 않도록 이끌어야 한다. 가족들이 세상의 일원으로서 잘 적응할 수 있도록 함께 로드맵을 만드는 데 앞장서야 하고 가족을 하나로 묶어 세워야 한다. 가족들이 세상으로 나아갈 때 넘어지지 않도록 보다 단단한 디딤돌을 놓아주는 것이 가장인 아버지가 해야 할 일이다.

시대의 새로운 흐름이 자신의 가족과는 무관하다고 치부하는 아버지들은 대개 가장의 권위만 내세우는 사람들이다. 그런 권위적인 아버지는 집에 돌아와서 하는 일은 오직 가족이 자기 위주로 움직이길 기대하며 자기 편할 대로 TV나 보고 어디든 상관없이 담배를 피우고 명령을 대화로 착각한다. 또 아이가 초등학교 때는 교육에 관심도 없다가 고등학생이 되어서야 성적의 결과만 가지고 판단하며 책임 추궁하는 하는 것이 그런 아버지들의 행동 특성이다.

요즘에는 아버지들이 직접 교육에 참여하는 경우가 아주 많아졌다. 직접 아버지와 소통하고 의논하는 아이들도 점점 많아지고 있다. 물론 사회적으로 한 부모 아이들이 늘어난 이유도 있겠지만 그것보다는 아버지들이 변하고 있기 때문이다.

아버지들이 교육에 참여해야 아이들도 좌뇌 우뇌를 동시에 사용하는 아이로 클 수가 있다. 어떻게 보면 어머니는 감수성으로, 아버지는 논리로 아이의 뇌에 작용을 한다고 할 수 있다. 또 아버지의 논리와 어머니의 감성이 조화로운 하모니가 되면 충분히 효과적으로 아이와 소통할 수 있다. 그래서 아버지는 많은 얘기를 하지 않아도 아이에게 한 번 얘기하면 무척 큰 반응을 일으키기 쉽다. 그런 부분에서 아버지와 어머니의 역할은 분명히 다르다고 할 수 있다.

내 남편은 말이 별로 없다. 지금도 아이들과 남편은 가끔 이메일 정도만 주고받고 전화 통화하는 것은 한 달에 한 번도 안 될 때가 많다. 그런데도 아이들이 방학 때 돌아오면 남편은 마치 늘 함께 살아 온 사이처럼 아이들과 완전히 동화가 된다. 아이들에게는 아버지와의 한 번의 소통이 그만큼 크고 영향력이 있다는 얘기다.

그것은 거저 된 일은 아니다. 남편은 아이들과의 소통에서 밀리지 않으려고 늘 준비한다. 아이들과의 소통을 위해 시대의 변화를 놓치지 않고 살피려고 애쓴다. 남편이 아버지로서 노력을 많이 하고 있다는 것은 아이들이 자라는 시기에 따라서 어떤 것에 관심이 있는지 살피고 그것에 대한 자료들을 계속 찾고 익히는 모습에서 알 수 있다. 특히 IT 분야와 세계의 경제흐름에 대해 놓치지 않고 항상 정보를 습득해 놓아 아이가 무슨 얘기를 했을 때 아이에게 도움이 될 수 있는 정보를 주기도 하고 자신이 잘 모르는 부분은 아이에게 물어보기도 한다.

"아, 그래. 넌 그거 어떻게 알았어? 자 그러면 우리 이 부분에 대해 나중에 다시 한 번 모여서 얘기해 보자."

또 남편이 어떤 리서치를 하는데 잘 되지 않으면 아들한테 부탁한다.

"기혁아, 아빠가 이런 걸 하는데 너 그쪽에서 좀 알아봐줄래?"

"아빠 저 이번에 이것이 필요해서 사야 하는데 가격이나 품질이 한국에서는 어떤지 알아봐 주실래요?"

이렇게 서로 정보를 주고받고 그래야 소통이 되는 것이고 서로 도움을 주는 대등한 관계를 맺게 되는 것이다. 내가 보기에는 남편이 가장 잘하는 부분은 아이들이 뭔가를 들고 다가왔을 때 항상 받아줄 수 있는 준비가 되어 있다는 것이다. 그게 남편이 갖고 있는 아버지로서 가장 큰 장점이다.

그런데 아이들과 소통하지 못하는 아버지들은 아이가 "아빠, 이거 아세요?" 하면, "뭐? 아빠 바쁘니까 네가 찾아봐." 하고 만다. 이렇게 되면 나중에는 아이들이 오히려 아버지를 거절한다.

"이거 사주세요." "그게 뭔데? 왜 필요해?" 하고 아버지가 물어도 "아, 몰라도 되요. 그냥 돈만 주시면 되요." 이렇게 되는 것이다.

아들은 아버지와 남자로서 교감하는 것들이 많다. 그리고 남성의 정체성을 아버지에게서 많이 찾는다. 또 딸은 딸대로 아버지에게서 남성상을 배운다. 따라서 아버지는 아이들과 그런 교감을 충분히 누릴 수 있는 틀을 반드시 만들어야 할 필요가 있다. 모든 아버지가 같은 틀과 방법을 갖고 있을 수는 없다. 자신의 환경과 조건에 맞는 방법을 모색해야 한다.

각자가 바쁜 우리 가족은 아이들이 돌아오는 방학 때야 겨우 모두가 모일 수 있다. 그 때는 거의 매일 저녁을 함께 하려고 애쓴다. 그리고 적어도 일주일에 한 번은 반드시 시간을 따로 내서 주제를 가지고 심도 있는 대화를 한다. 최근 화제가 된 영화를 가지고 토론할 때도 있고 정보기술에 관한 흐름을 얘기하기도 하고 현재 세계에 영향을 미치는 누군가를 놓고 얘기할 때도 있다. 또 일상적인 문제를 갖고 말할 때도 있다. 큰아이의 여자 친구 얘기나 작은아이의 앞으로의 목표, 엄마의 회사 운영에 관한 것도 말할 때도 있다. 이것은 우리 가족의 소통 방법이다. 다른 가족들도 모두 다른 방법들을 가지고 있을 것이다. 중요한 것은 대화를 일상적으로 하는 것이고 각자의 개인적인 문제에 관한 것일지라도 불편해하거나 어색해 하지 않는 것이다.

많은 아버지들은 가족에게 권위를 지키기 위해서 자신의 바깥 일에 대해 늘 아무 일도 없는 것처럼 행동한다. 그러나 생각을 바

부모 이노베이션

꿔보자.

"사실 아빠가 요즘 이런 일로, 이런 사람과의 관계에서 참 힘든데, 너희들도 세상을 살다보면 친구 관계나 선생님과의 관계에서 힘든 일이 있을 수 있지 않을까? 아빠가 이 직원하고 이렇게 힘든데 너는 이런 비슷한 것이 있을 때 학교에서 어떻게 해? 너라면 어떻게 하겠어?"

오히려 이런 것들을 생활에서 대화의 소재로 풀어놓으면 아이들은 앞으로 세상을 살아가며 부딪히게 될 문제를 먼저 들여다보게 되고 자신의 관점에서 세상의 일을 바라볼 수 있는 기회를 갖게 된다. 그와 동시에 아버지에 대해 다시 생각하고 아버지도 자신과 비슷한 고민을 하고 있는 자신의 가족이라는 것을 느낄 것이다. 또한 그 때의 대화가 사회에 나가서 자신에게 비슷한 문제로 다가올 때 훌륭한 해결책으로 작용할 것이다.

아이들은 무엇이든 배운다.

부끄러워 할 줄 아는 부모

공부 잘하는 사람들은 순간 집중력이 강하다. 보이지 않는 시간을 활용한다. 부모도 그렇게 해야 한다. 좋은 부모가 되려면 아이와 함께 있을 때 집중해야 한다. 적어도 부모로서 아이에게 다가가는 그 순간만큼은 진정한 부모가 되어야 한다. 생활고에 힘들고 살기가 팍팍하고 매일 부딪히는 일상의 여러 문제 때문에 부모가 힘들 수 있다. 직장에서 문제가 생기기도 하고 부부 사이의 갈등이 생기기도 하면서 부모 노릇을 제대로 하기 힘들 수 있다. 그러나 부모가 아이 앞에 서는 순간만큼은 부모로서 자존감을 지켜야 한다. 내가 어떤 상황에 처해있든 나는 부모다.

누구나 부모가 될 수는 있지만 아무나 좋은 부모가 될 수는 없다. 부모에게 자식은 종교보다 더 위대한 존재며 신성한 존재다. 내 절대자인 자녀한테 부모 마음 내키는 대로 그때그때의 감정에 따라 함부로 대하면서 자녀를 귀하다 말할 수는 없는 일이다. 자신이 밖에서 어떤 어려움이 있어도 자녀들에게는 제대로 된 모습을 보일 수 있는 것이 부모의 자존심이고 부모가 반드시 해야 할 일이다. 자존심 있는 부모가 되어야 한다.

보통 어머니들은 아이의 친구 어머니들 앞에서는 화를 내고 싶어도 쉽게 화 내지 않는다. 욕하고 싶어도 역시 하지 않는다. 자신의 자존심 때문이다. 그들에게 자신이 좋은 부모라는 것을 보여주고 싶기 때문일 것이다. 그런데 부모들은 가장 소중한 자신의 아이에게는 너무나 쉽게 감정을 드러내고 함부로 대한다. 남들 앞에서 보여줬던 그 인내심도 쉽게 무너뜨려버린다. 왜일까? 부모는 자녀를 한 사람의 인격체로 보기보다는 자신보다 어리석고 나약한 존재며 자신이 만든 소유물 정도로 생각하기 때문이다.

아이는 부모의 투영이다. 아이에게 욕한다면 부모는 자신에게 욕하는 것이나 마찬가지고 자신을 스스로 버리는 짓이다. 따지고 보면 인생에서 별 의미도 없는 사람들에게는 최선을 다해 자신의 행동을 절제하고 조심한다. 그러면서 정작 인생에서 가장 중요한 자신의 아이들에게는 욕을 하고 화를 내며 감정을 쉽게 들어내면서도 부끄러운 줄 모른다. 어린 자녀에게 자신이 마치 권력자인 것처럼 군다. 이런 부모들이 무지한 부모이고 비겁한 부모이다.

부모는 신이 아니기 때문에 매초 매번 반듯하기란 쉽지 않다. 그렇지만 자식을 사랑하는 부모라면 자식의 눈을 두려할 줄 알아야하고 자식에게 보인 작은 실수에도 책임을 질 줄 알아야 한다. 실수를 했다면 적어도 다음에는 똑같은 실수를 반복하지 않으려 노력해야 한다. 부끄러워할 줄 아는 부모가 돼야 한다.

자식의 눈을 전혀 두려워하지 않았던 권위적인 부모라도 자녀가 사춘기에 들어서게 되면 거꾸로 자녀로부터 평가 받기 시작한다. 사춘기는 아이가 심리적인 갈등을 겪는 시기기도 하지만 부모 입장에서는 아이한테 철저히 평가받는 시기이기도 하다. 학생들과 이야기 하다보면 이렇게 말하는 아이를 쉽게 볼 수 있다.

"우리 엄마 재수 없어요. 다른 사람들 앞에서만 교양 있는 척해요!"

부모는 다른 사람에게 자기 자식을 그런 식으로 표현할 수 없지만 자식은 부모를 그렇게 표현할 수도 있다. 부모는 자녀에게 보여 왔던 불합리한 행동들이 언제가 부메랑이 되어 부모 자신에게 돌아오게 됨을 알아야 한다.

내 경험에 의하면 이미 자녀가 사춘기에 들어서면 자녀와 소통하기 위해서든 자녀의 문제를 해결하기 위해서든 부모의 태도만을 바꿔서는 크게 효과가 없다. 부모를 바꿔 아이를 바꾸기에는 이미 아이의 생각과 주장이 너무 확고하기 때문이다. 그것보다는 아이의 생각과 마음을 움직이게 하기 위해 효과적인 소통의 창구를 찾는 것이 낫다. 그것이 부모 이외의 다른 선생님이든 선배든 상담사이든 상관없다. 그런 소통을 통해 아이의 마음을 움직여 부모를 이해시키는 것이 낫다. 사춘기 이후 교육은 그쪽으로 가야한다.

그래서 부모는 자녀가 사춘기에 들어서기 이전 유아기와 초등학교 시절부터 민주적, 합리적인 부모로 바뀌어야 한다. 어릴 때부터 아이는 경험을 통해서 자신의 부모를 12년 이상 바라봤던 축적된 관점들이 있다. 아이는 자신을 둘러싼 모든 것을 평가하는 사춘기 때부터 그 관점을 자신의 잣대로 삼아 부모를 평가하기 시작하는 것이다. 이때의 아이들은 부모의 목소리 톤만 들어도 무엇을 바라고 어떤 의도로 아이에게 접근하고 있다는 것을 너무 잘 알고 있다. 사춘기 아이에게 부모가 명령하고 설득하려 한다면 당연히 아이들은 미리 부모를 알아차리고, 감동하기는커녕 그럴 줄 알았다고 무시해버리고 만다. 이제는 전세가 역전되었다. 부모가 아이를 평가하는 것이 아니라 아이가 부모를 남과 비교하면서 무자비하게 평가한다.

그런데 정서적으로 안정되거나 오랜 시간 동안 부모와 합리적으로 소통해 온 아이들은 부정적인 평가만 하는 것이 아니라 자신이 따라 배울 부모의 모습도 평가하며 인생의 긍정적인 힘으로 활용한다. 다행히 우리 아이들은 어딜 가든 부모님의 삶을 자랑스럽게 얘기할 수 있어서 감사하다는 말을 한다. 나는 그것으로 충분하다. 그 말 한마디로 부모로서 최선을 다해 살아온 우리 부부의 노력을 보상 받은 셈이다.

부모의 진짜 자존심

나는 매일 학부모들을 만난다. 많은 부모들이 상담 끝에 꼭 이런 말을 한다.

"선생님, 정말 우리 아이가 될까요? 진짜 할 수 있을까요? 우리 아이는 안 될 것 같은데요."

부모들은 물론 자녀에 대한 걱정으로 하는 말이겠지만 부모로서 그런 말은 가장 해서는 안 될 말이다. 부모가 아이와 끝까지 가보지도 않고서 자기 마음속에서 이미 아이를 포기하고 있다는 것을 보여주는 말이다. 자신의 마음속에 미리 아이의 종이를 반으로 접어 놓고는 반쪽짜리 종이라고 아이를 비난하는 꼴이다.

부모는 아이를 믿어야 한다. 아이의 저력을 믿어야 한다. 지금 비록 아이가 보여지는 모습은 부모를 크게 만족시키지는 못하더라도 지금부터 아이와 부모가 함께 끝까지 가다 보면, 비록 시간

부모 이노베이션

이 오래 걸리더라도 길 끝에서 뭔가 만날 것이라고 믿어야 한다. 바로 이 순간부터 우리 아이는 된다는 믿음으로 손을 잡고 가야 한다.

내가 만난 부모들 중에 아이가 실패할까봐, 상처받을까봐 새로운 도전을 시도조차 못하게 하는 부모가 너무 많다. 아이를 위한 맞춤형 교육을 직접 찾아 주고 쉬운 길을 찾기 위해 편법과 탈법도 마다 하지 않는 부모도 있다. 그럴수록 아이는 자신의 틀을 깨고 나올 기회를 잃게 되며 나약해지게 된다. 설령 가다 실패해도 괜찮다. 상처를 받으면 어떤가? 아이가 최선을 다하려 노력했다면 분명 처음의 목표와는 다르겠지만 그 배움을 토대로 또 다른 길에서 도전하고 있을 것이다. 인생은 결과가 아니라 과정이다. 도전할 줄 아는 아이는 실패했다고 포기하지 않는다. 도전의 과정에서 이미 많은 것을 얻었기 때문이다. 안 될까봐 두려워 시작도 하지 못하고, 편안한 방법으로 빨리 쉽게 끝내버리려고 하는 모습이 어리석은 부모의 모습이다.

내 아이가 좋은 대학과 좋은 직업을 갖게 되는 것을 바라고 그것만을 자랑스러워하는 부모는 대개 다른 사람 앞에서 아이 때문에 자존심을 세울 수 있다고 여긴다. 반대로 대학에 실패하거나 지방의 이름 없는 대학에 들어가고 보잘 것 없는 직업을 갖게 된 자녀의 부모는 늘 고개를 떨군다. 하지만 진짜 자존심이 있는 부모는 내 자식이 지금 열심히 노력해서 나중에 어떤 모습으로 보이든 그것을 내가 환영하고 받아주겠다는 용기가 있는 부모다. 내 자식이 어떤 대학을 나오고 어떤 일을 하던 간에 그 아이가 정말 좋아하고 사랑하는 일이라면 그걸 즐겁게 웃으면서 바라보며 우리 아이는 지금 행복하게 산다고 당당하게 얘기할 수 있는 부모가 진정으로 자존심 있는 부모다.

나도 우리 아이들이 남편처럼 의사가 되길 바랐던 적도 있다. 아이들에게 의사되기를 강요하지 않았던 것은 내가 다른 부모와 특별히 달라서가 아니다. 나도 날마다 내 자신을 죽인다. 엄마로서의 욕심과 싸우고 세상의 포장된 관점과 싸운다. 그렇지만 나는 안다. 우리 아이가 제 나름의 최선을 다해 자신의 길을 찾아가고 있다는 것을 알고 있기 때문에 나는 그것을 받아 들일 수 있다.

결국 부모의 자존심이란 아이가 무언가가 되었을 때 그것을 자랑하고 부모 어깨가 올라가는 그런 자존심이 아니라 그 아이를 끝까지 지켜보면서 어떤 일을 하고 있든 아이가 최선을 다해서 살고 그 삶을 즐기는 모습을 볼 때 당당하게 축하해 줄 수 있는 것이다.

나는 지금 자기가 하고 싶은 일을 열심히 찾고 있는 작은아이 성욱이에게 이렇게 말한다.

"네가 좋아하는 일을 찾아라. 좋아할 수 있는 일을 찾아라. 엄마도 내가 좋아하는 일을 하고 있기 때문에 아무리 힘들어도 계속 이 일을 놓고 있지 않는 것이란다. 너도 평생 좋아할 그런 일을 찾기를 바란다. 그 일이 무엇이든 엄마가 언제나 옆에서 응원하마."

부모 이노베이션

내 인생의 멋진 그림

모든 부모는 자녀에게 기대한다. 건강하게 잘 자라주길 기대하고 좋은 사람이 되기를 기대한다.

그런데 자녀에게 기대를 갖고 있는 부모가 버려야 할 것이 있다. 욕심이다. 기대와 욕심은 다르다. 내가 내 아이를 어떻게 만들겠다는 욕심을 버려야 한다. 자녀를 무결점의 완벽한 로봇으로 생각하고 마치 자신이 조정만 잘 해주면 무슨 미션이든 이루어 줄 것이라 믿는 것은 부모의 욕심이다.

"너는 의사가 되렴."

"바이올리니스트 어때? 멋지잖아."

"사장님 되면 좋겠다. 돈 많이 버는."

"우리 아들 공부 잘해서 교수님 될 거야."

부모들은 해답을 주고 아이가 그대로 따라 오기를 바란다. 부모가 보여주는 해답지는 너무나 강력해서 아이는 자신의 시크릿이 무엇인지 꺼내볼 엄두도 못 내보고 부모를 따라 간다. 그러나 시간이 흐를수록 아이는 스스로에게 만족하지도 못하고 열정도 없이 자신을 잃어버리고 만다. 자신의 결정이 아니라 부모가 원하는 결정이기 때문이다. 이것은 기대가 아니라 부모의 욕심이다. 부모 자신이 이루지 못한 꿈의 투영이며 대리만족이다.

부모가 욕심을 버릴 때 내 아이의 특별한 시크릿이 보인다. 부모는 옆에서 내 아이의 시크릿이 피어날 수 있도록 물만 뿌려주면 된다. 유명 학원에 보내고 고액 과외하고 그런 것이 아니라 아이가 스스로 피어날 수 있도록 감성터칭을 해주고 외로울 때 든든한 버팀목이 돼주는 것이 부모가 할 일이다. 아이가 방황할 때 손을 붙잡아 주는 부모가 바로 해답지다. 그럴 때 아이는 희망을 느끼고 자신감을 얻는다.

부모는 기다려 줄 줄도 알아야 한다. 아이의 시크릿이 어떻게 피어나는지 옆에서 기다려 주어야 한다. 크고 화려한 장미가 피어나지 않았다고 실망하지 말고 어려움 속에서 조그맣게 핀 제비꽃도 아름답게 여겨주는 부모가 진정한 부모다. 그곳이 어디든 자신의 향기를 품고 있는 꽃으로 피어나주길 바라는 것이 부모의 참된 기대다.

"어머, 아이들 보고 싶지 않으세요? 아직 어린데 걱정 안 되세요? 나 같으면 절대 못해요. 옆에 두고 싶지 않아요?"

부모 이노베이션

우리 큰아이는 현재 미국 콜롬비아 대학교에 재학 중이며 작은 아이도 역시 미국 고등학교에 재학 중이다. 큰아이는 더구나 2004년부터 벌써 7년이 넘게 혼자 미국에서 공부하고 있다. 이렇게 아이 둘을 모두 미국에 떨어뜨리고 사는 내게 가끔 아는 분들이 걱정 어린 물음을 던지곤 한다.

세상에 멀리 있는 아이가 보고 싶지 않은 부모가 있을까. 나는 아이들의 삶을 위해 아이들의 선택을 존중해서 다른 기회를 주었다. 그런 내 입장에서는 아이들을 미국에 보내면서부터 어쩌면 내 옆에 두고 사소한 기쁨을 느끼고 함께하는 삶을 포기한 것과 같다. 만약 아이를 옆에 두고 아기처럼 챙겨주고 쓰다듬어 주고 싶냐는 물음을 위와 같이 하는 것이라면 나는 절대로 아니라고 할 것이다. 나는 아이를 자신의 만족감을 위해 옆에 두지 않는다. 아이는 엄마 무릎 위에 올려 놓고 쓰다듬는 애완견이 아니다.

(…) 난 가족을 잃은 적도 없고, 다만 나의 더 나은 삶을 위해 가족과 잠시 떨어져 있는 것이기에 행운이라고 생각한다. 난 텍사스오스틴의 St. Stephen's Episcopal School에 재학중인 유학생이다. 매년 여름과 겨울 두 번은 한국에 있는 가족을 만나기 위해 가지만 그래도 6개월은 가족과 떨어져 살아야 하는 신세다. 14살 나이에 가족과 떨어져 지내는 시간 치고는 꽤 긴 시간이라 생각한다. 하지만 한편으로는, 나는 가족이 곁에 없기 때문에 가족들과 더 소통하려 하고, 가족의 존재를 더 소중하게 여기고 있지 않나 하는 생각이 들었다. 사람들은 원래

뭔가 있다가 없어지면 그 가치를 더 귀하게 여기는 법이니까.

난 실제로 엄마랑 가끔 한 시간에 걸쳐 긴 전화통화를 하곤 한다. 엄마와의 대화는 대부분 사소하고 중요치 않은 일에 대한 것이지만 난 엄마와의 대화가 정말 즐겁다. 만약 내가 한국에서 가족들과 있었다면 엄마와 앉아서 한 시간 가량 그런 얘기들을 나눌 일은 없을 것이다. 물론 국제전화라 전화비는 엄청나게 내지만, 내가 엄마와의 긴 대화를 통해 얻을 수 있는 건 값을 매길 수 없는 아주 소중한 것이다.

그리고 나는 알고 있다. 내 삶의 어느 순간, 나의 가족들은 내 곁을 떠날 것이고, 남겨진 사진이나 비디오, 그리고 내 기억 속에서만 가족들의 모습을 볼 수 있다는 걸 나는 안다. 미래에 그런 일이 일어나리란 걸 안다면 당연히 지금 가족들과 행복한 시간을 보내야 하는 게 아닐까? 가족과 좋은 시간을 보내기 위해 반드시 내가 그들 곁에 있어야 되는 건 아니다. 전화나 메시지로도 얼마든지 가능한 일이다. 때문에 난 적어도 일주일에 서너 번은 가족들에게 꼬박꼬박 전화를 한다. 중학생으로서 수행해야 하는 학업량이 엄청나긴 하지만 말이다. 가족들과 통화를 할 때면, 난 가족의 사랑을 느끼고 그들에게서 힘을 얻게 된다. 그리고 비로소 난 완전해진다.

이 글은 큰아이 기혁이가 8학년 때 학교 선생님 추천으로 미국 라디오 방송(NPR National Public Radio)에 보낸 에세이의 일부다. 나는 이 글을 읽으며 가슴이 벅차올라 눈물이 흘렀다. 그 나이에 가족의 의미를 이렇게 깊이 이해하고 있는 아이가 대견하고 힘

부모 이노베이션

든 객지생활을 탓하지 않고 오히려 긍정적인 삶의 자극으로 승화시킨 아이의 성숙함에 감사해서였다.

서로를 믿고 그 믿음에 답하기 위해 열심히 산다는 큰아이의 생각이 진정한 가족관계일 것이다. 우리 가족은 대화로 서로를 본다. 물리적인 만남보다 더 깊게 우리는 만날 수 있다. 이것이 정답이라는 말은 아니다. 이것이 우리 가족이 행복해지는 비결일 수도 있다는 것이다.

우리 아이들이 어디 가서 무엇을 하든 간에 물리적으로 안전하기만 하다면 나는 절대 불안하지 않다. 나는 지금 내 옆에 아이들을 두지 않아도 된다. 아이들을 만나지 못할 때도 아이가 내 곁을 떠나 멀리 떨어져 자신의 삶을 열심히 살아가고 있다는 것을 알고 있기 때문에 옆에다 두고 만지지 않아도 마음이 편안하고 만족스럽다.

나는 아이들을 키우면서 우리 아이들이 부모 입맛에 맞게 살아주지 않아도 큰 상처를 받을 것 같진 않다. 자식을 키워 부모를 위한 삶이 아니라 자신과 세상에 필요한 삶으로 살아가게 하는 것이 나의 의무라고 생각하기 때문이다. 그 외에 아이를 키우면서 다른 보상을 기대한 적이 없다.

자식은 부모에게 뭘 해줘서 좋은 존재가 아니다. 나는 자식이 대기업을 다니고 용돈을 주고 명품백을 사주는 그런 것이 아니라 자신들이 설계한 인생이라는 작품을 자기만의 색깔로 그리며 살아주는 것으로 만족할 것이다.

자식을 평생 호주머니에 넣고 다니며 꺼내 볼 수도 없고 액세서리처럼 달고 다니며 자랑할 수도 없다. 내가 원하는 기대에 미치지 못한다고 불평하고 서운해 할 일도 아니다. 그저 좋은 영화 한 편을 보는 것처럼, 좋은 음악 한 곡을 듣는 것처럼 멀리서든 가까이서든 아이들이 만들어가는 아름다운 생을 감상할 수만 있다면 부모는 행복한 것이 아닐까? 그렇게 자녀는 부모 인생의 멋진 그림이 되어주는 것으로 자녀의 역할을 다하는 것이 아닐까?

부모 이노베이션

2장

다 같은 부모가
아니다

교육은 빈 양동이를 채워주는 것이라기보다는
어둠속에 빛을 밝혀 주는 것이다
· 예이츠 ·

있는 그대로 인정하라

아이를 데리고 처음 상담실 문을 두드린 부모들은 대개 긴장하고 있다. 자신의 자녀가 냉철하게 진단되는 것을 두려워하고 있기 때문이다.

부모들은 자신이 듣고 싶지 않은 얘기가 나올까봐 지레 먼저 나한테 아이에 대해 다 꺼내 보여주기도 한다. 그러나 놀랍게도 내가 아이의 약점이나 부족한 실력을 지적하면 그 순간 부모는 아이를 덮어주고 감싸주기에 급급해 한다.

어떤 부모는 아이는 멀쩡한데 진단에 문제가 있다고 여기기도 한다. 테스트를 받고 상담을 받는 이유가 아이의 실력을 진단받고 분석을 통해 해결책을 찾아보기 위한 것인데 오히려 부모들은 자신의 아이가 타인에게 평가받을 때 무너질 자존심을 먼저 챙긴다. 부모는 누군가 자신의 아이를 제대로 진단하는 것을 두려워한다.

좋은 부모가 되는 가장 첫 번째 스텝이 무엇일까. 바로 아이를 있는 그대로 인정하는 것이다.

나는 우리 학원의 학생들에게 이렇게 말한다.

"너희들은 자신의 오답을 볼 수 있는 용기가 있어야 한다."

성적이 좋은 아이와 낮은 아이의 차이 중 하나는 자신의 오답을 대하는 태도를 보면 알 수 있다. 성적이 좋은 아이는 시험 결과를 볼 때 정답은 어차피 알고 있는 것이므로 넘어가고 오답을 찾아 확인하고 속상해 한다. 그리고 어째서 틀렸는지 꼼꼼히 체크한다. 하지만 성적이 낮은 아이는 자신이 정답으로 맞은 것이 몇 개인지만을 보고 오답은 쳐다보지도 않거나 "에이." 하고 시험지를 구겨 버린다. 그 순간 아이는 자신의 부족한 점을 분석할 수 있는 기회를 버린 것이다. 두 사람의 미래 발전 여부를 우리는 뻔히 알 수 있다.

부모도 마찬가지다. 진짜 내 자녀가 평생 멈추지 않는 엔진을 단 명품 인생을 살기를 바란다면 아이가 부족한 것에 집중해야 한다. 버려야 할 것과 개선해야 할 것들을 찾아야 한다. 아이가 잘하는 일에 박수 쳐주기에만 급급하면 안 된다. 아이는 자기에게 무조건 잘한다고 박수 쳐주는 부모를 보면서 실제로 자신의 실력이 충분하다고 생각하기 쉽다. 그런 아이들은 뭔가 잘 안 될 때나 일을 망쳤을 때도 자기 자신이 아니라 다른 곳에서 문제를 찾으려 할 것이다. 부모의 기준과 판단만을 믿으려 하며 자신을 주관적으로 평가한다. 부모도 자기 아이는 이것도 잘하고 저것도 잘하고

부모 이노베이션

못 하는 것 없이 다 잘한다고 생각하고 또 그런 느낌을 즐긴다.

우리 학원에 다니는 아이 중에도 종종 그런 경우가 있다. 테스트를 보고 자신의 수준에 맞는 반으로 가서 부족한 영어 실력을 채우려 노력하기 보다는 불평부터 쏟아 놓는다.

"내가 왜 겨우 이 반이에요? 말도 안 돼. 시험 볼 때 감기 걸려서 잘 못 본 건데..."

"아우, 원장님. 쟤는 나보다 못했는데 왜 나보다 레벨이 높아요? 저도 그 반으로 갈래요."

"옆에 앉은 애 때문에 수업을 들을 수가 없어요. 다른 반으로 가면 안 될까요?"

자신의 문제라기보다는 시스템의 문제, 다른 사람의 문제, 강사의 문제, 학원의 문제로 여긴다. 그 아이는 영원히 자신의 문제를 고칠 시간을 만나지 못할 것이다.

그래서 부모가 제일 먼저 시작해야 할 부분이 가슴 아프지만 내아이의 부족한 부분을 들여다보는 일이다. 내 아이의 아픈 약점에 먼저 집중하고 그것을 인정할 수 있는 용기가 있는 부모가 좋은 부모다.

내가 운영하는 영어 유치원에서는 어린 아이들을 돌보면서 행동에 문제를 보이는 아이가 있으면 더 세심하게 돌보고 주의 깊게 관찰한다. 아이의 생활 기록지에 세세한 부분까지 기록하고 강사들의 의견을 첨부한다. 그리고 아이의 문제가 나아지지 않으면 부모님을 모셔다 의견을 들려주고 또 부모님의 의견을 듣는다.

　한 번은 부모가 모두 엘리트인 5세반의 아이가 있었다. 무척 영리하고 예쁜 아이였다. 아이의 어머니도 전문적인 일을 하고 있어서 아이는 아주 어릴 때부터 할머니와 일하는 아주머니의 손에서 주로 자랐다. 그런데 아이가 유치원에 오기만 하면 옷에 대변을 누는 것이다. 다섯 살 때니까 그럴 수도 있다고 생각하고 처음에는 선생님들도 별 고민 없이 치워주고 옷도 갈아 입혀주었다. 또 배변훈련을 시키려고 애도 써보았다. 그런데 시간이 지나도 나아지지 않았다. 아이 할머니께 아이의 배변 문제를 말씀 드렸더니 어쩔 줄 몰라 하시면서 연신 죄송하다고만 하시고는 아이가 왜 그런지 모르겠다는 말씀만 되풀이 하셨다.

　그동안 아이는 아침밥을 먹지도 않고 제가 먹고 싶은 군것질만 조금 하다가 화장실도 들르지 않은 채 유치원에 오고 있었다. 아침에 제가 먹고 싶은 군것질만 하고 오는데 당연히 배변이 제대로 될 리가 없다. 나는 할머니께 아침에 아이가 물을 충분히 마시게 하고 식사는 거르지 말고 오기 전에 꼭 화장실에 들르게 해 주길 당부했다. 그러나 아이의 습관은 쉽게 바뀌지 않았다. 같은 반 친구들도 처음에는 괜찮아, 괜찮아 하더니 문제가 계속 되자 나중에는 "아, 냄새." 하며 코를 싸쥐고 아이를 피했다. 눈치 빠른 아이는 어느 날은 옷에 대변을 눈 것도 아니면서도 화장실에 들어가 오랫동안 나오지 않기도 했다. 시간이 지나면서 이 아이의 배변 문제가 유치원에서 이슈가 되어버렸다.

더 이상 할머니로는 아이 문제가 나아질 것 같지 않아 바쁘시더라도 어머니께 내원 상담을 요청했다. 처음에 어머니의 반응은 문제를 심각하게 생각하고 싶어 하지 않았다.

"아이가 아직 어려서 그런 건데요, 나아질 겁니다."

"저희 시어머니가 그러시는데 늦된 아이도 있대요."

어머니는 아이가 갖고 있는 문제의 원인을 다른 곳에서 찾고 싶어 하였다.

어머니가 다녀간 후에도 나아지지 않고 심각해지는 아이를 보면서 두 달 동안 전보다 훨씬 꼼꼼하게 날마다 아이의 생활기록을 작성했다. 몇 시에 화장실에 가고 어느 날 옷에 변을 보았는지 아주 낱낱이 아이에 대해 적고 아이의 반 친구들의 반응과 선생님의 의견도 구체적으로 덧붙였다. 그런 후에 이번에는 부모 모두를 오시라고 하였다.

"저는 유아교육학으로 석사를 마쳤고 부모교육 강의도 하는 사람입니다. 그리고 두 아이를 키우는 엄마이기도 합니다. 이 부분에서 남보다 어떻게 보면 깊은 이해가 있는 사람 중 하나입니다. 미국에서 아동보육학을 공부할 때도 비슷한 경우의 아이를 많이 보아왔고 아이가 어떻게 문제를 해결했는지 보았기 때문에 부모님이 도와주시면 정말 잘 해결할 수 있습니다. 아이는 지금 많이 힘들어 하고 있어요. 부모님만이 도와주실 수 있습니다."

당시 아이 어머니는 둘째를 임신한 상태였는데 아이는 그런 엄마를 보면서 더욱 관심을 끌고 싶었던 것 같았다.

"할머니와 어머니 아버지가 함께 지금 이 골을 끊지 않으면 더 큰 문제가 될 겁니다. 아이가 무척 영특한데 이 똑똑한 아이를 이 문제 때문에 무능한 아이로 만들 수도 있습니다."

아이의 관찰 기록을 보여주면서 하나하나 설명해드리자 그때서야 부모는 마음을 돌리기 시작하였다.

"이렇게까지 문제가 심각한 줄은 몰랐습니다. 저희 부부가 어떻게 하면 좋을까요?"

나는 엄마 아빠의 출근이 늦어지더라도 아침에 아이를 규칙적인 시간에 깨우고 간단하게라도 운동을 시킨 후 물이나 배변작용을 도와 줄 요구르트 쥬스 등을 먹이고 아침식사를 거르지 않도록 하기를 권했다. 또 유치원에 조금 늦게 오더라도 화장실은 반드시 들렀다 오도록 했다. 그리고 의식적으로라도 관심을 끌고 싶어한 아이를 엄마가 더 많이 안아주고 스킨십을 자주 해주길 권했다.

아이는 서서히 배변에 대한 두려움을 없애가면서 규칙적인 배변 습관을 보이기 시작했다. 가끔 실수는 있었지만 시간이 지날수록 아이는 안정을 찾게 되었고, 더욱 놀라운 것은 일상생활에서의 아이의 태도가 눈에 띄게 밝아지고 자신감을 보였다는 것이다. 부모가 동시에 같은 시각으로 문제를 보기 시작하고 함께 문제해결을 하려는 의지를 갖자 아이의 문제는 해결의 실마리를 보인 것이다.

그 후 아이는 이전과 다른 모습으로 유치원 활동의 모든 분야에서 자신감을 보이며 적극적으로 참여하게 되었고 학습 효과 또한 비약적으로 성장했다. 수줍음 많은 아이로 여겨졌던 아이가 7세를 졸업할 쯤에는 발표력과 리더십이 강한 아이가 되었다. 초등학교에 입학해서도 아이는 여전히 똑똑하고 당당한, 리더십이 강한 아이로 평가받고 있다.

나는 이 경우를 통해서 부모가 자신의 관점을 옮겨 아이의 문제를 인정하고 문제를 해결하려 할 때 분명히 아이들은 바뀐다는 것을 다시 한 번 경험했다. 처음 상담할 때만 하더라도 아이의 엄마는 자신의 관점에서 볼 때 배변 습관은 아이에게 큰 문제가 아니었다. 부모가 자식을 바라보는 관점의 틀을 깰 때는 큰 동기가 필요하다. 구체적인 관찰기록을 보여주지 않았다면 아마 그 부모의 마음은 움직이지 않았을지도 모른다. 학식이 풍부하고 자신의 신념이 강하고 자존심이 강한 부모일수록 오히려 자녀에게는 자신의 학식과 확신이 독이 될 수도 있다는 것을 알아야 한다.

그때부터 아이의 부모는 우리 원의 교육방침을 전적으로 믿고 따라주셨다. 감사하게도 그 아이는 초등학생인 지금도 열심히 우리 학원에서 영어실력을 키워가고 있다.

자기의 생각을 끝까지 고집하는 것이 아니라 옳은지 그른지 알기 위해서라도 뭔가 변화를 시도해보는 부모가 진짜 용기 있는 부모가 아닐까.

엄마와 아이의 동상이몽

학부모들을 만나는 과정에서 갖게 되는 가장 큰 안타까움은 부모와 아이가 서로 다른 꿈을 꾸고 있다는 것이다. 놀랍게도 부모는 자녀를 A라고 보는데 아이는 자기 자신을 B라고 여기고 있다. 아주 많은 부모와 자녀가 그렇다.

이것은 부모가 아이를 잘못 파악했을 수도 있고 제대로 파악해서 알고는 있지만 그게 아닐 거라고 애써 무시하는 것일 수도 있다. 부모들이 아이를 데리고 와서는 나에게 아이가 이렇고 또 저렇고 하며 설명한다. 많은 부모가 아이를 제대로 파악하고 말하는 것이 아니라 남에게 보이고 싶은 아이로 포장해서 말한다. 그러나 아이를 가르치다 보면 부모가 포장하지 않은 알맹이가 아이의 행동이나 모습에 그대로 나온다. 그 알맹이는 부모가 대부분 느끼고는 있지만 알고 싶지 않은 부분이다. 사실은 감추고 싶은 것이다.

부모 이노베이션

부모와 다시 상담을 해본다

"어머니, 이 아이는 이런 부분에서는 이렇습니다. 다른 부분은 또 이렇구요."

"그래요? 정말이요? 그렇지 않을 텐데..."

부모는 아이의 약한 부분을 아니라고 믿고 싶은 것이다.

이런 경우 두 가지의 타입의 부모가 있다.

"그럼, 어떻게 하면 좋을까요?"

이렇게 사실을 받아들이고 다음 해결책을 찾는 부모가 있다. 반대로,

"그래요? 그럴 리가 없을 텐데. 우리 아이한테 한 번 확인해 볼게요."

하는 부모도 있다. 이 부모는 돌아가서 아이에게 따질 것이다.

"너, 내가 오늘 원장 선생님한테 무슨 얘기를 듣고 온 줄 알아? 내가 정말 창피해서... 너 그리고 이런 적 있어? 없어? 너 설마 원장 선생님 말이 사실이야? 응? 말 안 할래?"

아이는 부모의 추궁에 당연히 자신의 모습을 더욱 감추고 싶을 수밖에 없다. 아이는 거짓말을 하든 그럴 듯한 핑계를 대든 어떤 형태로든 빠져나갈 구멍을 만들려고 할 것이다. 특히 학력이 높고 경제적으로 부유할수록, 또 자존심이 강한 부모일수록 아이에게 문제가 있다는 사실을 잘 믿지 않으려고 한다.

"글쎄요, 선생님 말씀이 무슨 말씀이신지... 우리 아이하고 저는 대화를 많이 하는데요. 그럴 리가요? 한 번도 그런 모습을 본

적이 없는데 혹시 선생님이 뭘 잘못 아신 건 아닌가요?"

아이가 만든 이유와 핑계에 부모는 안심하고 아이를 믿는다.

"그럼 그렇지. 우리 아이가 그럴 리가 있어? 그 선생님 혹시 우리 아이 싫어하는 거 아냐? 아니면 뭐 바라고 그러는 거든가."

선생과 학부모의 신뢰가 깨지는 순간 피해를 보는 것은 아이다. 아이는 자신을 함께 도와 줄 조력자 둘을 동시에 놓치게 되기 때문이다. 물론 모든 부모가 다 그런 것은 아니다. 그러나 내 경험에 비추어 보았을 때 아이의 문제를 있는 그대로 인정하지 않는 부모가 인정하는 부모보다 7 : 3 정도로 많은 것 같다.

"우리 아이는 그럴 리가 없어요."

사춘기의 아이와 엄마가 함께 와서 상담을 하는 경우 종종 아이와 엄마가 싸우고 나가는 경우도 있다.

"아이가 공부하는 데 방해될 것 같아 휴대폰도 일부러 안 사줬어요. 요새 열심히 하려고 하거든요."

"치, 우리 엄마는 다른 사람한테 말할 때만 이래요. 저한테는 이렇게 말 안 해요."

"어머 내가 언제?"

"엄마가 그랬잖아. 공부도 못하는 게 무슨 핸드폰이냐구!"

"어머, 얘 좀 봐."

당황한 엄마는 민망하기도 하고 서운하기도 해서 어쩔 줄을 모른다. 엄마는 너무 억울하다. 엄마는 정말 아이를 생각하는 마음으로 조금 더 열심히 하라고 그렇게 말한 건데 아이는 우리 엄마가 자신을 무시하고 있고 다른 사람 앞에서만 가식적으로 말하는 거라고 판단한다. 자신의 속내를 알아주지 못하는 아이에게 결국 엄마는 좌절하고 상실감을 느끼게 된다.

부모가 본격적으로 외로워질 때는 아이의 자아가 강해지는 사춘기부터이다. 아이 입장에서는 어릴 때 부모는 자신이 슬프고 두려울 때 언제나 안길 수 있는 절대적인 내 편으로 믿고 의지하는 존재였다. 그러나 아이가 자라고 나이가 들면서 부모의 모든 행동을 자신의 기준과 가치관으로 판단하기 시작한다. 그리고 그 행동이 패턴 별 의도가 있다는 것을 아이가 알기 시작한다.

엄마가 아침에 학교가라고 깨우는데 아이가 늑장을 부리고 있으면 갑자기 아이 방문이 쾅 닫히는 소리가 난다.

'너 조금만 더 늦으면 지각이다. 더 이상 게으름 피우면 혼날 줄 알아라.'

엄마는 문을 세게 닫는 것으로 신호를 보낸다.

'아, 지금 안 일어나면 엄마에게 진짜 혼나겠구나.'

아이는 엄마가 보여준 신호를 말하지 않아도 정확히 파악하고 있다.

이렇게 무언의 행동이 나타내는 의도를 아이는 점점 정확히 파악하고 적어도 더 이상 늑장부리면 안 된다는 것을 알고 일어난다. 아이와 부모는 그렇게 힘겨루기를 한다. 그 때부터 시작하는 것이 사춘기의 전쟁이다.

친하게 지내는 한 친구에게는 학교 성적이 뛰어나지는 않지만 착한 아들이 있다. 주위 친구들은 물론 친척들도 모두 아이를 볼 적마다 참 착하다며 괜찮은 아이라고 칭찬해 주었다. 그 친구는 아들 애기만 나오면 흐뭇해하고 늘 자랑스러워했다.

그러던 어느 날 중학교 3학년인 아들에게 학원에 잘 도착했는지 전화를 걸었다. 그날따라 아들이 핸드폰을 가지고 가질 않았는지 벨이 아들 방에서 울렸다. 엄마는 벨이 울리는 아들 방으로 들어가 아들의 핸드폰을 열었다. 그 순간 엄마는 소름이 돋는 충격을 받았다. 핸드폰 액정에 자신의 번호와 함께 '받지마' 라는 닉네임이 뜬 것이다. 엄마의 이름이 '받지마' 라니 충격이 아닐 수 없었다. 착하고 믿음직한 아들, 늘 엄마의 자랑이 되어주던 아들이 엄마의 이름을 '받지마' 로 설정해 놓은 이유는 무엇이었을까. 그것은 다른 사람에게는 보여지지 않은, 그동안 부모자녀와의 관계에서 형성된 그 아들만이 갖고있던 엄마 모습이 있다는 것을 말한다.

부모는 이럴 때 그동안의 자신을 내려 놔야 한다. 수십 년 동안 자기 몸에 배어 있던 언어 습관과 행동 습관을 돌아보고 과감히 바꿔야 한다. 아이의 눈으로 자신을 돌아봐야 한다. 그리고 솔직해져야 한다. 부모의 속마음을 털어놓고 이야기해야 아이가 부모를 이해할 수 있다.

다른 경우도 있다. 한 어머니는 이제 막 중학교에 진학한 아들이 등교한 뒤 아들의 방을 치워주러 들어갔다. 참고서와 필기도구

부모 이노베이션

로 어지럽혀진 책상을 정리하다가 며칠 전 학교에서 실시한 심리 상담지가 구겨져 나왔다. 자신에게 보여준 적이 없던 상담지를 살펴보는데 뜻밖에도 상담지에는 아이가 자살 충동을 여러 번 느꼈다고 적혀 있었다. 이 어머니는 자신이 아들과 대화를 많이 해오고 소통을 잘 해왔다고 여겼는데 아들이 자살을 하고 싶을 정도로 힘든 적이 있었다는 사실에 가슴이 무너졌다. 그러나 사실 그 대화와 소통은 일방적으로 아이의 욕구를 들어주고 해결해주는 대화였지 인생의 고민이나 감정적 소통은 없었던 것이다.

아이는 A의 모습인데 부모는 아이를 B일거라고 믿고 있는 이러한 동상이몽을 이제는 그만 꾸어야 한다. 그 꿈이 깨질 때 부모는 큰 상실감과 외로움으로 괴로울 것이다. 이제 그 꿈이 깨져 박살이 나기 전에 우리 아이를 눈을 뜨고 쳐다봐야 한다. 내 꿈이 아니고 아이 꿈으로 들어가 봐야 한다.

부모가 자녀와 소통할 때 일방적인 부모의 잣대로 아이를 판단하면 아이를 제대로 볼 수가 없다. 이럴 때는 객관적 검사나 자료를 이용하는 것도 현명한 방법 중의 하나다.

최근 서울대 글로벌인재연구센터와 청담러닝에서 함께 개발한 GTI(글로벌인재역량검사 Global Talent Indicator)검사는 글로벌 시대에 걸맞은 인재가 갖춰야 할 8대 핵심역량 중 학생이 어떤 역량에 '강점'이 있는지 측정하는 것으로 검사 대상은 초등학교 4학년부터 중학교까지다. GTI의 8개 핵심역량은 학습능력에 해당하는 인지능력과 자신의 내적 역량을 나타내는 비전, 자기주도성, 창의성, 시민의식의 네 가지 역량과 개인 간의 공감능력을 알 수 있는 감성지능, 문화지능, 대인관계능력의 세 가지 역량으로 나눌 수 있다. 8대 핵심역량 중 가장 점수가 높은 것이 아이의 '강점역량'이 되고 낮은 점수가 나온 것은 '약점역량'이 된다. 검사결과지는 강점역량에 맞는 추천 직업도 제시해준다. 추천 직업을 선정해서 각 직업이 하는 일, 대표적인 역할 모델, 도움이 되는 책과 미래의 직업 변화 예측도 알려준다.

글로벌인재연구센터의 소장으로 연구를 주도한 김동일 교수는 글로벌 인재를 '미래에 대한 목표의식을 갖고 자기주도적으로 활동하며 사회적 표준이 되는 사람'이라고 말하고 자녀의 약점을 보완하는 것보다는 강점에 집중하는 것이 중요하다고 했다.

최근 우리 학원에서 초등학교 5학년부터 중학교 3학년까지 모두 40여명의 학생을 대상으로 GTI검사를 할 기회가 있었다. 그런데 아이들의 공통적인 약점역량으로 감성지능이 나타났다. 정서인식과 감정이입능력, 불안내성, 우울내성, 정서조절, 정서표현, 충동내성 등으로 드러나는 '감성지능'의 점수가 다른 점수에 비해 상대적으로 낮게 나온 것이다. 이 점수는 학업의 성적과는 상관없이 드러났는데 이것은 다른 사람의 감정을 인식하지 못하고 자신의 감정도 조절하기 어렵고 충동적으로 일을 처리하는 경향이 강하다는 것을 뜻한다. 더구나 우울내성과 불안내성이 크다는 것은 아이들이 자신감이 없고 자신을 스스로 믿지 못하고 있다

부모 이노베이션

는 사실을 보여준다. 성적이 아무리 우수하다고 하더라도 이렇게 내적인 주체역량과 공감능력이 떨어진다면 아이들은 어른이 되어서 사회에 나갔을 때도 결코 행복할 수가 없다. 자신을 믿지 못하고 늘 불안하며 만족하지 못한 삶이 어떻게 행복할 수 있을까.

어떤 학생은 주변사람들에 의해 평가되어 왔던 것과 다르게 결과가 의외로 낮게 나와 부모를 당황하게 만들기도 했다. GTI 검사는 질문을 통해 자신의 모습을 객관적으로 평가하여 답하게 되어있다. 따라서 결과를 통해 아이가 자기 스스로를 어떻게 보고 있는지에 대한 판단이 가능하다. 실력도 좋고 모범생이라고 여겼던 이 학생은 의외로 모든 부분에서 낮은 점수 결과를 보였다. 상담 과정 중에서 그 학생은 아직도 자신이 너무 부족하다고 생각하고 더 잘해야 되는데 잘 할 수 있을지에 대한 두려움이 심한 상태임을 알 수 있었다. 그 학생의 어머니는 아이에게 미안해 했다.

"원장님, 제가 그동안 너무나 아이에게 잘못 말해온 것 같아요. 저는 늘 아이에게 더 잘하라고 자극을 주기위해 아직도 부족하다는 말을 많이 했는데 그것이 아이의 자신감을 떨어뜨리고 능력이 안 된다고 생각하게 만들었나 봅니다. 아이한테 너무 미안해요."

많은 부모가 아이에게 "이 바보 같으니.", "너 바보야? 왜 이걸 몰라?" 이런 식으로 쉽게 아이를 평가하는 말을 한다. 물론 진짜로 그렇게 생각하지 않더라도 아이는 부모가 자신에게 하는 말 한 마디에도 자신을 스스로 가둔다.

실제로 학원의 어떤 학생은 상담지에 '나는 바보다. 엄마는 언제나 내게 바보라고 한다. 나도 생각해보면 정말 잘하는 게 하나도 없는 바보인 것 같다.' 라고 쓰기도 하였다. 부모의 언어와 격려가 얼마나 중요한가. 부모가 아이를 바보로 취급하는 순간 아이는 무능력한 바보로 산다. 부모는 자신이 아이와 소통하는 방법에 따라 아이의 미래 능력뿐만 아니라 아이가 자존감을 갖고 행복함을 느끼는 데 얼마나 큰 영향을 주는지 알아야 한다.

이렇게 부모가 자녀에게 갖고 막연한 느낌을 객관적 수치로 분석하는 정기적 검사는 필요하다. 심리, 진로적성, 미래역량 등과 관련된 검사들은 부모와 자녀사이에서 객관적이고 합리적인 소통의 도구로 활용될 수 있으며, 아이의 약점역량과 강점역량을 객관적으로 들여다보고 앞으로 자녀에게 필요한 솔루션을 찾는 데 도움이 될 수 있다.

일관성 있는 부모가 되라

자녀의 올바른 생활습관, 규칙적인 학습태도, 약속을 지키는 일, 그리고 책임감 등을 배우게 하는 데 가장 중요한 부모의 태도는 일관성이다.

내가 아이들을 키우면서 민주적인 부모가 되고자 하는 노력 중에 가장 힘들었던 것이 바로 일관성을 지키는 일이었다. 똑같은 행동인데도 어제는 괜찮다고 허용했던 것을 오늘은 혼내고 호통치는 나 자신과 싸우는 데 정말 많은 시간과 노력이 필요했다. 내 기분이나 남의 이목, 주변 여건들에 따라 아이의 같은 행동을 다르게 반응하면서 혼자서 많이 부끄러워하고 후회했다.

자녀의 가치관이나 행동적 습관은 성장과정에서 지속적으로 보고 듣고 행동하는 과정에서 길러진다. 이미 오랜 시간 동안 길들여진 아이의 문제행동이나 습관은 하루아침에 고쳐지기 힘들다. 아이에게 올바른 행동이나 습관을 길러주고 싶다면 자녀가 어릴 때부터 부모는 일관성 있는 태도를 보여주어야 한다. 그때그때 부모의 사정이나 일시적인 감정의 변화 때문에 아이를 대하는 부모의 태도가 일관성을 잃는다면 아이는 혼란을 겪게 된다. 아이가 이해할 만한 이유가 없는데 어제는 허용되지 않았던 일이 오늘은 허용이 된다면 아이는 부모와 함께 정한 원칙의 가치와 필요성을 느끼지 못하게 되고, 때때로 자기의 이익을 위해 원칙을 깨려고 하게 된다. 눈치를 보거나 거짓말을 하는 아이, 행동을 통제하지 못하고 참을성이 없는 아이, 약속을 잘 안 지키고 책임감이 약한 아이들 상당수가 부모의 일관되지 못한 행동과 상호작용 때문에 그렇다. 아이와 함께 규칙을 정했다면 그것을 지켜내는 일은 아이만의 노력뿐만 아니라 부모도 함께 노력해야 한다.

부모들은 자기 사정이나 기분에 따라 쉽게 원칙을 깨면서도 자녀가 어떤 사정이나 기분에 따라 원칙을 깨는 것을 용납하지는 못한다. 내가 만난 학생들이 말하는, 자신의 부모를 믿을 수 없는 가장 큰 이유 중의 하나를 '부모가 이랬다 저랬다 하는 태도'로 꼽는다.

"우리 엄마는 아줌마들 있을 때는 내가 공부 잘 하는 것보다 인성이 좋은 아이로 자랐으면 좋겠다고 하고는 집에 와서는 무조건 공부 잘해서 좋은 대학을 들어가야 사람구실 한대요."

"우리 엄마는 기분 좋으면 내가 컴퓨터 게임해도 뭐라 안 하고 아빠랑 싸우고 나면 동생이랑 나한테 소리만 질러요."

"우리 아빠는 술 먹고 들어오면 뭐든지 사준다고 하고는 다음 날 다 잊어버려요."

벌써 초등학교 5, 6학년만 되어도 아이들은 부모의 특징을 파악하고 있음을 알 수 있다.

부모가 일관성 있는 태도를 유지하기 위해서는 몇 가지가 전제 되어야 한다.

우선 아이도 하나의 독립된 인격체이며 아이의 느낌과 감정도 존중되어져야 한다는 생각을 가져야 한다. 자녀를 소유물처럼 생각하고 아이의 모든 것을 부모가 조정하고 결정할 수 있다는 생각을 버려야 한다. 아이는 태어날 때부터 나와 다른 하나의 인격체다. 아이의 인생은 부모 인생이 아니다. 아이의 감정도 욕구도 모두 부모가 느끼는 것과 다르다. 따라서 아이를 구속하고 조종하기보다는 아이 스스로 자기 인생을 찾아갈 수 있도록 도와줘야 한다는 사실을 가장 먼저 인식해야 한다.

일관성 있는 부모가 되는 또 다른 조건의 하나는 부모가 정신적으로 육체적으로 건강해야 한다는 것이다. 대부분의 부모들은 아이를 위해서라면 자신을 희생해야 한다고 생각한다. 그러나 자기의 욕구를 억누르며 참기만 하면 스스로 알지 못하는 사이에 마음속에는 강한 분노가 쌓이게 된다. 이러한 분노가 무의식중에 느닷없이 아이에게 표출되고 이러한 부모의 감정표출로 인해 아이는 심리적으로 불안정해진다. 따라서 아이는 그런 부모로부터 자신을 보호하기 위한 방법들을 학습하게 되는데 거짓말하기, 눈치 보기, 과잉 행동 등 다양한 모습으로 나타날 수 있다. 부모 스스로가 자기의 감정과 욕구를 정확히 이해하고, 무조건 억누르기보다는 적절하게 표현하는 방법들을 만들어나가야 한다.

부모가 일관성을 유지하기 위해서는 부부가 함께 원칙을 만들고 지키기 위해 노력하는 것도 중요하다. 자녀의 교육문제로 내가 만난 많은 어머니들은 자식교육을 남편이 다 망친다고 말한다. 특히 엄마 주도로 이끌어 온 자녀교육의 방향을 평소에는 귀찮아하며 관심도 갖지 않고 알아서 하라던 남편이 가끔 한 번씩 불쑥 엄마와 아이 사이에 끼어들어 참견하고 간섭하면서 엄마를 악역으로 만들고, 남편은 좋은 아빠 또는 권위 있는 아빠가 되려 한다는 것이다.

부모의 생각과 뜻이 서로 다르게 보이면 아이들은 혼란스럽게 되고 심리적 갈등까지 겪을 수도 있다. 그리고 부모 사이의 권력과 힘을 저울질하며 눈치보고 자신에게 유리한 쪽으로 붙는다.

비록 부부의 생각이 서로 다를지라도 아이들이 보는 앞에서 부모의 갈등을 보여서는 안 된다. 자녀교육에서 서로 상충된 의견이 있다면, 부부가 서로 충분한 의사소통의 시간을 갖고 합리적인 대안들을 만들어내야 한다. 그러고 나서 자녀교육을 주되게 담당하는 부모가 교육의 방향을 이끌고 다른 한 부모는 적극적으로 지지하고 도와주는 모습을 보여야 한다.

부모가 한 마음으로 자신을 격려하고 지원을 하고 있다는 것을 알게 된다면 아이는 심리적 안정감과 자신감을 갖게 되고 공부나 일상생활에서 겪게 되는 어려움을 잘 극복할 수 있는 건강한 아이로 성장하게 될 것이다.

변덕쟁이 부모가 자녀를 원칙 없는 아이로, 세상의 눈치만 보는 비겁한 아이로 만든다는 사실을 잊지 말아야 한다.

착한 부모가 자녀를 망친다

요즘 부모들은 자녀교육에도 열성이라 박사 아닌 사람이 없다. 대중매체와 인터넷을 통해 수많은 정보와 지식을 접한 부모들은 자녀교육을 전공한 사람들처럼 무엇이 좋은 교육인지 잘 알고 있다. 그러나 다른 사람들 앞에서 입으로는 좋다는 교육 방법을 떠들고 실제로 집안에서는 마음 내키는 대로 사는 부모가 많다. 실천하지 않는 지식은 무지보다 위험하다.

힘들게 태어난 큰아이를 보면서 처음에 나는 우리 아이가 혹 바보로 태어났을 수도 있다는 생각에 두려웠다. 나는 아이가 제대로 걷고 제대로 생각하길 간절히 원했다. 아이가 뇌손상이 있을지도 모른다는 막연한 두려움은 나를 당시에는 정보가 많지 않았던 두뇌발달학이나 영재교육에 관심을 갖고 집중하게 하였다.

당시 우리나라에서 두뇌발달에 가장 권위 있던 김현수 박사의 자료를 받아가면서 두뇌발달 공부를 하기 시작하고 글렌 도만(Glenn Doman)이나 시치다 마코토의 도트훈련과 후레쉬카드 놀이를 열심히 응용하였다. 그렇게 아이가 나의 열성에 답하듯 두 살이 되어서는 한글과 영어를 깨우치기 시작하였고 얼마 지나지 않아 아이 스스로 한글과 영어를 문장으로 터득하게 되었다.

아이를 낳을 때 겪은 어려움이 내가 엄마로서 뭘 해야 하는지 많은 생각을 하게 했다. 생각해보면 나와 우리 아이에게 닥쳤던 시련을 헤쳐 나가면서 뜻하지 않게 많은 것을 얻게 되었다. 내 아이를 낳아 잘 기르고자 정성을 쏟게 되면서 시골 학교의 수학선생님이었던 내가 유아교육에 관심을 갖게 되었다. 그것이 나중에 나를 교육대학원에서 유아교육 석사를 마칠 수 있게 하였고 부모교육과 미국 유학이라는 도전을 할 수 있게 하였다.

큰아이는 지금 콜롬비아대학에서 컴퓨터 공학을 전공하고 있다. 바보가 될 것만 같았던 내 아이가 자신의 꿈을 가지고 멋지게 살아가고 있는 것이다.

인간의 발전이란 그런 것이 아닐까. 시련이 닥쳐왔을 때 그저 받아들이고 절망하면 절대로 나아갈 수 없다. 그것을 더 큰 기회로 삼아 변화하고자 노력한다면 훨씬 가치 있는 삶을 살 것이다. 시련을 미래 도전의 영감으로 만들어 낼 수 있어야 한다.

모든 사람들은 자신의 아이들과의 또 다른 히스토리가 있을 것이다. 그 히스토리를 가지고 어려움이 왔을 때 그 어려움을 팔자라 치부하지 말고 '내게 뭔가 다른 길은 없을까?' 생각해본다면 부모가 자기 자신을 위해서도 발전적인 일을 할 수 있을 것이다. 그러할 때 나와 아이 모두에게 발전의 계기를 마련할 수 있다.

시련을 대하는 태도도 사람에 따라 다 다르다.

"휴, 이걸 어쩌면 좋아, 큰일이구나."

하고 포기하고 인정해버리는 것은 허용적인 부모(permissive parents)의 타입이다. 권위적인 부모(authoritarian parents)는 자신에게 시련이 닥쳤다는 사실 자체가 용납되지 않는다. 그래서 늘 불만이고 화를 낸다. 이 두 유형의 부모는 문제가 생기면 그냥 거기서 끝이다. 그러나 민주적인 부모(democratic parents)는 시련을 인정하되 바로 그 사실에서부터 발전적인 해법을 찾는다. 민주적이고 합리적인 부모에게 늘 핵심은 닥친 문제가 아니라 바로 그 문제의 솔루션이기 때문이다. 그들은 문제를 답을 찾기 위한 출발로 여긴다. 문제를 가지고 새로운 시작을 한다. 솔루션을 찾는 과정에서 내게 닥친 문제는 골칫거리나 좌절이 아니라 새로운 경험과 새로운 지혜와 새로운 배움이 된다. 그래서 가장 생산적이고 발전적인 부모 유형이 민주적이고 합리적인 부모다.

이렇게 부모가 자녀교육에 접근하는 방식도 모두 다르다. 부모의 양육 태도에 의해 아이의 인생의 태도와 습관이 달라진다.

세 가지 유형의 부모 중에 가장 좋지 않은 부모가 허용적인 부모다. 허용적인 부모는 아이에게 매일 진다.

"그래 알았어. 하고 싶으면 네 마음대로 해."

이런 태도는 좋은 부모가 되겠다는 의지를 포기하는 모습이다. 이런 무능력한 부모는 아이를 어떻게 키워야 하겠다는 자신의 기준과 원칙 없이 흔히 자신이 다른 부모들보다 관대해서 더 자녀를 사랑하는 착한 부모로 착각한다. 그러나 부모교육에서 이런 태도는 부모가 아이를 책임지기 두려워하고 방임하는 것으로 본다. 그런 부모는 자신이 상처받기 싫어서 상처 받지 않으려고 무엇이든 다 받아준다. 결국 이런 부모들은 나중에 평생 눈물 마를 날이 없을 수도 있다. 아이에게 무엇이든 마음대로 하라 해놓고 아이가 경계를 넘어 사고를 치고 나면 그제야 후회한다. 그렇게 후회를 해놓고도 다시 아이에겐 똑같은 태도로 대할 것이다. 그때는 이미 아이가 부모의 손을 떠난 뒤다.

내가 만나 본 유아기 아동을 둔 어머니들 중 열의 아홉은 이런 허용적인 부모의 모습이다. 한 둘만이 자신이 배우고 옳다고 생각하는 교육방법을 집에서 몸으로 실천하는 어머니들이다.

허용적인 부모 중에는 스스로를 합리적인 부모라고 착각하고 있는 경우가 많은데 이는 자신의 편견에 사로잡혀 그렇게 믿고 있는 것일 뿐이다.

"그냥 두세요. 아이가 알아서 하게. 우리 아이는 굉장히 독립적이라 내가 해 주지 않아도 혼자 알아서 다 해요."

아이가 위험한 일을 해도, 남에게 피해가 가는 행동을 해도, 때로 힘들어 도움을 청할 때도 부모는 알아서 할 테니 걱정할 것 없다는 태도다. 그런 부모는 자신만의 교육방식이 있다고 생각한다. 모든 것을 아이 마음대로 하게 두고 그것이 마치 아이를 독립적으로 키우기 위한 자신의 교육철학이라 여긴다. 부모의 역할이 무엇인지 정확히 모르고 있는 경우다. 이런 부모들은 자신들의 생각이 허용되는 범위 안에서만 다른 사람의 의견을 받아들인다. 이들은 자녀교육에서 중요한 핵심인 '훈육과 통제'를 놓치고 있는 것이다. 조절을 모르면 자유도 모른다. 나중에 제일 괴로운 부모가 이런 부모들이다.

아이들이 조금 자라면 부모에게 대들기 시작한다.

"그냥 나 좀 내버려 둬요. 내 인생은 내 거라고요. 엄마가 상관할 일이 아니란 말이에요!"

맞는 말이다. 자기 인생은 자기가 설계해 나가는 것이고 책임지는 것이다. 그러나 이것은 아이가 무엇을 하든 아이 인생이니까 부모가 상관하지 말아야 한다는 것과는 분명 다르다. 부모가 해주어야 하는 부모의 역할이 있다. 부모는 아이가 세상에 나가서 당당하게 살아갈 수 있는 준비를 하게 해주어야 한다. 아이가 자신이 원하는 인생을 스스로 결정할 수 있도록 옆에서 도와줘야 한다. 아이가 힘든 순간 믿고 격려해주어야 하고 실수를 하면 똑같은 실수를 반복하지 않도록 방법을 같이 찾아줘야 하며 길을 벗어나면 다시 돌아올 수 있도록 불을 켜 두어야 한다. 그 모든 역할을 포기하고 아이가 부모의 뜻대로 가주지 않는다고 해서 마치 화풀이 하듯이 아이 인생이니 아이가 알아서 하도록 하는 것이 좋은

부모 이노베이션

부모일 리 없다. 만약 그 자녀가 약한 친구를 정신적이든 육체적이든 폭행을 가해서 크게 상처를 주었다면 그 부모는 뭐라 할 것인가.

"네 인생이니까 네가 책임져!"

"내가 왜 그 피해 부모에게 사과해야 해? 네가 사고 쳤지, 내가 사고 쳤어? 알아서 한다더니 잘 한다."

결국 아이가 학교에서 퇴학을 당하고 심각하게는 구속되는 경우가 와도 그 부모는 아이가 저지른 일의 죄 값을 치루고 있기 때문에 자신의 일에 책임을 다하고 있다며 이 독립적(?)인 아이에게 잘했다라고 할 것인가? 정말로 그 아이가 법적인 처벌을 받으면서 인생의 책임감을 느끼고 다시는 그런 짓을 하지 않을까? 아이는 후에 부모가 어려움에 처해 있을 때 진심으로 부모를 걱정하고 힘을 보태줄까?

무엇이든 치료보다는 예방이 중요한 법이다. 이 부모는 예방의 시기를 방치했다.

"엄마, 나 오늘 짝하고 싸웠는데 짝이 울었어."

"왜 그랬어? 넌 안 다치고? 다음부터는 그러지마."

허용적인 부모는 이걸로 상황을 끝낸다. 그러나 부모는 이때 아이가 왜 그 친구랑 다퉜는지 물어봐줘야 한다. 싸우고 돌아온 아이 기분이 지금 어떤지, 후회하는지 들어줘야 한다. 내 아이가 잘못한 실수라면 친구에게 사과할 기회를 줘야 한다. 그 친구가 내 아이를 괴롭히다 생긴 일이면 부당한 일에 현명하게 대처하는 방법을 함께 찾아봐야 한다. 이렇게 해야 아이가 가해자도 피해자도 아닌 좋은 사람, 당당한 사람으로 자랄 수 있다. 내가 어떤 부모인지에 따라 아이 인생의 태도가 달라진다.

착한 부모가 아이를 망친다.

부모 이노베이션

먼저 마음을 얻어라

아이가 본격적으로 반항하는 시기가 찾아온다. 흔히 말하는 질풍노도의 시기, 사춘기다. 부모들은 모두가 그 시기를 건너 온 선배임에도 불구하고 자신의 아이를 보면 당황스럽고 새삼스럽다. 마치 처음 겪는 일 같다.

　어느 날 한 어머니가 상담실로 오셨다. 이 어머니는 아들을 둘 두고 있었는데 첫째는 정말 똑똑하고 공부도 잘 했다. 말썽 한 번 피우지 않는 형은 언제나 어머니 말이라면 고분고분했다. 그에 비해 둘째는 6학년 때부턴가 비뚤어지기 시작하더니 소위 나쁜 친구들과 어울려 다니며 담배를 피우기 시작하고 공부도 하기 싫어했다. 다행인 것은 다른 공부는 정말 하기 싫은데 그래도 영어는 중요하다고 숙제를 해오지 않더라도 학원에는 나왔다. 나도 여러 번 얘기를 나눠봤지만 겉으로 보기엔 다소 반항적이고 예의 없이 거칠어 보이지만 기본 바탕은 선하다는 걸 느낄 수 있는 아이였다. 아이는 학교에선 소위 문제아로 찍혀 늘 선생님께 불려 다녔다. 그런데 문제는 무엇보다 자기 엄마한테 함부로 하고 지독하게 군다는 것이다. 내가 물었다.

"어머니, 아들 손잡고 눈 쳐다보며 얘기하신 적이 언제인가요?"

"6학년 때부터 저는 아들 눈이 무서워지기 시작했어요. 그래서 그 때부터 아들 눈을 똑바로 보질 못했어요."

나는 깜짝 놀랐다. 아들의 눈이 무섭다니...

"어머니 그러면 그동안 아이하고 한 번도 얘기해 본 적이 없으시겠네요."

"아니, 애하고 얘기는 잘 해요."

"네?"

"엄마, 라면 끓여줘. 엄마, 준비물 사게 돈 줘. 콜라 없어? 용돈 다 떨어 졌어. 옷 사줘. 뭐 이런 얘기는 잘해요. 그냥 생활하면서 하는 얘기요."

한 마디로 아이는 자기가 필요한 얘기만 하고 산 것이다. 이미 아이는 엄마를 자신의 필요한 욕구를 해결하는 통로로만 이용하고 있었다. 엄마는 아이와 대화를 하고 있다고 믿고 있었지만 그 것은 그렇게 되었으면 좋겠다는 착각이다. 그건 대화가 아니라고 해도 어머니는 그래도 그만큼이라도 아이가 자신에게 말을 걸어주는 게 낫다고 했다.

부모 이노베이션

"아이가 엄마한테 불만이 있을까요, 없을까요? 엄마한테 있을 만한 불만이 뭔가요?"

"제 형 때문에 그러겠죠."

아이는 항상 이런 말을 하면서 비꼬았다고 한다.

"형은 잘하니깐 좋겠네."

아이는 자신이 형보다 늘 모자란 역량을 가지고 있는데 부모는 자기도 형처럼 되기를 바란다는 걸 줄곧 느껴왔을 것이다. 어머니는 그렇지 않다고 하지만 아마 하루에도 열두 번은 부모가 눈치를 주었을 것이다. 그런 집안의 분위기는 아이에게 무언의 압력으로 다가온다. 인간은 자신한테 오는 압박감을 온몸으로 느낀다. 그런 아들의 고민을 엄마는 생각하지 못 했던 것 같다.

엄마는 울면서 얘기했다.

"다른 건 안 바래요. 우리 아들이 다른 사람 괴롭히지만 않고 아이가 무슨 짓을 하던 스스로 상처를 안 받고만 살았으면 좋겠어요. 아이는 얼마나 아프겠어요. 엄마가 맨 날 학교에 불려가서 선생님께 죄송하다고 하는 걸 보면서 애는 얼마나 상처 받겠어요."

엄마는 처음에는 화도 많이 내고 혼도 많이 냈는데 지금은 체념하고 있었다. 그저 내 아들이 상처받지만 않기를 바라고 있었다.

"그러면 어머니, 아이한테 어머님이 이렇게, 네가 상처받지 않으면 좋겠다, 이런 마음을 한 번이라도 표현한 적은 있으세요?"

엄마는 표현은 많이 했다고 하지만 내가 보기에는 엄마의 일방적 표현이지 아이와 소통 가능한 방법은 아니었다.

"내가 너를 어떻게 키웠는데, 응? 어떻게 네가 이럴 수가 있어? 엄마도 비교하고 싶지 않아. 하지만 네가 형의 반만큼만 되도 내가 이러지 않겠다."

수시로 던지는 이런 말들은 오히려 아이의 가슴에 상처를 남기고 마음의 문을 닫게 했을 것이다.

"어머니, 그건 아이와 터놓고 대화 한 게 아니라 어머니 입장을 하소연한 것밖에 안 됩니다. 어머니, 한 번 이렇게 해 보세요. 일단은 아이가 기분이 괜찮을 때를 기회로 잡으세요. 대화도 타이밍입니다. 아무도 없을 때 둘이서만 얘기할 수 있는 시간에 아이의 손을 잡고 얘기해 보세요. 진심으로 어머니가 생각하는 것들을 말해 보세요. 지금 어머니가 아이 때문에 얼마나 가슴 아파하는지 보여주세요. 아이가 잘못된 길로 들어가 평생을 후회하며 살게 되지는 않을지, 몸도 마음도 너무 많이 다쳐 아파하게 되지는 않을지 두려워하는 어머니 마음을 아이가 읽게 해주세요. 아이 눈을 피하지 말고 따뜻하게 쳐다봐주면서 한 번만 얘기해 보세요. 미안하다는 말부터 하세요. 지금 제일 힘든 사람은 바로 너일 텐데 그래 얼마나 힘드니 하고 보듬어주세요. 미처 엄마 아빠가 헤아려주지 못해 미안하다고 하세요. 그런 진심을 얘기하시고 아이한테 바라는 것이 공부도 무엇도 아니고 저한테 말씀하신 얘기, 아이가 상처받지 않기만을 바란다는 것을 꼭 얘기하세요."

그리고 얼마 후 그 어머니에게서 전화가 걸려왔다.

"선생님, 저 우느라고 반 밖에 얘기를 못했어요."

부모 이노베이션

"아이와 얘기해보시니까 어떠셨어요?"

아이가 처음으로 엄마 앞에서 진실한 모습으로 자신의 마음을 보여주었다고 했다. 어머니는 그렇게 한 번 대화를 하고 나서는 아이 눈빛이 조금 부드러워진 것을 알겠다고 했다. 어머니는 아이에게 스스로 공부하려고 하기 전까지 기다려 주겠다고 했으며 갑자기 아이의 생활이 180도 확 변하지는 않았지만 아주 조금씩 움직이고 있는 것을 알 수 있다고 했다.

"그런데, 어머니. 다음부터는 아이가 그냥 지나가는 소리로 하는 별 거 아닌 말들도 기억해 놓으셨다가 다음에 아이가 지쳐 있을 때 말씀해 주세요. '너 전에 그렇게 말했었잖아. 엄만 너의 그런 부분이 자랑스러워.' 하고 한 마디씩만 해주세요."

아이는 중학교 3학년 때까지 우리 학원에 다녔다. 처음 낮은 레벨에서 시작한 아이는 그래도 꽤 높은 레벨까지는 마쳤다. 아이의 시험 성적 중 그래도 영어 성적이 제일 좋았다고 한다. 그것은 아이에게 하나의 자신감이 될 수 있었다. 아이가 어느 날 어머니에게 했다는 말을 생각하면서 나는 가끔 혼자 웃는다.

"엄마, 나 나중에 정 안 되면 미국 가서 장사라도 할게."

극과 극, 화성에서 온 아이와 금성에서 온 아이를 동시에 한 집에서 키우면 어느 한 아이는 대부분 피해자가 될 수밖에 없다. 그럴 때 부모는 우리 아이의 문제가 어디서 시작됐는지를 관찰하고 그것을 고치려고만 해서는 안 된다. 문제의 원인을 바꾸기 위한 마음의 모종을 심어야 한다. 작은 모판에 부모와 아이가 공감의 모종을 심자. 모종이 자라면 이제 모내기만 해주면 된다. 공감의 모는 곧 자라서 아이의 논을 꽉 채우고도 남을 것이다. 그동안 부모는 모가 벼로 자랄 수 있을 때까지 기다려주어야 한다.

부모들은 급하다. 오늘 아이를 앉혀 놓고 내가 감동의 얘기를 했으니 다음 날 아이가 확 바뀌어 줄 거라고 기대한다. 절대 그런 일은 없다. 아이는 자신의 판단과 경험, 확신에 의해서 서서히 변화할 뿐이다.

"너, 그쪽으로 가지마. 안 돼."

어떤 아이라도 부모가 이렇게 말했다고 다음 날부터 가지 않는 아이는 없다. 권위적인 부모 아래서 자란 아이들은 부모의 파워가 무서워서, 혹 맞을까 두려워서 당장 앞에서만 바뀌는 모습을 보여주는 것뿐이다. 자신에게 작용하던 그 힘과 두려움이 없어지면 아이는 바로 다시 돌아선다.

"선생님, 우리 아이가 비뚤어지고 반항하는데 도대체 어떻게 해야 합니까?"

답하기 참으로 어려운 질문이다. 절대 쉬운 일이 아니다. 나는 우선 다른 무엇을 바라지 말고 마음을 얻으라고 말해주고 싶다. 마음을 먼저 움직이게 하라고 말하고 싶다. 인생은 달리기다. 짧은 단거리에 아이를 세워놓고 "준비, 땅!"하지 말자. 100m, 200m 끝이 보이는 단거리 선수처럼 앞뒤 사정없이 한눈 한 번

팔지 못하고 오로지 결승점만 향해 심장이 터지도록 아이를 달리게 하지 말자. 인생은 단거리경주가 아니라 마라톤이다. 끝이 보이지는 않지만 내 목표가 어딘가는 알 수 있다. 그 긴 레이스를 달리면서 아이는 수 없이 주저앉고 싶을 것이고 목이 마를 것이다. 그만두고 싶을 때도 많을 테고 쓰러질 때도 있을 것이다. 부모는 레이스 밖에서 갤러리가 되어 박수쳐 주고 격려해 주어야 한다. 길을 조금 돌아간다고 부모가 레이스로 뛰어 들어가 팔을 잡아 끌 수는 없다. 아이가 조금 늦더라도 코스를 잃어버리지 않고 돌아오길 기다려 주어야 한다.

자고 일어나 아이가 옷 갈아입듯 달라져 있기를 바라지 말아야 한다. 부모의 진심이 무엇인가 들여다보자. 아이가 정말 방황을 끝내고 우리에게 웃어주길 바라는 것인지 아니면 누구에게 내 보여도 창피하지 않을 공부 잘하는 모범생이 되어 나타나주길 바라는 것인지 나 자신에게 솔직히 물어봐야 한다. 후자를 원했다면 부모는 아이의 손잡기가 어려울 것이다.

마음을 얻는 것이 모든 일의 시작이다. 사회에서도 마찬가지다. 사람의 마음을 얻지 못하면 내가 그 사람을 물리적으로 움직이게 해야 한다. 여러 번 소리쳐야 하고 하나하나 가르쳐 주어야 한다. 그렇게 해서는 움직인다고 해도 능률이 오르지 않는다. 그러나 내가 그 사람의 마음을 얻으면 내가 말하기도 전에 그 사람 스스로가 움직인다. 나는 우리 직원들에게 늘 해주는 말이 있다.

"당신이 여기서 무엇을 할 것인가? 노동을 할 것인가, 가치를 창출할 것인가? 당신이 8시간 동안 몸만 움직이면 노동이지만 당신이 하는 일이 누군가를 변화시키고 회사를 변화시킨다는 마음으로 일을 하면 새로운 가치 창출을 하는 것이다."

공부도 인생도 마찬가지다. 다행히 나는 우리 아이 둘의 마음을 모두 얻었다고 생각한다. 아이들의 마음을 얻었기 때문에 이제 나는 아이들에게 굳이 미주알고주알 불만을 말하지 않아도 된다. 아이들은 스스로가 알아서 자신의 일을 찾을 것이다.

둘째 성욱이도 처음에는 내게 마음을 다 주지 않았다. 어떤 말을 해줘도 겉으로는 듣는 척 해도 이래도 흥, 저래도 흥이었다. 자기 규칙도 없이 마음 줄 곳을 모르고 여기저기 흔들렸다. 바깥으로만 촉수를 세우고 있었다. 자기 자신에게 집중하지 못했다.

"거울을 들여다 봐. 거울하고 얘기해봐. 너한테 뭐라고 얘기할 수 있겠니?"

"아, 잘 생겼다."

처음에는 그렇게 가볍게 얘기하던 애가 이제는 거울을 보면서 자기 모습과 내면을 진지하게 들여다 볼 수 있게 되었다. 그런 시간이 올 때까지 나는 한참을 기다려 줬다. 절대로 두 마리 토끼를 잡으려 하면 안 된다. 눈에 보이는 성적 같은 세상의 척도와 마음은 동시에 얻지 못한다.

무엇보다 먼저 아이의 마음을 얻어야 한다. 아이의 마음을 얻지 못했다면 그 모든 것을 얻지 못한 것이다.

아름다운 인간, 행복한 인생

모든 부모는 자기의 자녀들이 행복해지길 간절히 바란다. 내 아이가 인생에서 성공하길 원한다. 그러나 대부분의 부모들은 공부를 잘하고 좋은 대학에 들어가고 대기업에 취직하는 것으로 아이의 인생이 성공했다고 생각하고 행복할거라 믿는다. 물론 그것도 무시할 수 없는 현실이며 그 아이의 실력이다. 그러나 그것은 행복한 인간으로 아름답게 살아가는 데 필요한 하나의 요소일 뿐이다.

아름다운 인간에게서 우리는 무엇을 볼 수 있는가. 남과 자신이 다르지 않다는 열린 생각, 시간을 귀중하게 여기는 태도, 사회에 대한 성찰과 고민, 정의롭지 못한 일에 대한 분노와 저항, 작고 약한 것에 대한 배려... 이러한 태도들은 각자 색깔이 다르더라도 아름다운 인간이 갖고 있는 공통된 요소이다.

부모들은 아이의 성향을 발전시켜 직업을 선택하면 된다고 생각한다. 그러나 전혀 성향이 다른 아이라 하더라도 이러한 아름다운 인간이 갖추어야 할 삶의 태도는 같아야 한다. 그것이 먼저다.

인간은 자기 스스로 만족할 때, 내가 가치 있는 인간이라는 사실을 인정받을 때 행복감을 얻는다.

많은 예술가들이 예술 행위를 하는 순간 그 자체가 행복하다고 말하곤 한다. 그러나 세상 사람들이 자신의 예술을 손가락질할 때 뒤돌아서면서 인생의 완전한 행복감을 느낄 수는 없다. 나의 예술이 사회에서 인정받을 때 그때 비로소 그는 행복하다.

인간은 모두 상대방에게 자신이 제대로 인정받기를 원한다. 그래서 소통이 중요한 것이다. 사람의 성향이 어떠하든 내가 존재하는 가족과 사회 안에서 나의 개성이나 나의 삶의 방식이 인정되고 가치를 평가해 줄 수 있는 관계가 되었을 때 행복하다고 생각한다. 그렇지 않으면 사람들은 외롭다. 역사 안에서 수많은 예술가가 당시에는 평가받지 못하고 불행한 삶을 살다가 사후에 추앙받는 안타까운 경우가 많이 있다.

자식을 키우면서 갖게 된 내 원칙은 절대 내 개인적인 욕심을 아이에게 강요하지 않는다는 것이다. 치과의사인 남편을 보면서 나도 우리 아이들이 남편처럼 의사가 되길 원한 적이 있었다.

"자식이 둘인데 아빠처럼 하나는 의사시키지 그래?"

주변의 많은 분들이 이렇게 내게 권하기도 했다.

"나도 아빠처럼 의사가 될 거야."

아이들이 어릴 때는 의사인 아빠를 보며 그런 말을 한두 번 했었지만 지금은 두 아이 모두 각자 다른 일을 하고 싶어 한다.

"왜? 너 의사 된다고 그랬잖아, 의사해."

이런 말을 나는 한 번도 한 적이 없다. 다만 이렇게 말할 뿐이다.

"네가 어떤 일을 선택하든 네 주변, 가족과 사회에서 함께 행복할 수 있는 일을 선택해라."

나는 내 아이들이 스스로 아름다운 사람, 행복한 사람이 되었으면 좋겠다. 아름다움의 가치 기준이 바깥에서 보이는 포장에도 있을 수 있지만 더 중요한 것은 바로 자기 안에 있다는 것을 우리 가족은 잘 알고 있다.

아이의 시크릿을 찾아라

아이를 실험하는 부모

수학, 영어, 과학, 논술, 역사체험, 속독, 미술, 피아노, 플룻, 컴퓨터, 수영 그리고 한자학습지와 영어신문, 마지막으로 교회. 이 목록은 우리나라 사교육 종류를 모아놓은 것이 아니다. 초등학교에 다니는 한 여자아이가 매주 수행해야 할 몫이다.

이 아이의 어머니는 최근 아이가 자주 짜증을 내고 제멋대로인 것이 불만이다. 심부름은커녕 밥 먹으라는 엄마의 부름에도 성질부터 낸다고 한다. 거의 매일 아침마다 한바탕 난리를 치르고 나서야 등교를 한다. 이 어머니는 열심히 무엇이든 잘 하는 대견한 딸이 왜 이러는지 모르겠다고 한숨이다.

"아이가 너무 지친 것은 아닐까요? 저라도 그렇게 많은 학원에 다니면 몸살이 날 것 같습니다."

부모 이노베이션

"아니, 선생님. 이게 뭐가 힘들어요? 매일 다 하는 것도 아니고 일주일에 한두 번씩만 하는데요. 이 정도는 누구나 하는 것 아닌 가요? 수학 영어는 줄곧 다녔던 거고 요새 논술 안 하는 아이 있 나요? 악기 몇 개는 다룰 줄 알아야죠. 체력 기르려면 운동도 해 야 하고... 제가 못 데리고 다니니까 역사탐방 수업 다니면서 여행 도 할 수 있고요. 중학교 가면 미술 때문에 애 먹는다는데 미리 해 야죠. 컴퓨터도 잘 해놓으면 나중에 좋을 거고, 과학도 실험으로 공부해야 오래 간대요. 그리고 종교가 있어야 사춘기 때 나쁜 길 로 빠지지 않죠. 그래서 주일엔 일찍 아이와 새벽기도를 갑니다. 이번 방학엔 중국어도 배워보라고 하려고요."

아이의 학원순례를 내게 이야기 하는 그 어머니의 눈이 처음으 로 반짝거렸다. 자신감이 넘쳐 보인다. 봐, 내 아이 대단하지? 어 머니는 그렇게 얘기하고 있는 것 같았다.

"그래도 아이에겐 너무 무리인 것 같습니다. 아이에게 물어보 고 몇 개 줄어 보시죠."

"저도 물어봤죠. 다 좋대요. 다 하고 싶다는데요. 우리 아인 욕 심이 많아서 다 잘하고 싶어 해요. 논술도 얼마 전에 그만 둘까 했 는데 아이가 그걸 왜 그만 두냐고 계속 할 거라고 해서 못 끊고 아 직 다녀요. 애가 더 열심인데요, 뭐."

그러나 아이와 상담하면서 들은 아이의 말은 달랐다. 엄마가 해 야 한다고 그래서 하긴 하는데 너무 힘들다고 했다. 사실은 학원 을 조금 줄였으면 좋겠다고 했다.

이 어머니는 아이에게 답을 미리 정해놓고 질문을 슬쩍 던지고 있었다.

"논술 어떠니? 재밌어?"

"응, 뭐 나쁘지 않아. 책 읽고 독후감 써가는 게 좀 힘들지만 그것 빼고는 아이들도 좋고 선생님도 좋아."

그러면 어머니는 아이가 재밌어 한다고 생각한다. '그것만 빼고'를 무시한다. 아이는 바로 '그것' 때문에 힘이 드는데 부모는 '그것'이 아이가 충분히 할 수 있는 일이라고 가볍게 생각한다.

"아, 그것만 빼면 그래도 재밌어요."

문제는 아이에게 그 모든 일이 다 중요하냐는 것이다. 그건 아니다. 부모가 생각하기에 수학 학원을 그만 두자니 금방 아이의 실력이 떨어질 것 같고 미술 안 하자니 또 아쉽고. 그렇지만 아이 중에 열의 아홉은 논술 학원 끊었다고 울고불고 하지 않는다. 수학 학원 몇 달 안 다닌다고 아이가 학원 보내달라고 떼를 쓰진 않는다. 부모는 아이가 그걸 꼭 해줬으면 좋겠다는 마음이 먼저이기 때문에 아이가 힘이 든다고 비명을 지르고 있는데도 듣지 못하고 그저 아이가 좋아하고 있다고 착각하는 것이다.

이렇게 아이의 용어와 부모의 용어가 서로 다른 경우는 우리 주변에 많다. 부모들은 아이의 용어를 자신의 용어로 왜곡하고는 같다고 우긴다. 학원은 꼭 필요한 경우도 있지만 대개 부모의 불안한 마음을 충족하기 위해서 보낸다. 첫 번째 이유가 바로 그것이다. 자신이 아이에게 무엇을 해 주어야 하는지 몰라 불안하기 때문에 여기저기 학원에 보낸다. 다른 엄마들과 커피 마시며 수다 떨다가 옆집 601호 엄마가 자신의 아이는 중국어를 시키기 시작했다고 하면서 앞으로는 영어도 중요하지만 10억 인구의 중국을 배워야 하니 마니 하면 당장 돌아와 별 고민없이 아이를 중국어 학원에 등록시킨다. 아이가 왜 그 공부를 해야 하는지 아이 인생에 어떤 도움이 되는지는 나중이다. 부모는 아이가 아니라 자신을 위해 아이를 내돌리고 있다. 자신의 열등함과 불안감을 감추기 위해 그리고 아이의 능력을 다른 사람에게 보이기 위해 아이를 오늘도 거리로 내몬다.

가장 큰 문제는 정작 아이가 어떤 것을 좋아하고 어떤 것을 잘하고 있는지 전혀 파악하지 못하고 있다는 것이다. 부모가 자신의 불안함 때문에 아이를 들여다보지 못하고 있다. 아이의 색깔이 무슨 색인지 모른다. 부모가 아이의 시크릿을 보지 못하고 찾아주지 못하면 아이는 끝내 실패하고 말 것이다.

아이가 감추고 있는, 아직 보이고 있지 않은 내 아이만의 시크릿을 찾아 아이가 제대로 피어나게 해 주어야 한다. 그것은 학원을 다닌다고 보이는 것이 아니다. 교회에서 새벽기도를 한다고 찾아지지 않는다. 자신이 누군지 들여다 볼 여유도 없는 아이에게 도대체 무엇을 기대하겠는가. 당장의 학교 성적은 효과를 보겠지만 멀리 보면 아무것도 가져다주질 못한다.

차라리 다 때려치우고 아이와 공원을 걸어라. 산에 올라가 땀을 흘려라. 밤새 책을 읽다가 함께 잠들어라. 그 편이 아이의 가슴에 있는 자신의 시크릿을 꺼내기 쉽다. 이거 해보고 안 되면 다른 거 찔러보고, 안 되면 또 다른 거 해보고. 아이는 집에서 키우는 부모의 실험용 몰모트가 아니다.

아이의 시크릿을 찾아가는 행복한 과정

아이가 무엇을 잘 하는지 또 무엇을 좋아하는지 어떻게 알 수 있을까? 가장 먼저 필요한 것은 아이에게 집중하는 일이다. 부모가 어릴 때부터 아이에게 집중하고 많은 시간을 함께 해주면서 아이를 봐야 한다. 그리고 어릴 때는 많이 경험하게 해주고 실수하더라도 무작정 혼내지 말아야 한다. 대개의 부모는 아이가 실수를 하면 시간이 흐르면 나아질 것이라고 치부하고 넘어가거나 못 본 척 무시해버린다. 하지만 아이는 실수를 통해 세상을 배운다. 실수를 하는 모습을 보면 아이의 성향을 알 수 있다. 그리고 아이가 무엇이 부족한지도 알 수 있다. 부모는 다음에 다시 실수하지 않도록 아이와 함께 방법을 찾아보고 문제를 해결할 힘을 길러줄 수 있어야 한다. 그러면서 아이의 성향을 이해하고 성향이 다듬어지도록 감성터치를 해야 한다.

어떤 아이는 매일 별을 보기를 좋아하고 어떤 아이는 벌레를 좋아하고 어떤 아이는 발레를 좋아한다. 그러나 아이가 별을 좋아한다고 모두 우주비행사가 되고 천문학자가 되는 것은 아니다. 벌레를 좋아한다고 모두 곤충학자가 되는 것도 아니다. 발레를 한다고 모두 발레리나가 되진 않는다. 그럴 수도 있는 것이다. 별을 좋아

부모 이노베이션

하는 아이가 사실은 별을 보면서 별자리에 담긴 이야기를 재미있어 하는 것일 수도 있고 사색하기를 좋아하는 아이일 수도 있다. 벌레를 좋아하는 아이는 벌레마다 다른 날개를 보면서 오묘한 색깔과 무늬를 좋아하는 것일 수 있다. 또 춤추기보다는 예쁜 발레복에 마음이 끌려서 발레를 좋아하는 것일 수도 있다. 부모가 아이를 대할 때 아이의 행동에 담긴 수많은 코드를 읽어내지 못하고 단순하게 이해한다면 아이의 감추어진 시크릿을 꺼내주기란 쉽지 않다. 보이는 것을 찾는 것은 참 쉽다. '시크릿'이라고 말하는 이유는 그것이 아이 안에 감추어져 있고 숨겨져 있기 때문이다.

나를 아는 많은 분들은 우리 큰아이 기혁이가 어떻게 컴퓨터 공학을 전공할 생각을 하게 되었는지 궁금해 한다. 자신의 진로를 결정하기란 쉽지 않은 일이기도 하겠지만 자녀가 무엇을 하고 싶은지 파악하는 일이 쉽지 않기 때문일 것이다.

큰아이가 네 살 때 남편이 집에서 컴퓨터를 조립한 적이 있었다. 아이는 아빠가 이것저것을 끼우고 조립하고 하면서 컴퓨터라는 장치를 만드는 과정을 곁에 앉아 신기하게 쳐다보았다. 이렇게 조립된 컴퓨터라는 상자를 아빠가 톡톡 두드리면 글씨가 돼서 나오기도 하고 노래도 들려주고 환자들의 엑스레이 사진도 척척 보여주곤 했다. 아이가 보기에 아빠가 하는 일이 마술처럼 신기하게 느껴졌을 것이다.

큰아이는 그때 컴퓨터에서 아빠 치과 자료도 나오고 한 번도 가

본 적 없는 다른 나라의 사람과도 소통할 수 있다는 것을 보고 컴퓨터에서 만나는 세상이 너무나 신기하고 경이로워 보였다는 이야기를 다 크고 난 뒤 내게 들려주었다.

그 후 고장난 컴퓨터를 재미있으라고 가만히 갖다 놔주자 아이는 이리 끼워보고 저리 맞춰보고 혼자 낑낑대며 분해도 해보고 다시 조립도 하면서 놀았다. 아빠가 컴퓨터 작업을 할 때마다 아이는 아빠 뒤에서 서서 지켜보곤 했다.

흔히 아이가 컴퓨터를 처음 접하면 게임을 주로 먼저 배우게 되는데 우리 부부는 그렇게 하지 않았다. 그저 아빠나 엄마가 정보를 검색하고 데이터를 정리하는 등 실용적인 모습을 지켜볼 기회를 주었을 뿐이다. 그러나 아주 충분한 기회를 주었다. 귀찮다고 방으로 가라는 말도 하지 않았고 아빠가 방금 누른 키가 무슨 키냐고 물어오면 매번 답해주었다.

아이가 무엇에 관심을 보일 때 전과는 다른 감정적 이성적 자극을 느낀다는 것을 알아채는 것 그리고 그 자극에 충분히 아이가 젖을 수 있도록 푹 빠지게 하는 것. 그런 것이 부모 역할을 잘 하기 위한 첫 단추가 아닐까.

우리 부부는 큰아이가 다섯 살이 지나면서 '적녹색약'이라는 사실을 알게 되었다. 그 당시 부모로서 느끼는 좌절감은 너무나 컸다. 아이가 이 조건 하나로 자신이 하고 싶은 것을 선택할 때 그 폭이 줄어들 수 있다는 것을 알기 때문이다. 아주 어릴 때부터 주위의 기대가 크고 우리 부부의 기대도 더불어 컸기 때문에 이 작

부모 이노베이션

은 사실 하나가 엄청나게 나를 짓눌렀다. 그래서 더욱 컴퓨터를 굳이 가르치고 싶지 않아 컴퓨터교실 같은 프로그램도 시키지 않았는지도 모른다. 그 뒤 나와 남편은 뒤에 서서 지켜보는 아이를 내치지는 않았지만 그렇다고 적극적으로 해보라고 하지도 않았다. 아이가 관심 있어 하는 걸 알기 때문에 조심스럽게 아이가 기회를 잃지 않게만 해주었다.

아이는 초등학교 1학년이 되면서 본격적으로 컴퓨터를 배우게 해 달라고 졸랐다. 아이가 너무 하고 싶어 하기에 2학년이 되면 체계적인 수업을 받게 해주겠다고 약속했다. 2학년이 되자마자 아이는 내게 약속을 지키라고 성화였다. 나는 당시 유명한 '이찬진 컴퓨터교실' 방문 수업을 신청하고 일주일에 한 번 수업을 받게 하였다. 삼 주째 되는 날 세 번의 수업을 마친 후 선생님이 나를 찾았다.

"기혁이 어머니, 수업을 왜 신청하셨어요? 기혁이는 컴퓨터 모르는 거 하나도 없어요. 제가 가르칠 필요 없습니다. 다른 과정을 생각해 보세요"

"네? 아이는 한 번도 공부한 적 없는데요."

아이는 혼자 컴퓨터의 원리나 프로그램을 터득하고 있었다. 부모인 나도 아이 스스로도 그것을 알지 못하고 있다가 컴퓨터 선생님이 아이 손에 기회를 쥐어준 순간 아이의 능력이 나타난 것이다. 어려서 후레쉬카드 같은 두뇌발달 교육을 통해 훈련되었던 것이 도움이 된 것인지도 모른다. 어릴 때부터 아이는 상황을 통으로 그림이나 사진을 찍듯이 기억하고 이해했다. 아이는 아빠가 컴퓨터를 하는 모습을 뒤에 서서 모두 사진을 찍어두었다가 필요할 때 한 장씩 꺼내 보는 듯했다. 이렇게 아이들의 능력은 아이 안에서 차곡차곡 쌓여 있다가 어느 순간 뜻하지 않은 계기를 통해 툭 하고 터져 나오기도 한다.

큰아이가 컴퓨터에 재능을 보이는 것을 안 우리 부부는 일단 아빠가 옆에서 아이가 궁금한 것을 가르쳐 주면서 컴퓨터와 놀게 해 주었다.

아이가 3학년 때 해리포터 시리즈가 전 세계적으로 붐을 일으키기 시작했다. 아이는 자신의 카페를 개설하고 호그와트학교를 만들었다. 자신이 교장을 맡고 회원들에게 각자의 캐릭터를 주어서 운영하였다.

아이는 컴퓨터로 더 많은 것을 하고 싶어 했다. 그러기 위해서는 여러 가지 과정이 더 필요했는데 우리가 해 줄 수 있는 것은 한계가 있었다. 학생을 상대로 하는 근처의 학원들을 먼저 알아보았지만 아이에게 맞는 과정이 없었다. 그렇게 학원을 찾는 데 몇 개월을 더 보내고서 신촌에 있는 한 컴퓨터 학원에 가게 되었다.

사실 아직 미래사회 모습을 제대로 파악하지 못했던 당시의 일반적 생각은 컴퓨터를 어떤 일을 하는 수단으로만 여겼다. 아빠가 의사인 아이를 의사를 시키지 않고 컴퓨터나 하게 한다고 주변에서 의아해 했다. 컴퓨터 잘 해봤자 회사의 프로그래머로 취직하거나 반짝하는 프로게이머가 된다고 생각했고 극단적으론 나중에

PC방이나 하겠거니 하는 눈으로 쳐다보았다.

아이가 저렇게 좋아하는데 나중에 아이 꿈이 바뀌더라도 일단
은 해보게 하자는, 확신이 서지 않은 마음으로 아이를 학원에 보
냈다. 그러다 대학생들과 함께 어려운 과정을 한 단계 한 단계 올
라가는 아이를 보면서 나는 조금씩 의사가 되어주었으면 했던 내
욕심을 내려 놓았다. 그 후 5학년 때 미국으로 건너간 후 아이에
게 중요한 계기가 생겼다.

그때 미국 학교 선생님들이 컴퓨터가 랙(lag)이 걸리거나 하면
잘 처리하지 못했다. 아이가 자기가 조금 할 줄 안다고 얘기하자
선생님들이 별 기대 없이 시켜보았는데 깔끔하게 고쳐 놓자 그 뒤
아이는 모든 학교 선생님들의 컴퓨터 문제를 해결해 주었다. 그러
자 학교에 한 동양인 아이가 컴퓨터를 잘한다고 소문이 나면서 아
이의 학교에서의 위상이 확실해졌다. 그 때 당시 학교 웹사이트가
변변한 게 없었는데 아이가 6학년에 올라가기 전부터 준비해서
만들기도 했다. 지금도 그 학교 사이트에 들어가보면 우리 아이가
만든 웹사이트가 그대로 있다. 그러던 중 6학년 때 학교에 새로
젊은 컴퓨터 선생님이 오시면서 아이에게 제안을 하나 했다. 학교
의 각 교실마다 방송 시스템을 갖추는 작업을 같이 하자고 한 것
이다. 첫 방송이 나가는 날, 학교의 아침방송 자막에 이렇게 써 있
었다.

"Sincerely thanks for Alex Park!"

시민권도 영주권도 없는 말라깽이 동양인 인터내셔널 학생에

게 학교에서 감사의 마음을 표시한 것이다. 우리 아이는 정말 크게 감동받았다. 그날 아이는 학교 최초의 아나운서가 되어 오프닝을 하였다. 아이가 지나갈 때마다 학교 학생들은 소리쳤다.

"Oh! Alex Park!"

그때부터였다. 아이는 자신의 목표를 확고히 정했다.

"엄마, 저는 컴퓨터 사이언스를 할 거에요."

자신이 좋아하는 일로 누군가에게 도움을 주고 그 도움이 감사로 돌아올 수 있다는 경험은 아이가 목표를 갖게 되는 큰 계기가 되었다. '세상에 도움이 되는 일을 내가 할 수 있다.' 그러한 뿌듯한 경험이 아이를 크게 한다.

아이는 차근차근 목표를 준비하고 결국 콜롬비아 공과 대학에 입학하게 되었다. 콜롬비아 공대에 진학을 하고 아이는 더 큰 꿈을 꾼다. 컴퓨터 모니터 앞에 펼쳐지는 세상보다 더 큰 세상, 미래 네트워킹의 세상을 움직이고 싶어 한다.

큰아이가 자신의 시크릿을 발견하고 키워나가는 과정에서 우리 부부는 가능성을 열어두고 무엇보다 우리의 욕심을 내려 놓았다. 아이가 갖고 있는 시크릿이 부모의 기대에 미치지 못 하더라도 잘라내 버리면 안 된다. 아이가 잘못 알고 있다고 자신의 욕심을 포장하지 말자. 큰아이가 잘 커주었기 때문에 이렇게 말하는 것일 수 있다. 결과가 좋지 못했다면 어쩌면 나도 아이에게 컴퓨터를 계속 하게 둔 것을 후회했을지도 모른다. 그렇지만 나는 믿는다. 아이가 그 과정을 행복하게 지나와 지금도 미래를 준비하고

부모 이노베이션

있고 나 또한 그 모습을 지켜보면서 행복하기 때문에 우리는 옳은 길을 가고 있다는 것을.

내 아이는 간장종지인가 대접인가

자녀들에게 예술교육을 시키고 있는 부모들을 만나보면 몹시 난감해하고 또 주저주저하는 모습을 많이 볼 수 있다. 과연 우리 아이가 계속 해도 될 것인가 하는 문제다.

특히 음악 악기교육은 주로 아주 어릴 때 이루어지기 마련이다. 가끔 신문에 소개되는 천재 바이올리니스트나 피아니스트의 경우도 어린 나이에 뛰어난 음악적 재능을 발견하고 대여섯 살에 시작해서 외국으로 유학을 보내거나 실력 있는 교수에게 사사 받기도 한다. 그리고 그 길을 꿈꾸면서 연습하는 수많은 어린 음악가들도 나중에 자신의 음악적 성취가 어느 정도 높아지고 자신만의 음악 세계를 만들어 나가기 전까지는 기본적으로 필요한 스킬을 익히기 위해 하루에 10시간이 넘도록 연습을 게을리 하지 않는 경우를 흔히 본다. 그렇게 해서 많은 수가 예술 중·고등학교를 거쳐 예술대학에 들어간다.

어느 분야건 두각을 나타내기란 쉽지 않아서 성공한 한 사람 뒤에는 수많은 평범한 사람이 따라가기 마련이다. 내 아이가 그 한 사람의 성공인이 될 수 있다는 기대로 시작하지만 거의 모두 평범한 전공자가 되고 만다. 이 불투명한 미래를 어떻게 확신하고 준비할 수 있는지 부모는 애가 탄다. 그러다 중간에 포기하고 돌아

섰을 때 아이에게 뜻하지 않은 어려움이 닥친다. 음악 말고는 할 수 있는 게 없다는 것이다. 이런 안타까운 경우를 나는 종종 보아 왔다.

부모가 놓치지 말고 봐야 하는 것이 있다. 아이가 어떤 일에 흥미를 갖고 시작한 뒤 여러 단계에 걸쳐 수준을 끌어 올리는 때가 있다. 그때 부모는 귀를 열고 들어야 한다. 눈을 뜨고 보아야 한다. 아이를 가르치는 선생님의 객관적인 평가와 아이가 변화하는 모습을 놓치지 말아야 한다. 그래서 이것이 단순히 관심정도로 성취한 수준인지 아니면 아이가 이것을 진심으로 즐기고 빠져있는지 판단할 수 있어야 한다. 부모는 내가 그 아이를 어떻게 만들겠다는 생각을 버려야 한다. 처음에는 '그래 해보자' 하고 갈 수도 있다. 그러나 가다 보니까 더 이상은 아니다 싶으면 인정하고 과감히 빨리 돌아서야 한다. 문제는 그 때 부모들이 더욱 잔인해진다는 것이다.

"내가 지금까지 아이한테 들인 공이 얼마만큼인데... 내가 아이랑 여태 걸어온 길이 어딘데 지금 접을 순 없어!"

그래서 더 좋은 방법이라는 것을 찾아다닌다. 더 많은 노력이 필요하다고 착각하는 것이다. 비극은 그때부터 시작이다.

아이의 그릇은 간장종지인데 부모는 아이의 그릇을 대접으로 착각하고 대접에 담을 물을 들이 붓는다. 결국 간장종지는 물살에 뒤집어지고 깨질 것이다.

자신을 들여다봐야 한다. 혹 내가 이루지 못한 꿈을 아이에게 대신 강요한 것이 아닌지. 혹 내 인생의 한을 아이가 대신 풀어주기를 바랐던 것은 아닌지 말이다. 그래서 부모는 자신의 틀부터 깨야 한다. 그리고 솔직해져야 한다. 우리 아이 그릇이 대접이 되지 못하다는 것을 인정하고 다시 시작하는 것이다. 그리고 내 아이가 맛깔나게 간장을 담아낼 세상에 하나밖에 없는 간장종지가 될 수 있도록 격려하고 도와주어야 한다. 그것이 그 아이만의 시크릿이다.

줄탁동시하는 마음으로

어미닭의 품에서 자란 알 속의 병아리는 때가 되면 알을 깨고 세상 밖으로 나오려고 한다. 이제는 좁아진 알 속에서 병아리는 더 큰 세상으로 나오려 온 힘으로 알 껍질을 쪼기 시작한다. 어미닭은 밖에서 병아리가 껍질을 쪼는 소리를 듣고는 병아리를 도우려 밖에서 함께 알 껍질을 쪼아준다.

이 이야기는 불교 선종의 깨우침과 관련된 화두의 하나인 '줄탁동시'다. 병아리는 깨우침을 구하는 수행자이기도 하지만 또 자신의 알을 깨고 더 큰 세상으로 나아가려는 우리 아이들의 모습이기도 하다. 그리고 밖에서 병아리를 도와주는 어미닭은 깨우침의 방법을 일러주는 스승이며 또 자녀가 세상 밖으로 나갈 수 있게 도와주는 부모이기도 하다.

어미닭이 밖에서 알을 쪼아주기는 하지만 알 속의 병아리가 쪼지 않으면 어미닭도 쪼지 않는다. 어미닭은 병아리가 쪼는 소리를 듣고 도와주는 것이다. 부모는 아이가 뭔가 시도하고 도전하려고 할 때를 알아차리고 도와줄 수 있어야 한다. 밖으로 나올 생각도 없는 병아리를 재촉해 알을 깨버리면 병아리는 죽고 만다. 그리고 알이 비좁은 다 자란 병아리가 세상으로 나가고자 안간힘으로 알을 쪼고 있어도 어미닭이 그 소리를 듣지 못하고 그저 알만 품으려 한다면 역시 그 병아리도 알을 깨지 못하고 죽고 만다.

나는 어떤 부모인가. 알을 먼저 깨주는 부모인가, 깨 주지 못 하는 부모인가. 그 때를 알아야 한다. 부모가 아이의 상태를 잘 알고 있어야 그때를 알아차릴 수 있다. 그래야 도와줄 수 있다. 결국 알을 깨고 나오는 것은 병아리 자신이지 어미닭이 아니기 때문이다. 부모는 때를 알고 작은 도움을 줄 뿐이다.

부모 이노베이션

부모는 아이의 피그말리온

그리스신화에 나오는 피그말리온은 키프로스 섬의 조각가이다. 그는 여인들을 멀리하고 오로지 조각에만 매달렸는데 그러다 자신이 만든 여인의 조각상 갈라테이아를 사랑하게 된다. 그는 마치 이 조각상을 살아있는 여인인 듯 옷과 장신구로 치장하고 입맞춤하며 함께 생활한다. 그러던 중 피그말리온은 미의 여신인 아프로디테의 축제날 제물을 바치며 갈라테이아가 진짜 여인이 되기를 소원한다. 아프로디테는 피그말리온의 사랑에 감동하여 그의 소원대로 조각상에 생명을 불어 넣어준다. 피그말리온과 갈리테이아는 결혼하여 아들 퐈포스를 낳고 행복하게 살았다.

이처럼 무엇이 될 수 있다는 기대감으로 간절히 바라고 대하면 그 소원을 이룰 수 있다는 것을 '피그말리온 효과'라고 말한다. 될 수 있다는 긍정적인 마음으로 상대방을 대하면 상대는 그 기대를 믿고 좋은 결과를 낳는다는 것이다. 이것은 오늘날 교육은 물론 곳곳에서 응용되어 쓰이고 있다.

이와 유사한 결과가 또 있다. 하버드대학교 사회심리학과 교수인 로버트 로젠탈(Robert Rosenthal)은 빈민지역의 초등학교에서 하나의 실험을 하게 된다. 그는 전교생을 상대로 지능검사를 하고 결과에 상관없이 무작위로 뽑은 학생 명단을 교사들에게 주면서 명단의 학생들이 검사 결과 지능이 높고 학업성취 향상 능력이 높은 학생이라고 말해준다. 8개월 후 다시 같은 지능검사를 하였더니 놀랍게도 그 무작위 명단의 학생들의 점수가 일반 학생들의 평균점수보다 높게 나왔다. 뿐만 아니라 학업성적도 크게 향상되었다.

이 실험은 교사가 학생에게 거는 기대가 어떻게 긍정적으로 학생들에게 작용하는지 잘 보여준다. 교사들은 명단의 학생들이 우수하다고 믿고 그렇게 학생들을 대우했으며 더 많은 관심과 격려, 칭찬을 해주었다. 교사의 '긍정적 기대' 속에 관심과 격려를 받은 학생들의 학습 의욕은 고취되고 교사의 기대에 부응하기 위해 스스로 더 많은 노력을 하게 되었을 것이다. 이것을 '로젠탈 효과'라고도 부른다. 이 효과가 말해주듯이 누군가 자신을 긍정적으로 바라봐주면 그 기대감에 고무되고 더욱 노력하게 된다.

"우리 애는 왜 이 모양인지 모르겠어요."
"우리 애가 그 일을 할 수 있을까요?"

부모 이노베이션

내가 만난 학부모들 중에 어떤 분들은 이렇게 자신의 아이들을 쉽게 규정하거나 포기한다. 물론 부모의 마음은 자녀가 자신의 부족함을 극복하고 실패하지 않기를 바라고 있지만, 입으로는 자녀를 향한 '부정적 기대' 의 말들을 서슴없이 뱉어내고 있는 것이다. 부모의 부정적인 말은 아이에게 자신을 부정하게 하고 포기하게 하는 비수가 된다는 것은 누구나 알고 있는 일이다.

김춘수 시인의 시, 「꽃」을 보면 "내가 그의 이름을 불러 주었을 때 그는 나에게로 와서 꽃이 되었다"라는 시구가 있다. 만약에 아이가 우주와 별에 관심을 보일 때 부모가 아이에게 "어, 미래의 천문학 박사!"하고 자꾸 불러 준다면 아이는 일시적이고 즉흥적으로 가졌던 목표에 대해 다시 진지하게 고민할 것이다. 그리고 자신의 천문학 박사의 꿈을 현실화시킬 수도 있다. 너는 할 수 있다는 메시지를 계속 보내주면 어느새 아이는 그렇게 되어 우리 앞에 설 것이다.

큰아이는 한국에 있었으면 평범한 아이일 수도 있었을 것이다. 큰아이는 제가 좋아하고 흥미를 느끼는 일에만 몰입하고 다른 일에는 별 관심을 보이지 않으면서 학교 성적은 중상위권 수준에 들 정도만 유지하고 지냈다. 학교 성적과 점수만 최상으로 여기는 한국 교육 현실에서는 큰아이가 최고가 되기는 어려웠을 것이다. 아이들을 데리고 미국으로 간 이유 중 하나다.

그런데 미국에 가서 큰아이는 자신의 장점을 인정해주는 좋은 선생님들을 만나게 된다. 선생님들의 '너는 할 수 있다' 는 격려와 기대가 아이를 신나게 하고 아이는 그 기대에 맞추기 위해서 자신의 보이지 않는 잠재력까지 끌어내기 위해 노력했다. 이것이 피그말리온 효과다. 부모가 바로 그래야 한다.

"너 의사가 돼야지. 넌 할 수 있어."

이것은 피그말리온의 효과가 되는 주문이 아니다.

"엄마가 보기에 너는 생명의 신비에 대해서 그렇게 진지하게 생각하는 걸 보니까 너는 언젠가는 그런 일을 할 사람 같구나."

"한비야의 책을 좋아하는구나. 가만 보면 너는 사람의 삶에 참 애정이 많은 것 같아. 기아와 전쟁으로 어려움에 처한 사람을 이렇게 너만큼 가슴으로 아파하는 아이를 본 적이 없다. 앞으로 너는 어쩌면 그렇게 어려운 사람의 삶을 위해 뭔가 할 것 같아. 방법이야 다양하게 있을 테니 네게 맞는, 네가 잘 할 수 있는 방법을 찾아보자."

이렇게 해야 한다. 피그말리온의 효과는 단지 학교 현장에서 아이의 학업성취도를 끌어올리는 데 쓰이는 것이 아니다. 부모는 아이가 자신의 삶의 색깔을 찾고 목표를 이루게 하기 위해 함께 기대해주고 격려해주어야 한다. 이를 테면 대부분 아이들은 단순히 의사라는 직업을 갖고 싶어 하는 이유로 '사람을 살릴 수 있으니까', '아프리카 가서 봉사하려고' 라고 얘기한다. 어떻게 보면 가장 단편적이고 유치한 바람이다. 옆에서 부모도 마찬가지로 "아, 좋네." 한다면 부모나 아이나 단순한 것은 똑같다.

"좋은 생각이다. 그러니까 너는 세상의 많은 사람들을 돕고 싶은 것이구나. 그런데 그 일이 단순히 의사만 할 수 있는 것은 아니야. 그렇게 자신을 희생하며 사는 훌륭한 의사들도 물론 많고 또 다른 방법으로 사람을 돕는 사람도 있어. 빌 게이츠라는 사람은 세계 최고의 부자야. 그는 자신이 얻은 부 중에 많은 부분을 세상 사람을 위해 쓴단다. 반기문 같은 사람도 유엔사무총장으로 세계 평화에 힘을 쏟고 있잖아. 무슨 직업을 가질까보다는 어떤 사람으로 살지를 먼저 고민하는 게 낫단다. 그러고 나서 이제 너에게 꼭 맞는 옷만 찾으면 돼. 그 옷을 입고 하고 싶은 일을 하는 거지."

아이는 처음 가졌던 단편적이고 일차원적인 목표를 이제 확장시켜 생각할 것이다. 그리고 자기에게 옷을 찾기 위해 무엇이 필요한지 탐구하고 노력한다.

"엄마는 내 딸이 20년 후 누군가를 도와주고 있는 모습을 상상하고 있을게."

부모는 자녀의 인생에 있어서 피그말리온이다. 그 누가 부모만큼 진정으로 아이의 실패를 가슴 아파하겠는가? 그 누가 부모만큼 간절한 마음으로 아이의 성공을 바라겠는가? 아이 곁에서 필요할 때마다 아이에게 아낌없는 칭찬과 격려를 해 줄 수 있는 사람은 부모뿐이다. 다른 사람들은 아이의 겉모습을 보고 사실을 평가할 수 있지만 부모는 아이의 저력을 보고 기대한다. 부모는 늘 아이의 곁에서 설령 실망스러운 순간에도 일관성 있게 기대되는 목소리, 온화한 표정, 신념어린 눈빛, 자신에 찬 몸짓으로 아이의 잠재력과 자신감을 자극하고 격려하는 '긍정적 기대'를 끊임없이 쏟아 부어줄 수 있는 진정한 사랑의 피그말리온이 되어야 한다.

부모 이노베이션

부모는 리스너(Listener)다

걸리버 부모의 눈높이 대화

나는 우리 유치원 아이들과 이야기 할 때는 항상 몸을 굽히거나 앉아서 아이들과 눈높이를 맞춘다. 굳이 유아교육을 전공하지 않아도 아이와 눈높이를 맞춰야 한다는 것쯤은 모두가 알고 있는 하나의 상식이다.

아이들 눈에는 어른이 엄청난 거인이다. 우리가 키가 2m가 넘는 농구선수와 이야기 한다고 생각해 보면 금방 알 수 있다. 나도 모르게 위축이 되고 위압감을 느낄 것이다. 아이들 입장에서 우리는 2m 농구 선수다. 그것도 덩치가 산만한. 그런 사람이 한 번 악을 쓰면 어떨까. 그 소리는 아이에게 걸리버가 와서 소리치는 것과 같이 들릴 것이다.

그런데 부모는 그 사실을 잘 느끼지 못한다. 더구나 화가 나서 지르는 소리는 천둥벼락 같다. 아이들은 부모가 하는 말을 알아듣고 따르기 전에 소리나 기운에 놀라 먼저 압도 되는 것이다. 부모들은 아이가 자기 말을 잘 듣는다고 생각하겠지만 착각이다.

아이의 눈높이를 맞추기 위해 몸을 굽히는 것보다 더 중요한 것은 부모의 마음을 낮추는 것이다. 부모의 마음 높이를 아이에게 맞추고 아이의 소리를 먼저 들어줘야 한다.

부모는 사춘기 아이의 대숲

아이들이 중학교 쯤 되어 사춘기가 시작되면서 부모가 제일 답답한 게 아이가 말을 하지 않는 것이다. 무슨 속인지 알 수가 없다. 그렇게 말이 많았던 아이가 갑자기 말이 줄어든다.

최근 활발한 연구성과를 내고 있는 뇌과학에서는 사춘기의 특징 중 하나를 뇌의 반응 부위가 다르다는 것으로 보고 있다. 일반적으로 어떤 일을 기억하고 판단하는 뇌의 부분은 전두엽인데 사춘기의 뇌는 이런 합리적 판단을 돕는 전두엽이 아니라 감정조절의 중추인 편도체를 사용한다고 한다. 특히 이 시기 아이들은 사람의 얼굴 표정을 잘 읽지 못해 놀란 얼굴을 화난 얼굴로 읽어내고 반응한다. 그래서 선생님이나 부모가 자신을 보고 놀라는 표정을 지으면 아이는 자신에게 화를 낸다고 파악하고 과민하게 반응하기도 한다.

"왜 저한테 화를 내세요?"

"아니, 언제? 네가 방금 물어보길래 '뭐?' 라고 했을 뿐인데 내가 언제 화를 냈다는 거야?"

"지금 방금 저한테 화 내셨잖아요? 저 무시하세요?"

학교에서 친구가 지나가다 실수로 가볍게 건드리고 가도 아이는 쉽게 흥분하고 싸움을 건다.

"너 뭐야? 나 쳤어? 한 판 붙어 보겠다는 거야, 뭐야?"

사춘기 시기의 뇌와 그에 따른 특징을 조금 안다면 그 시기 아이들의 행동과 정서를 이해하기 쉬울 것이다.

그렇다면 이 시한 폭탄 같은 시기의 아이들을 어떻게 다룰 것인가. 이때의 아이들은 엄마의 잔소리가 자신을 걱정해서 하는 소리가 아니라 자신을 믿지 못하고 싫어하기 때문에 퍼붓는 악담으로 들릴 것이다.

이럴 때 부모는 잔소리꾼이 아니라 아이 마음의 스펀지가 돼주어야 한다. 아이가 스스로 주체하기 힘든 에너지를 발산할 때 그 감정의 폭발을 흡수해주고 더 나아가 그 감정들이 단순히 소리를 내지르는 것이 아니라 어떻게 시와 노래가 될 수 있는지 가르쳐 주어야 한다. 그리고 부모는 외부의 충격을 완화시켜줄 수 있는 에어백도 돼주어야 한다. 모두가 자신을 공격한다고 느낄 때, 나는 혼자라는 생각으로 외로울 때 부모는 아이가 큰 사고와 충격에도 다치지 않게 에어백을 터뜨려 주어야 한다.

또한 사춘기는 무조건 비판하는 시기다. 남이든 자신이든 상관없이 모든 것을 비판한다. 먼저 자신이 마음에 들지 않는다.

'난 왜 이렇게 생겼지?'

'사람들이 날 공부 못하는 아이로만 여기겠지? 왜 나는 공부를 못할까?'

'내가 이렇게 아무 꿈도 없이 살아도 되는 걸까?'

그런데 자기 주변을 살펴봐도 마음에 안 드는 것 투성이다. 아이는 조금만 자기 마음에 들지 않으면 퍼붓기 시작한다. 상처받을 말들을 주저없이 내뱉는다. 자신의 마음이 혼란스럽고 아플 때 더 많이 화를 낸다. 자신에게 많이 실망하고 화가 나 있기 때문에 바깥에 보이는 모든 것에 화가 난다. 그래서 가장 가까운 곳에 있는 가족들, 엄마에게 아빠에게 동생에게 화를 내고 뾰족뾰족한 말을 한다.

'내 마음대로 할 수 있는 게 왜 하나도 없는 거야? 왜 엄마가 시키는 대로 살아야 되는데?'

아이는 자신이 부모에게 휘둘리고 세상이 자신을 억압하고 있다는 생각에 스스로가 너무 안쓰럽다. 그러면서 자신이 다치지 않고 상처받지 않으려 이제는 자신을 포장하고 스스로 결정하려 한다. 그런데 생각해보면 자신은 한 번도 부모와의 논쟁이나 대화에서 이긴 적이 없는 것 같다. 그러면 이제부터는 아예 말을 꺼내지 않게 된다. 그렇지만 말을 전혀 안 할 수는 없다. 부모가 자신의 경제적 지원자인 것을 알기 때문에 그 때부터 거래를 한다. 자신이 필요할 때만 대화를 하는 척, 자신을 조금 열어주는 척 한다. 부모와의 거래에서 불리한 것은 절대로 꺼내지 않는다.

이 시기에 그런 변화 없이 언제나 자신을 열어놓고 부모에게 꺼

부모 이노베이션

내 보이는 아이는 어릴 때부터 부모가 자신이 무슨 얘기를 했을 때 그것을 막고 자르는 것이 아니라 자신의 이야기를 그대로 흡수해 주었던 경험을 많이 한 아이다. 다른 사람이 다 들어주지 않는 말도 우리 엄마는 들어줄 거라는 확신. 아이는 집으로 달려간다.

"집에 가서 빨리 엄마한테 얘기해야지!"

"엄마, 난 공부가 잘 안 돼요. 집중하려고 해도 자꾸 딴 생각이 나고 좀이 쑤시고. 어떻게 해야 할지 모르겠어요. 정말 이런 내가 싫어 죽겠어."

내 부모라면 어떤 문제를 들고 가더라도 이해해줄 거라고 믿고 달려가는 아이는 벌써 그 문제의 반을 해결한 것과 다름없다.

자신이 바깥에서 정말 화나는 일이 있어도 털어놓을 곳이 있으면 아이는 얘기를 하는 동안 자신의 화를 내려놓을 수 있다. 친구들과의 갈등, 학업문제, 외모문제, 이성의 문제, 폭력의 문제까지 그 많은 상황에서 아이가 진실하게 대화할 곳이 한 곳이라도 있다면 아이가 잘못 되는 일은 없다. 그 자리를 부모가 마련해 주고 싶다면 아이가 어릴 때부터 부모는 듣기부터 해야 한다.

"임금님 귀는 당나귀 귀!"

부모는 아이가 소리칠 수 있는 방음이 잘 되는 대숲이 되어주어야 한다.

반영적 경청과 아이메세지(I-Message)

어떤 문제가 생겼다. 그러면 부모는 먼저 이 문제가 아이와 관련된 것인지 아니면 부모와 관련된 것인지 파악부터 해야 한다. 이 문제가 아이의 문제면 아이가 해결하게 도와줘야 하고 이 문제가 엄마의 문제면 아이한테 도움을 요청해야 한다. 그런데 그것을 파악하려면 우선 들어야 한다. 하지만 부모들은 그동안 자신이 경험한 데이터를 머릿속에 가지고 있기 때문에 아이가 무슨 말을 시작하면 듣다 만다.

"알았어, 무슨 말인지. 그거 아냐. 그렇게 하면 안 돼."

"뭘 그래. 별 것도 아닌 것 같고."

"됐다. 더 안 들어도 다 알아. 알았으니까 네 방으로 가."

그런데 그건 부모의 시각이고 부모의 경험이다. 부모의 오래전 경험이 지금 아이의 상황과 똑같지는 않다. 아이는 억울하다.

"그게 아닌데, 엄만 잘 모르면서."

말을 꺼낼 때마다 계속 탁탁 막히고 계속 비난받고... 아이는 문제를 드러내기가 힘들다.

일단 문제가 아이의 문제라면 아이가 해결하게 해야 한다. 그럴 때 부모는 무엇을 도와줘야 할까? 들어줘야 한다.

아이가 집에 들어오면서부터 짜증을 낸다. 그순간 부모는 아이가 문제가 있다는 것을 직감적으로 느껴야 한다.

"우리 딸, 오늘 짜증 많이 났구나. 무슨 일 있었니? 네 얼굴 보니까 표정이 너무 안 좋은데."

"아우, 혜선이 그 애 짜증나 죽겠어. 그 애랑 이제 말 안 할꺼야. 애가 왜 그래?"

부모는 계속 들어주어야 한다.

"왜 또? 혜선이가 뭘 어쨌는데 이렇게 난리야? 응?"

이게 아니라,

"혜선이하고 무슨 일 있었구나. 우리 딸 지금 혜선이 때문에 마음이 많이 안 좋은가 보네. 무슨 일이니? 너희들 친한데 싸웠다면 우리 딸 마음이 많이 아플텐데 어쩌지?"

이렇게 그냥 마음이 아픈 부분을 이해해주고 무슨 말이든 다 할 수 있도록 자꾸 큐만 주면서 들어주면 된다.

"아니, 아까 학교 점심시간에 혜선이가...."

아이가 이야기를 하기 시작하고 마음을 열기 시작하면 부모는 아이가 그 순간순간 느꼈을 감정들만 터칭을 해주면서 "그랬구나.", "의외네?" 하며 장단을 맞춰 들어준다. 그리고 아이가 일단 다 털어놓은 다음부터는,

"그래서 이제 어떻게 할 거야? 초등학교 때부터 친했는데 모른 척하고 다닐 수도 없고 그렇다고 네가 혜선이한테 먼저 다가가기는 자존심이 상할 테고. 우리 딸 참 힘들겠다."

이런 태도가 반영적 경청이다. "어, 알았어."하거나 싸운 친구를 함께 욕하는 것이 아니라 상대방의 감정을 같이 느끼면서 이해하고 들어 주는 것이 반영적 경청이다.

우리들도 화가 났을 때는 해결 방법이 생각나지 않는다. 그러다 누군가에게 왜 내가 화가 났는지 문제 상황을 설명하고 나를 변명하고 내 기분을 털어놓고 나면 그때서야 조금 방법이 보인다. 바

로 아이에게 그때를 기다려 주는 것이다.

"넌 어떻게 하고 싶으니? 혜선이 만나면 어떻게 할지 생각했니? 피해 다닐 수도 없고 말야."

"몰라! 지금 생각도 안나!"

"그래, 이해해. 네가 그만큼 지금 화가 나 있으니까. 내가 너라도 화가 많이 났을 거야. 잘 생각해 봐. 네가 혜선이와는 오랜 시간 알고 친하게 지냈기 때문에 혜선이와 외면하면서 지낸다는 것은 힘든 일일거야. 엄마도 그런 경험이 많이 있었어. 친구와 다투고 속상해 하고, 절교도 하고. 다시 화해해서 더 좋은 친구가 되기도 하고. 만약에 네가 조금 더 깊이 생각해보고 의논할 게 있으면 엄마가 언제든지 같이 들어줄 테니까 엄마한테 얘기를 해."

이렇게 해서 문제를 아이 스스로가 해결하게 해야 한다. 그러나 대개의 부모는 이런 문제를 사소한 아이의 문제로 치부하여 들어주는 일도 귀찮아 한다.

"너는 맨날 혜선이랑 싸웠다 좋아졌다, 아주 지겨워. 너 또 내 일만 되면 '엄마 나 혜선이랑 다시 친해졌다.' 그럴 거지? 안 봐도 훤하다. 그만 좀 해!"

누군가 특히 자신이 사랑하는 사람이 자신을 비난하고 맘대로 판단해 버리는 경험은 가슴에 앙금처럼 오래 남아 있게 된다. 아이는 앞으로 절대 자신의 문제를 부모에게 들고 오지 않을 것이다. 그런데 부모들은 아이에게 주었던 상처를 기억하지 않는다. 언제나, 내가 언제 그랬냐는 식이다. 그렇지만 아이의 기억에는 똑똑히 남아있다. 머릿속 메모가 아니라 가슴속 느낌으로 체득되어 버린다.

적극적으로 들어주기. 이러한 경청 능력은 부모가 자녀를 대하는 태도 중 가장 중요한 것이다. 상대방을 비난하고 평가하면서 듣는 게 아니라, 그 사람이 그 문제로 얼마나 고통스러웠는지를 내가 다시 그의 감정을 읽어주고 마치 그가 거울을 보고 대화하듯이 내가 거울 속의 그가 되어 맞장구 쳐주며 들어주는 반영적 경청이 부모에게는 무엇보다 필요하다.

사춘기의 아이들은 주위에 아랑곳없이 음악을 크게 틀어두는 경우가 아주 많다. 그럴 때 부모는 정신이 하나도 없다. 전화도 못 받겠고, 옆에서 누가 불러도 안 들리고, TV도 못 보겠고. 자신이 좋아하지도 않는 것을 계속 듣자니 화가 나기 마련이다. 사실 이 문제는 아이의 문제가 아니라 부모의 문제다. 왜냐하면 아이는 음악을 들으면서 기분을 풀고 있으니까 문제가 되지 않는다.

"야! 음악 좀 꺼! 너만 사람이니?"

화가 난 부모는 소리부터 지르게 된다. 이렇게 되면 대화는커녕 아이와 싸움만 하게 된다. 아이가 음악을 크게 틀어놓은 순간에는 대화의 효과를 기대하기 힘들다. 문제 중에는 당장 해결해야 할 긴급한 것이 있고 그렇지 않은 것이 있다. 긴급하거나 위험한 상황이라면 일단 행동을 중지시켜야 한다. 그러나 당장 그 자리에서 해결해야 할 문제가 아닌, 긴급하지 않은 문제라면 그것을 하나의 이슈로 만들어 천천히 얘기해 볼 필요가 있다. 천천히 상황을 설명하고 음악 소리가 너무 커서 다른 사람에게 어떤 피해가 가는지를 구체적으로 이해시키고 서로에게 유익한 대안을 찾아야 한다. 아이의 스피커 위에 쪽지를 써서 올려 놓을 수도 있다.

"너 요즘에 헤비메탈 좋아하니? 새로운 음악을 듣기 시작했구나. 한참 많이 듣고 싶을 때야. 그런데 방금 들은 노래 누구 노래야? 엄마는 사실 좋은지 잘 모르겠어. 엄마는 조용한 발라드가 좋거든. 그래도 계속 들어보면 익숙해 질 수도 있으려나? 헤비메탈의 좋은 점이 뭐니?"

"아, 그러면 이 음악은 크게 들을수록 좋겠구나. 알았어. 근데 사실 엄마가 요즘에 너한테 얘기하고 싶은 게 있어. 엄마는 그 음악 취향이 아니거든. 네가 그 음악을 집에서 큰 소리로 틀어놓으면 엄마는 머리가 아프고 막 속도 울렁거리고 그래. 그건 참을 수 있어. 그런데 전화가 오면 들리지도 않고 그래서 방에 들어가서 받는데 그래도 목소리가 잘 안 들려. 그럴 땐 화가 나. 막 너한테 큰소리 치고 싶고 화를 내고 싶어. 그런데 네가 그런 음악을 즐거워하기 때문에 그 순간에는 방해하고 싶지 않아 참아온 거야. 하지만 얘야, 이제 엄마도 엄마의 사생활이나 엄마의 음악적 취향도 보호받을 권리가 있다고 생각하는데 어떻게 생각하니?"

"우리 대안을 찾자. 네가 헤비메탈 듣는 걸 내가 막을 순 없다. 하지만 그 소리가 밖에까지 들리지 않게 하는 방법을 찾아보자. 헤드셋을 써보는 건 어떻니?"

아이는 이런 합의의 과정을 여러 차례 경험하면서 자신이 원하는 것이 전부라는 자기 중심적인 생각을 점차 접고 다른 사람의 기분도 조금 생각하는 아이로 커나갈 것이다. 다른 사람이 되어 그 입장을 이해하고 감정을 느껴보는 이러한 소통의 방법을 아이메세지(I-Message)라고 하는데 합리적인 의사소통을 위해 부모는 자녀에게 아이메세지의 방법을 써 볼 필요가 있다.

"엄마가 말은 안 했지만 사실 네가 걱정이 돼. 네 청각이 어떻게 될 까봐. 너무 큰 음악을 들으면 청각세포들이 둔화되어 소리가 잘 안 들린다는데. 물론 네 귀지만 엄마는 네가 오랫동안 건강하게 사는 모습을 보고 싶어."

이렇게 부모의 시각에서 무조건 명령하는 것이 아니라 부모의 마음을 그대로 아이에게 보여 주어야 한다. 그리고 아이가 다치게 되면 그것이 부모에게는 더 큰 상처가 된다는 얘기를 분명히 해야 한다.

"내가 찾아보니까 30분 들은 후에 잠시 쉬는 것이 좋다더라. 너도 하루 종일 들을 순 없잖니? 그렇게 하자."

벌써 음악 듣는 것 하나로 아이한테 많은 것을 생각하게 하고 가르쳐주고 찾게 할 수 있다.

부모가 듣기 시작하면 아이도 듣는다. 부모가 아이의 이야기를 잘 들어주는 것만으로도 아이를 듣는 사람으로 만들 수 있다. 그것이 제일 중요하다. 듣는 아이는 부모의 교훈뿐만 아니라 세상의 모든 교훈들을 받아들일 수 있기 때문이다.

그러기 위해서는 부모교육 분야에서 저명한 토마스 고든(Tomas Gordon) 박사나 세계적인 심리학자 대니얼 골먼(Daniel Goleman)의 얘기처럼 부모는 아이를 평가하거나 비난하거나 명령해서는 안 된다. 내 옆에 나를 항상 평가하고 비난하는 그런 사람이 평생 붙어있다면 숨이 막힐 것이다.

예전에야 아이가 여럿이라 부모의 관심도 나눠져 간섭이나 통제가 심하지 않았지만 지금은 그렇지 않다. 집안에 아이가 하나 둘밖에 없으니 부모의 관심과 애정은 이루 말할 수 없다. 그 애정이 부정적으로 나타나기 시작하면 부모가 아이를 감시하게 된다. 아이가 맘대로 할 수 있는 것이 하나도 없다. 극단적으로 집 안에 CCTV를 달아놓은 부모를 본 적도 있다. 이렇게 일거수일투족을 감시당하며 행동 하나하나마다 평가하고 비난하는 사람이 평생 붙어있다면 어떨까? 우린 못 살 것이다. 아이도 자신을 매일 평가하고 비난하는 부모의 말을 듣고 싶지 않다.

이렇게 먼저 문제가 무엇인지 파악하고 문제가 아이에게 있을 때에는 아이의 문제를 적극적으로 들어주고(반영적 경청), 부모의 문제일 때에는 아이에게 부모가 느끼는 정서와 문제를 얘기하고(I-Message) 합의점을 찾는다면 아이는 결국 남의 상황을 배려하는 넉넉한 아이로 클 수 있을 것이다.

잘 들어 주는 것이 처음이고 끝이다.

바늘허리에 실 꿰는 부모

그런데 부모가 아무리 대화하고 싶어해도 아이가 말을 하지 않으면 난감한 일이다. 아이가 말을 하지 않기 시작했다는 것은 부모를 경계하기 시작했다는 뜻이며 수차례의 경험을 통해 부모를 신뢰하지 않게 되었다는 싸인일 수 있다. 무너져버린 신뢰를 회복하기 위해서는 무엇보다 시간이 필요하다. 그러나 불행하게도 우리나라 부모들은 시간이 없다. 시간을 만들지 못 한다. 부모는 급하다. 어렸을 때야 이렇게도 해보고 저렇게도 해 볼 시간을 만들겠는데 다 커버린 자식 앞에서는 한 순간이 급하다. 아이가 얼른 정신을 차리고 공부해서 좋은 학교에 가야 하는데 마냥 시간을 갖고 지켜볼 수가 없다.

부모가 잊지 말아야 할 것이 있다. 급한 것과 중요한 것은 다르다. 부모의 욕심이 급한 것이지 아이 인생이 급한 것이 아니다. 마음을 닫아버린 아이에게 시간이 얼마 남지 않았다고 일단 공부는 해야 하는 것 아닌가 하고 계속 등을 떠민다고 아이가 움직이지 않는다. 그럴수록 돌아가야 한다. 좋은 학교를 보내고 싶은 부모의 마음은 결국 아이가 잘 살기를 바라는 것이다. 행복해지길 원하는 것이다. 그런데 지금도 행복하지 않으면서 어떻게 끌려 다니며 공부하는데 행복하게 살 수 있을까? 결정해야 한다. 아이를 좋은 학교에 보낼 것인가, 좋은 사람으로 만들 것인가.

'바늘허리에 실 못 꿰어 쓴다.' 는 말이 있다. 아무리 바쁘다고 실을 바늘에 묶은 채 수를 놓을 수는 없다. 그렇게 해서는 한 땀

놓고 다시 묶고 한 땀 놓고 또 다시 묶어야 한다. 바늘귀에 실 꿰기가 어려워서 그렇지 한 번 끼워진 실로 수를 놓는 것은 쉽다. 잘 꿰어진 실은 수를 다 놓을 때까지 잘 끝마칠 수 있다. 시간이 없기 때문에 나쁜 방법을 선택한다? 그건 아니다.

부모와 자녀의 신뢰를 회복하기 위해서는 지속적으로 아이에게 싸인을 보내야 한다. 그것은 몇 마디의 말만으로 보여지는 것이 아니다. 말로 사람을 움직이는 것이 가장 하수다. 어처구니없게도 부모는 가장 쉽고 가장 하수인 말이라는 도구를 가지고 가장 소중한 아이의 마음을 얻기를 기대한다.

"엄마 아빠는 너를 정말 사랑한단다. 네가 우리에게 실망하고 화가 나 있다는 것을 알고 있어. 미안하다. 어떻게 하면 좋을까? 네가 전처럼 행복하면 좋겠구나. 엄마 아빠는 너를 진심으로 도와주고 싶단다."

이런 마음을 그냥 일상생활의 합리적인 관계 속에서 지속적으로 보여 주어야 한다. 아이의 책상을 슬그머니 치워주고 책상 위에 작은 꽃병을 하나 놓으며 사랑한다는 쪽지를 적어놓고 나올 수도 있다. 부모 자신은 싫어하지만 아이가 좋아하는 가수의 음반을 사서 가만히 건네 줄 수도 있다. 어울려 다니지 않길 바라는 친구들에게 전화가 와도 친절하게 바꿔주는 이런 작은 일상의 싸인들을 통해 아이는 서서히 부모를 다시 보게 된다.

그러나 어리석게도 많은 부모들이 뭘 하나 툭 던져주고는 바로 다음날 아이에게서 피드백이 오길 원한다.

"내가 그렇게까지 했는데 저 자식이 아직도 정신을 못 차리고. 너 나와 봐! 오늘 너하고 나하고 끝장을 한 번 보자!"

그럴수록 아이는 더 멀어진다. 끝장이라는 건 부모의 입장에서 끝장이다. 아이는 끝장을 보고 싶은 아무런 생각이 없는데 부모가 끝장을 보고 싶은 것이다. 누구의 문제인가? 아이가 반응하지 않고 말을 안 듣는다는 것은 아이의 문제인데 그것이 이제는 부모의 문제가 되버린 것이다. 문제가 누구의 것인지 파악도 못 하고 모든 것을 부모 자신의 기분과 상태에서 생각해 부모의 문제로 만들어버리면 이 문제는 해결할 수가 없다. 조금 늦어진다고 해도 기다려야 한다. 아이가 마음을 여는 순간 아이 인생은 엔진을 켜기 시작할 것이다. 그러면 1년 2년이 늦어졌다고 해도 금방 달려갈 수 있다. 부모가 밖에서 발동기를 돌려준 것이 아니라 아이 스스로 자신의 엔진을 돌리기 시작했기 때문이다.

나는 작은아이 성욱이에게 학업을 한 1년 쉬자고 한 적이 있다. 아이가 처음 미국에 갔을 때 무척 힘들어했다. 형처럼 멋지게 도전해 보겠다며 중학교 1학년 때 의기양양 미국으로 건너간 둘째는 한 학년을 높여서 가서 그런지 생각했던 것만큼 만만치가 않았다. 아이는 아무리 열심히 공부해도 잘 나오지 않은 성적 때문에 지치고 무엇을 해야 하는지 목표를 잃고 방황했다. 한국에서와는 달리 학교 안에서 자신의 위치를 세우는 일도 쉽지 않았다. 조금씩 자신이 여기 왜 와 있는지 목표도 잊고 혼란스러워 하며 자신감도 떨어지기 시작했다. 한동안은 스스로 상처받을까봐 힘들지 않은 척, 괜찮은 척 자기 스스로를 위로하면서 엄마인 내게도 너스레를 떨면서 어려움을 포장하곤 했다. 어떻게든 해보려 애써도 잘 되지 않자 아이는 결국 스스로에게 실망하고 좌절하기 시작했다. 아이는 자신이 왜 공부를 해야 하고 앞으로 부딪혀야 할 세상도 알지 못하고 있었다.

나는 그때 아이가 성숙할 수 있는 시간과 계기를 만들어주는 것이 필요하다고 생각했다. 그래서 봄방학 때 아이를 데리고 중국 베이징엘 갔다. 아이에게 1년 정도 학교를 떠나 다른 환경에서 다양한 경험을 얻을 수 있는 시간을 만들어주고 싶었다. 중국은 한국과 가까워 우리 부부가 자주 아이를 볼 수 있고, 인류문화가 태동한 곳으로 오랜 역사와 전통을 갖고 있는 강대국이어서 다양한 동기부여가 될 수 있는곳이라고 생각했다. 또 아이가 중국어를 구사할 수 있었던 것도 이유 중의 하나였다.

"새로운 인생을 경험하기에 그곳이 적절하다고 생각되면 가자. 베이징은 세상에서 가장 큰 도시 중 하나고 나름대로 큰 의미가 있는 곳이다. 젊었을 때는 그런 곳도 한번 도전적으로 가보는 것도 좋다고 본다. 시간을 줄 테니 천천히 생각해 봐! 엄마는 네가 1년을 쉰다고 해도 네 인생의 로드맵에는 아무런 문제가 없다고 생각해. 너에게는 새로운 경험이 될 것이고 오히려 더 나은 결과를 가져올 수도 있단다."

그곳 학생들이 수업하는 것도 보여주고 여러 가지 교육환경도

부모 이노베이션

같이 돌아보았다. 나는 아이가 자기와 비교하면서 뭔가 배우길 바랐다. 당장 점수 조금 좋아진다고 자신의 목표나 정체성이 세워지는 것은 아니다. 더 넓은 세상을 보여주고 싶었다. 모두들 어떻게 자신의 인생을 준비하고 있는지 알려주고 싶었다. 한참을 고민하던 아이는 결정을 내린 듯 했다.

"엄마, 내가 이곳에서 생활하는 1년 동안 중국어는 늘지 몰라도 지금 내 인생에는 크게 도움이 될 것 같진 않아요. 차라리 학교에 돌아가서 다시 한 번 도전해 볼래요. 만약 여기서 그만 두면 도망치는 것 같아요. 부딪쳐 볼래요. 그리고 중국은 시간이 좀 더 지나서 준비가 제대로 되었을 때 오고 싶어요."

그 때부터 아이가 서서히 바뀌더니 이내 자신의 자리를 찾기 시작했다. 무엇보다 자신을 힘들게 하는 문제해결의 실마리를 찾아 솔루션을 얻어내려 노력했다. 자신의 문제를 적극적으로 들여다보기 시작하고 예전에는 자꾸 뒤로만 미루었던 문제들을 정면으로 마주하고 해결하려 했다. 10학년에 올라가서도 물론 여전히 힘들었겠지만, 자신감도 생기고 여유도 생겼다. 성적도 계속 향상되었다. 이제는 자신이 어떤 목표에 도전할 때 따르는 고통을 피하지 않고 받아들이고 고통을 즐길 줄 아는 아이가 되었다.

지금 자신의 삶을 잘 꾸려가며 꿈을 만들어가는 우리 작은아이를 보면 대견하다. 실제로 중국으로 가서 직접 체험한 건 아니었지만 그 때 내가 중국행을 제안하길 정말 잘 한 것 같다. 실제로 아이가 공부에서 벗어나 삶의 한 복판으로 들어가 보다 나은 솔루션을 찾을 수 있도록 활짝 문을 열어주는 그런 용기도 부모에겐 때론 필요하다.

작은아이는 스스로 판단하고 결정하였다. 아이 자신의 엔진을 켜기 시작하였다. 나는 이제 옆에서 응원의 깃발만 흔들어 주면 된다. 가끔 기름칠도 해주면서.

부모는 트레이너(Trainer)다

아이가 오늘 마음을 단단히 먹은 것 같다. 잘해보겠다고 계획표까지 세워서 책상 앞에 붙여놓고 엄마를 부른다.

"엄마, 나 오늘부터 이렇게 할 거니까 두고 보세요."

하루, 이틀. 아이는 알람을 맞춰가며 일찍 일어나 공부를 한다고 법석이다.

"웬일이야? 혼자서도 다 일어나고. 두고 봐야지 뭐, 이게 얼마나 가겠어?"

진짜로 아이는 얼마 못 가 깨워도 일어나지 않고 하루 종일 컴퓨터 앞에 앉아 게임만 한다.

"그럼 그렇지. 내가 너 그럴 줄 알았다. 넌 애가 도대체 할 수 있는 게 뭐니? 누가 시켜서 해? 네가 네 입으로 할 거라고 했잖아. 그래놓고 안 하면 뭐니? 뭐야?"

아이가 실패를 할 때마다 부모의 거친 평가와 비난이 쏟아지면 아이는 다시는 하고 싶어 하지 않는다. 다음에 또 다시 실패하면 듣게 될 그 비난을 감당할 자신이 없기 때문이다. 사람은 어떤 일에 동기를 얻어 결심을 하고 3일 정도가 지나면서 처음 가졌던 의지가 약해진다. 아이가 의지가 느슨해지고 약해질 때 부모는 다시 한 번 추스를 수 있도록 도와주어야 한다.

"어때? 잘 되가? 오늘까지 벌써 3일이네. 금방 일주일 되겠다. 간식거리 좀 많이 사다 놔야겠는데?"

"왜, 힘드니? 넌 잘 할 수 있어. 엄마랑 네 계획 다시 한 번 같이 읽어보자."

연구에 의하면 어떤 하나의 행동을 자신의 습성으로 만들기 위해서는 약 3주, 21일 동안 지속적이고 집중적인 노력이 필요하다고 한다. 부모는 아이가 자신이 세운 계획을 끝까지 마칠 수 있도록 옆에서 늘 함께 해주어야 한다. 부모가 아이의 행동을 하나하나 처음부터 끝까지 고치려 하지 말고 아이가 계획을 놓치고 있지 않는 한 계획이 성공할 수 있도록, 흐트러지는 부분을 추스를 수 있도록 신호를 주면 된다. 아이가 그 결과를 만들어가는 중간 중간 큐를 넣어 주기만 하면 된다.

"뭐 잘 안 돼? 뭐가? 어디 봐봐. 이러니까 안 돼지. 계획표 갖고 와. 이건 다음에 하고 이건 2시간만 해."

말 할 필요도 없이 이것은 아이를 마마보이로 만드는 지름길이다. 실패하면 다시 하면 되지만 부모가 뭐든지 다 해주려고 한다

부모 이노베이션

면 아이를 부모 없이는 아무것도 할 수 없는 허수아비로 만들 것이다. 부모가 만들어준 계획대로 실천하게 하는 것이 트레이닝이 아니다. 아이가 스스로 인생의 계획을 짜고 경험을 통해 성공할 수 있는 기회를 만들어 주는 것이 부모가 해 줄 수 있는 트레이닝이다. 아이가 길을 잘 못 접어 들었을 때 붙잡아 끄는 것이 아니라 옆에서 다른 길도 있다는 정보를 먼저 주는 것이 트레이너로서 부모가 할 일이다.

트레이너는 코치의 다른 말이기도 하지만 단순히 방법을 가르치는 역할이 아니다. 더구나 부모가 의도하는 방향으로의 코칭은 더욱 아니다. 우선 코칭이든 트레이닝이든 기본은 들어주는 것이다. 그렇게 시작해서 충분히 아이의 문제를 알게 되었다면 다음은 해결방법, 솔루션이다. 아이가 문제를 인식할 수 있도록 여러 가지 간접 경험들을 제공해 주어야 한다. 어떤 경우에 많은 이들이 실패했는지, 그 일이 성공한 이유는 뭔지, 그 일에서 무엇이 제일 중요한지 아이가 몰랐던 새로운 정보들을 보여주어야 한다. 이때 코칭의 기술이 필요하다. 해결 방법을 트레이너가 찾아주는 것이 아니라 아이가 스스로 찾아갈 수 있도록 옆에서 계속 신호를 보내주는 스킬, 기술이 필요하다.

그러기 위해서는 부모가 먼저 알아야 한다. 다양한 지식과 정확한 정보가 있어야 한다. 아무런 정보 없이 말만 늘어놓는 트레이닝은 의미가 없다. 아이가 움직일 수 있는 확실한 증거나 뚜렷한 자료 같은 데이터들이 필요하다. 그리고 그것을 아주 적절한 시기에 보여주어야 한다. 부모가 노력해야 하는 또 하나의 이유다.

부모가 그냥 옆에 있어 주는 것과 부모가 트레이너로서 있는 것은 너무나 다르다. 가령 비만인 사람이 건강을 위해 휘트니스 클럽에 등록을 해서 다닌다. 그곳에서 운동을 하면 살이 빠질 거란 기대를 안고 간 그는 열심히 운동을 한다. 그러나 그곳에 트레이너가 있다면 운동의 효과는 달라진다. 트레이너는 그의 생활습관과 필요한 운동의 종류, 시간을 조절해 줄 것이다. 계획대로 운동시간과 방법을 실천하고 있는지 제대로 점검하고 효과적으로 지속할 수 있도록 자극하고 격려해 줄 것이다. 휘트니스에 가서 이런 저런 운동을 하면서 그냥 살이 빠지는 것과, 이렇게 옆에 트레이너가 함께 전략적으로 그것을 하나씩 조절해 한 걸음씩 나아가게 해주는 것과는 그 효과에 있어 천지차이다. 그렇기 때문에 결정적으로 능력있는 트레이너를 만나야 한다.

"당신은 다른 사람보다 운동을 몇 시간이나 더 많이 하는데도 살이 왜 빠지지 않죠?"

이런 얘기는 아무 의미가 없다. 트레이너는 그 사람이 왜 살이 빠지지 않는지를 분석해야 한다.

"당신의 식단이 너무 고칼로리로만 되어 있어서 체중이 줄지 않는 것 같군요. 식단을 조절해 봅시다."

준비된 트레이너는 지식과 정보 그리고 분석력을 갖추어야 한

부모 이노베이션

다. 그리고 트레이너가 갖추어야 할 큰 능력 중의 하나가 바로 격려할 줄 아는 것이다.

"당신이 지금 최선을 다하고 있는 걸 알고 있습니다. 하지만 당신이 일반적인 사람들과는 다른 체질이기 때문에 남들은 너무 쉽게 갈 수 있는 길이 당신에겐 어려울 수 있습니다. 당신이 이런 악조건을 이겨내면 당신은 아주 건강하고 멋진 모습으로 바뀔 수 있습니다."

왜 나는 열심히 해도 안 되는지 절망과 자책에 빠지게 될 때 이러한 격려는 큰 힘이 된다.

격려와 칭찬은 다르다. 칭찬은 겉으로 보이는 결과에 집중한다. 그래서 칭찬은 능력을 중요시하게 된다. 그러나 격려는 과정과 함께 한다. 무엇이 되었든 과정에서 보이는 땀과 경험을 중요하게 생각한다. 내 자녀에게 필요한 것은 격려다. 계획대로 잘 나가고 있는 아이에겐 트레이너가 꼭 필요하지 않을 수도 있다. 자신이 해결해야 할 문제들이 버겁고 힘들어서 포기하고 싶어 하는 아이들에게 트레이너가 더 필요하다. 아이가 만든 결과를 보고 판단해주는 사람이 아니라 아이가 문제를 해결해 나가는 과정을 함께 해주는 사람이 바로 트레이너고 부모가 해야 할 역할이다.

부모는 매니저(Manager)다

사람이 진정으로 행복할 때는 누군가에게 인정받을 때다. 무슨 일을 하든 어딜 가든 나의 존재를 알아주고 반겨주는 곳에서 행복하다. 그것은 학교 성적 1등과는 비교도 할 수 없다.

죽을 때까지 의미 있는 것이 나만의 선(善)이다. 부모가 해주어야 할 역할이 바로 그것이다. 아이의 길이 어디로 나 있는지 아이가 진짜 가고 싶어 하는 길이 어떤 길인지 스스로 깨닫고 알게 해주어야 한다.

부모는 자녀를 자기가 원하는 아이로 키우려 하지 말고 세상이 원하는 아이로 키워야 한다. 그 아이가 행복해 할 수 있는 일이 뭔지 알기 위해 다양한 경험들을 통해서 들여다봐야 한다. 아이만의 시크릿을 찾아내야 한다. 그리고 아이가 자신의 시크릿을 찾아내기 위해 쓸데없는 시간을 낭비하거나 쓸데없는 실패를 하지 않을

부모 이노베이션

수 있도록, 한 번의 실패라도 줄여줄 수 있도록 합리적인 플랜들을 만들 수 있어야 한다. 그 아이가 길 밖으로 벗어나 헤매지 않을 등대를 밝혀 줄 사람이 바로 매니저로서의 부모다.

합리적인 부모는 자신의 아이를 세상 사람들의 눈으로 보지 않는다. 부모가 지켜본 내 아이가 학업성취능력과는 다른 능력이 있는 아이다 싶으면 과감히 편견을 깨고 그 아이만의 세상에 도전할 수 있게 도와준다. 특히 입학사정관제 시대의 교육환경에서는 더욱 그 도전의 가능성이 높다.

최근에는 변화하는 교육 환경과 입시제도로 자신의 목표나 꿈을 빨리 결정하라고 한다. 그래야 오래 지속적으로 미래를 준비하고 로드맵을 만들 수 있다고들 한다. 자신의 미래를 꾸준히 준비해온 사람에게 더 많은 가능성과 열정을 볼 수 있기 때문이다.

그러나 아주 어린 나이에 자신의 꿈을 일찍 결정하는 것은 어려운 일이다. 그래서 부모가 필요하다. 아이가 무슨 일을 좋아하고 무슨 일을 잘 하는지 무슨 일에 관심이 있으며 성향이 어떤지 그 모든 것을 가장 가까이에서 가장 정확하게 파악할 수 있는 유일한 존재가 부모다. 아이의 미래가 부모에 의해 우선 결정된다. 부모의 역할이 또 한 번 중요한 이유다.

나는 아이들에게 무엇이 되라 말을 해 본 적이 없다. 어떤 사람이 되고 싶은지를 물었다. 그리고 무엇을 할 때 아이가 가장 행복해 하고 즐거워하는지 알려고 집중했다. 나도 두려웠다. 컴퓨터를 좋아하는 큰아이에게 그 길을 가게 하고 싶진 않았다. 그러나 아이가 행복해하고 그 일을 할 때 아이의 능력이 폭발하는 것을 보고 나는 내 손으로 그 길의 문을 열어 주었다. 그리고 또 다른 질문 하나를 던져 주었다.

"네가 모니터 앞에서 단지 컴퓨터를 작동하는 사람이 되고 싶은지 아니면 그것을 수단으로 세상을 바꾸는 사람이 되고 싶은지를 생각해라."

직업은 수단이다. 내가 세상과 소통하는 도구다. 의사가 되고 싶은 아이가 있다면 물어봐야 한다. 의사가 돼서 어떤 사람이 되고 싶은지를 자신이 먼저 알아야 한다. 의사라는 직업의 문제가 아니라 그런 의료행위로 무엇을 하고 싶은지를 물어야 한다. 그리고 전적으로 결정은 아이 자신이 하게 해야 한다. 부모는 옆에서 그런 아이의 꿈과 목표에 대해 끊임없이 물어봐주고 확인하는 역할을 해줘야 한다.

"무슨 일을 하면서 어떤 사람으로 살고 싶니?"

부모는 아이가 자신의 목표를 세우고 로드맵을 세워 실천할 수 있도록 매니저가 되어 옆에서 도와줘야 한다. 그 과정에서 주어진 시간 안에서 집중적으로 포기하지 않고 끈기 있게 노력할 수 있도록 격려를 아끼지 않는 것 또한 부모가 할 일이다. 부모는 참 할 일이 많다.

4학년이 중요하다

부모는 자녀를 알 만큼 아는 아이로 키워야 한다. 어려서부터 세

부모 이노베이션

상을 주의 깊게 지켜볼 줄 아는 아이로 키워야 한다. 자신이 살고 있고 살아가야 할 이 세상에서 어떤 일들이 벌어지고 있고 세상 사람들이 어떻게 함께 살아가고 있는지 보여주는 것이 좋다.

부모와 함께 책을 읽으면서 세상 얘기를 하고 많은 경험을 통해 다양한 삶을 이해하게 되는 아이가 EQ가 높은 폭 넓은 아이, 적극적인 아이로 자란다. 초등학교 1, 2학년부터 신문을 읽고 부모와 대화하는 아이는 그만큼 성숙하다.

나는 아이를 늘 나와 똑같은 사고를 할 수 있는 사람으로 대했다. 세상을 밝게만 가르쳐주지 말고 어둡고 힘든 모습도 보여줘야 한다. 그리고 판단하게 해야 한다. 위인전을 읽어도 '훌륭한 사람'으로 끝내지 말고 그가 살았던 세상은 어떤 세상이었고 지금 내가 사는 세상과 무엇이 다른지 생각하게 하고 세상과 어떻게 마주하고 성장했는지 알 수 있게 하는 것이 중요하다. 그는 시련이 왔을 때 무슨 마음이 들었을까? 포기하고 싶지 않았을까? 어떻게 다시 일어날 수 있었을까? 그런 질문들을 아이에게 던져주고 스스로 자신과 비교하게 하는 것이 경험이고 문제 해결력이다.

초등학교 4학년은 저학년 때 가졌던 감성적 경험과 지식을 체계적으로 자기 것으로 정립하는 일이 가능해지기 시작하는 시기다. 그래서 이 시기에 경험하고 배우는 일이 중요하다. 자신의 세계관과 가치관을 만드는 데 첫 발을 내딛는 시기이기 때문이다.

부모는 이때 아이가 자신을 객관적으로 돌아볼 수 있게 해야 한다. 어떤 상황에서 화를 내는지, 당황하는지, 또 자신있어 하는지 확인하게 해주고 자신에게 말을 거는 방법을 가르쳐야 한다. 그리고 자신의 미래모습을 구체적으로 상상하게 하고 세상에서 어떤 사람으로 살 것인지 고민하게 해야 한다. 그것이 좋은 부모의 매니지먼트다.

이 시기는 자신을 이겨내는 힘을 배우는 시기이기도 하다. 하고 싶으면 하고 하기 싫으면 포기해버리며 힘들고 귀찮은 일은 절대 하지 않는 제 맘대로였던 아이가 4학년쯤 되면 자신을 자제하고 통제하는 법을 알아가기 시작한다. 마음 먹을 줄 알게 된다.

그런데 아이는 1시간을 책상에 앉아 책을 읽고 싶은 마음은 있지만 실제로 온갖 유혹이 마음에서 들끓는다.

'지금 TV에서 뭘 하지? 음, 수요일니까 뭘 하더라?'

'아까 냉장고에 아이스크림 남겨 놨는데 혹시 형이 다 먹어버린 거 아냐?'

'엄마가 저녁 반찬으로 뭘 해주실까? 돈까스 먹고 싶은데.'

'동진이가 메이플스토리 같이 하자고 했는데 어떡하지?'

끊임없이 자신과 싸우게 된다. 처음엔 5분도 앉아있지 못하던 아이는 그 다음 5분을 더 해보자는 엄마의 격려에 10분을 앉아 있을 수 있게 되고 그다음 20분, 30분 점차 집중할 수 있는 시간이 늘어나 어느새 1시간을 앉아있게 된다.

집중력을 가지고 어떤 일을 시작해 끝내는 경험이 여러 차례 있게 되면 아이는 자신을 이기는 법을 터득하게 된다. 내 경험에 따르면 이 트레이닝이 가능할 뿐만 아니라 효과를 얻게되는 시기가 초등학교 4학년 때이다. 그러한 경험에서 얻은 성취감은 아이를 학습의 압박감에서 벗어나게 해주고 자신을 객관적으로 볼 수 있게 해준다. 그렇게 자신을 다스리고 자신을 돌아 볼 줄 아는 아이는 사춘기가 와도 흔들리지 않는다.

부모는 멘토(Mentor)다

문제 해결의 롤모델

큰아이가 초등학교 1학년에 다니던 초겨울이었다. 토요일 수업을 마친 아이가 같은 학교에 다니는 아는 형의 손에 이끌려 집으로 돌아왔다. 그런데 아이의 몰골이 말이 아니었다. 안경은 부러진 채 얼굴은 퉁퉁 부어 있었고 흰 자켓과 바지는 온통 진흙범벅에 피범벅이었다. 나는 너무 놀라 도대체 무슨 일인지 물었다.

"기혁이가, 스쿨 버스에서 4학년 아이한테 맞았어요."

스쿨 버스 안에서 대장노릇을 하는 아이가 있는데 우리 아이가 자리를 못 잡고 자기 앞에서 어물거리자 비키라고 소리 지르더니 무조건 때렸다는 것이다. 그 애는 우리 아이를 버스 바닥에 때려 눕혀놓고 목을 조르고 얼굴을 심하게 때렸다고 한다. 주변 아이들이 말려 겨우 그만 두었지만 아이는 얼굴이며 옷이 온통 피범벅이 되고 말았다.

알던 형이 그 버스에 탔다가 맞은 기혁이를 보고 데리고 와주었다. 그 형은 아이 부모님이 놀랠까봐 아파트 경비실 세면대에서 아이 얼굴을 대충 씻겨가지고 제 돈으로 요구르트 하나를 사서 먹이고는 침착하게 달래서 집으로 데리고 왔다. 이제 겨우 초등학생이 어른들도 그렇게 하기 어려운 마음 씀씀이를 보여주었다. 나는 마음 쓰는 것은 나이의 많고 적음에 따라 달라지는 것이 아니라는 것을 그때 다시 한 번 느낄 수 있었다. 그날 우리 아이는 똑같이 초등학교 4학년인데 자기보다 약한 사람에게 폭력을 쓰는 사람이 있고 또 한편으로 어려움에 처한 사람을 돕는 사람도 있다는 것을 동시에 경험하게 되었다.

나는 일단 아이 옷을 갈아입히고 안정시켰다. 아이는 많이 놀랐는지 계속 떨고 있었다. 졸린 목은 뻘겋고 아이 얼굴과 몸은 멍투성이였다. 아이를 처음 본 순간 나는 제정신이 아니었다. 어떤 부모가 자식이 피범벅이 되어 들어왔는데 진정할 수 있겠는가. 나도 모르게 비명을 지르자 순간 아이가 당황하였다. 자신의 모습을 볼 수 없던 아이는 엄마가 비명을 지를 만큼 자신의 상태가 심각하다는 것을 느끼고 두려워했다. 내가 놀라 흥분하자 자신이 무슨 큰 잘못을 한 것으로 여기게 된 아이는 죄책감까지 느끼는 것 같았다. 아이 눈을 들여다보고 나서야 나는 정신을 차려야겠다고 생각했다.

문제가 생겼을 때 가장 먼저 해야 할 것은 침착하게 문제를 들여다 보는 일이다. 내가 두려워하고 흥분하면 안 되겠다는 데 생각이 미치자 나는 나부터 감정을 누그러뜨렸다. 우선은 우리 아이가 안정되는 것이 먼저였다. 하지만 마음 속에서는 내 자식이 차가운 버스 바닥에서 목을 졸리는 공포 속에서 숨을 쉴 수가 없었을 것을 생각하니 분노가 끓었다.

간단히 아이를 추스르고 상처를 응급치료한 후 아이 담임선생님께 자초지종을 설명하고 폭력을 휘두른 아이의 부모님과 연락될 수 있게 해달라고 말씀드린 후 전화를 끊고 가만히 생각해 보았다. 아이는 이런 일이 처음이었고 더구나 자기보다 크고 나이 많은 4학년 형에게 맞았으니 마음의 상처가 클 것이다. 폭력은 몸에만 상처를 남기는 것이 아니라 마음에 더 큰 상처를 남기게 마련이다. 그래서 이번 일을 통해 아이에게 사람과의 갈등을 올바르게 해결하는 과정을 보여줘야겠다고 생각했다. 후에 누군가와 또 다른 어려움과 갈등이 생겼을 때 합리적으로 자신의 권리를 지키는 방법을 알게 해주고 싶었다.

아무리 기다려도 그 부모로부터 전화가 오질 않았다. 참다못해 직접 전화를 해보았지만 일하는 분하고만 통화 할 수 있었다.

"네, 말씀은 드렸는데 우리 사장님 사모님이 모두 바쁘셔서요. 그리고 우리 아이가 그럴 리가 없을 텐데요."

자식 문제에 시간이 핑계가 될 수는 없다. 부모에게 연락을 바란다고 메모를 남겼는데도 늦은 밤이 되도록 역시 연락이 오지 않았다. 몇 번이고 자다가 깨어나 울고 코피까지 쏟아내는 아이를

　　　　　　　부모 이노베이션

달래며 밤을 꼬박 샜다. 아침 일찍 나는 다시 그 아이의 집에 전화를 했다. 겨우 그 애 어머니와 통화가 되고 사건의 정황을 이야기해주었다. 아이 어머닌 분명 어제 학교에서도 연락을 받았을 테고 내가 여러 번 전화했다는 걸 알고 있었을 텐데도 마치 처음 듣는 듯 그저 아이들끼리 싸운 정도인 줄만 알았다고 변명했다.

"당신이 나라면 어떻게 하시겠어요? 지금 당장 쫓아가서 왜 때렸냐고 소리도 지르고 치료비를 물라고 할 수도 있습니다. 폭행사건으로 고소할 거라고 협박도 할 수 있어요. 그런데 저는 그렇게 하지 않을 겁니다. 왜 그런 줄 아세요? 자식은 부모를 보고 크거든요. 우리 아들이 이렇게 폭력을 당하고 상처를 입었지만 내 감정을 앞세워 그 집 아이와 똑같이 물리적이고 폭력적인 방법으로 해결한다면 우리 아이는 몸과 마음에 상처만 얻고 아무런 배움도 갖지 못하게 될 것이기 때문입니다. 아무리 억울하고 화나는 상황이라도 나는 우리 아이에게 합리적으로 이기는 방법을 배우게 할 겁니다. 그래서 참고 있어요. 이 일은 우리 아이 뿐만 아니라 당신 아이의 인생에도 중요한 기회일 겁니다. 당신 아이가 우리 아이에게 정식으로 사과해야 합니다. 내가 당신이라면 자기 잘못을 인정하고 용서를 구하는 용기부터 가르칠 겁니다."

그러나 그 아이는 끝내 사과하지 않았고 그 아이의 어머니도 더 이상 아무런 연락이 없었다. 며칠을 기다리다가 나는 우리 아이를 때린 아이에게 직접 편지를 썼다.

"○○아, 요즘 우리 아이는 밤에 자주 코피가 나고 잠을 깊이 자지 못한다. 또 너를 만날까봐 무서워 스쿨버스도 못 탄단다. 네가 우리 아이였다면 어땠을 것 같니? 잘 생각해보고 우리 아이한테 미안하다는 사과를 해 주길 바란다. 그러면 우리 아이 상처가 조금은 나아지지 않겠니? 네 마음도 편치 않으리라 생각한다. 사람은 잘못 할 수 있단다. 그때 잘못을 인정하고 사과할 줄 아는 용기가 있어야 책임있는 사람이 되지 않겠니? 그래야 너도 우리 아이도 상처를 씻고 잘 자랄 수 있다고 아줌마는 생각한단다. 부탁한다."

하지만 그 아이는 끝까지 우리 아이에게 사과하지 않았다. 만약 우리 아이가 크게 잘못 되었어도 그렇게 했을까? 폭력을 문제 삼겠다고 걸고 넘어졌다면 달라졌을까? 그 아이의 아버지는 지금은 이름만 대도 다 아는 국회의원이다. 그가 하는 정치를 나는 믿을 수 없다. 그가 하는 모든 말이 거짓이고 위선 같다. 자기 자식만을 귀하게 여기고 자기보다 어리고 약한 사람에게 폭력을 휘두른 자식의 잘못에 눈감아 버리며, 어떤 것이 자식을 위한 일인지도 알지 못하는 무지한 사람을 어떻게 믿고 우리네 삶을 결정짓게 할 수 있겠는가?

그 후로도 오랫동안 아이는 한 밤중에 울면서 깨어나거나 코피를 쏟았다. 그럴 때마다 한 밤중이라도 그 아이 집에 전화해서 우리 아이의 고통을 아느냐고 소리라도 질러 보고 싶었다. 하지만 지금 생각해보면 그것보다도 더 아쉬운 것은 내가 조금 더 현명하게 대처했어야 했다는 것이다. 우선 학교에 정식으로 항의했어야

부모 이노베이션

했다. 적어도 학생의 안전을 책임져야 할 학교 측은 사건이 일어난 후에도 사건을 무마하고 소문이 나지 않게 나를 진정시키고 설득하는 일에만 매달렸다. 나도 그런 일이 처음이어서 그랬던 것도 있지만 우리 아이 이름이 내내 회자되고 맞은 아이로 기억될까봐 조심스러웠다. 당시 내가 조금만 더 생각했더라면 내 아이 뿐만 아니라 다른 아이들의 안전을 위해 학교 스쿨버스에서 일어날 수 있는 사고를 예방할 여러가지 방법들을 요구했을 것이다. 십여 년이 지난 지금도 그런 점에서 미숙했던 내가 두고두고 아쉽다. 나도 또 그렇게 문제 해결의 좋은 방법을 배워가며 부모로서 나이를 먹어간다고 생각한다.

부모는 아이들의 가장 영향력있는 롤모델이다. 어떤 문제가 생겼을 때 부모가 그 문제를 해결하는 모습을 통해 아이는 다음에 자신이 겪게 될 문제를 어떻게 해결할지 미리 경험하고 기억한다.

멘토란 사회적 지위가 높거나 그저 훌륭한 말만 해주는 사람이 아니라 생활에서 구체적으로 어떻게 솔루션을 찾아가는지 행동으로 보여주는 사람을 말한다. 삶의 지혜를 부모의 삶으로 올바르게 보여 주어야 진정한 자녀의 멘토가 될 수 있다.

부당함에 맞서는 용기

미국에 있을 때의 일이다. 미국에서는 도로에 차를 세워두려면 무인 주차요금 수납기에 동전을 넣어야 한다. 하루는 학교 앞 도로에 5불어치 동전을 넣고 주차한 후 수업 두 시간을 듣고 돌아왔는데 주차딱지가 붙어있었다. 남편과 떨어져 공부하는 우리 세 가족에게 5불은 큰 돈이었다. 그런데 5불은 날아가고 30불의 범칙금을 또 물어야 하다니 너무 억울했다. 혹 내가 뭘 잘못했나 자세히 보니까 옆의 자동차가 불법 주차된 줄 모르고 다른 편 수납기에 주차요금을 넣은 것이다. 마침 근처에 순찰하고 있던 경찰을 불러 내 사정을 얘기하였더니 불법 주차된 자동차 때문에 내가 억울하게 주차위반 딱지를 떼게 되었다는 것에 동의하며 간이 소송을 해보라고 했다. 법원에 이의신청서를 내면 판사가 재판을 통해 판결해준다는 것이다. 친절하게도 그 경찰은 자신의 경찰번호까지 일러주고 자신이 현장에서 확인했다는 사실을 써도 된다고 했다.

당시 미국 생활이 생소했던 우리 세 식구에겐 모든 것이 문화적 충격으로 다가 왔다. 그래서 별일 없이 하루하루를 살아가는 것만으로도 다행이라고 여기는 때였다. 30불의 벌금을 물지 않기 위해 법원에 소송을 내고 판결을 기다리는 일은 다소 번거롭고 두려운 일이었다. 하지만 억울했다. 그깟 35불 포기하면 되지 하고 생각했다가도 시간이 갈수록 그대로 넘길 수 없다는 생각이 점점 강해졌다. 그래서 용기를 내서 소송에 도전 해보겠다고 마음을 먹고 집에 돌아와 아이들에게 오늘 있었던 일과 소송에 관한 얘기를 들려 주었다.

"근데 엄마 어떻게 소송을 하는 건지 아세요?"

"잘 몰라. 잘못된 부분을 써서 법원에 신청해야겠지. 아마 엄마 학교 형들에게 배워야 할 거야."

"엄마 그럼 한 번 해보세요. 엄마는 잘못한 게 없는데 벌금을 무는 건 억울하잖아요."

마음은 먹었지만 영어도 서툰데다가 법률용어와 절차도 잘 모르는 상태에서 친구들의 도움에만 기대어 서류를 만들어 법원에 제출하는 일은 심한 부담감으로 다가왔다. 그런데 아이들에게 내 권리를 포기하는 나약한 모습을 보여줄 수는 없었다.

"너도 엄마 도와줄 거지?"

그렇게 며칠에 걸쳐 사진 찍고 지도도 그리고 이의제기 서류를 힘들게 완성했다. 나는 직접 법원에 가서 이의신청을 하였고 그로부터 2, 3개월이 지난 후, 마침내 법원으로부터 내가 주차위반 범칙금 30불을 물지 않아도 된다는 통보를 받게 되었다. 나의 정당함이 인정된 것이다.

"우리 엄마 이겼다!"

박수를 쳐주는 아이들 앞에서 나는 내가 자랑스러웠다. 잘 알지도 못하는 곳에 와서 사소한 일이지만 내게 가해진 부당함에 문제제기를 하고 이긴 것이다. 그날 내가 그냥 포기하고 돌아갔다면 나는 나를 도와준 경찰도 만나지 못했을 것이고 내 권리도 인정받지 못했을 것이다. 특히 우리 아이들에게 어디에서든 자신의 권리를 당당하게 지키는 방법을 배우게 할 수 없었을 것이다.

그 때 우리 아이들은 엄마를 통해 부당한 상황에서 두렵고 귀찮더라도 포기하지 않고 합리적인 문제제기를 할 수 있는 용기를 낸다면 자신의 권리를 지킬 수 있다는 것을 몸으로 느끼고 배웠다.

세상을 당당하게 살아가는 자녀로 키우고 싶다면 부모가 스스로 자신의 권리를 정당하게 지키며 당당하게 살아가는 모습을 보여줘야 한다.

사실 우리나라에서는 부모나 선생님 혹은 어른들에게 문제제기를 하는 아이를 건방지게 대든다고 나무라고 비난한다. 게다가 아이들도 성적을 올리는 것이 우선이지 자신의 권리를 정당하게 지켜내는 일 같은 것은 나중 문제로 미루어 버린다. 하지만 인생에 있어서 성적보다도, 어른들의 권위보다도 중요한 것은 자신의 권리를 인정받고 보장받는 것이다.

어려서부터 합리적인 방법으로 자신의 권리를 지키는 방법을 배운 아이들은 세상에 대한 믿음을 가지고 행복하게 살아갈 수 있을 것이다. 권력이 있건 없건, 학식이 높건 낮건 인간의 권리는 동등하고 모든 사람의 권리는 공평하게 존중되어야 함을 아이들에게 가르치는 일은 부모의 중요한 임무 중의 하나다.

부모의 변하지 않는 색

멘토로서 부모가 갖춰야 될 중요한 덕목 중의 하나가 한결 같아야 한다는 것이다. 주변 상황에 흔들리지 않고 분명한 소신과 철학을 가지고 살아야 한다. 굳이 말을 안 해도 생활을 통해서 부모가 어떤 사람인지를 느끼게 하고 부모의 철학과 가치관이 자녀들에게 스며들게 하는 것이 멘토로서 부모가 가져야 할 중요한 자세다.

내가 말한 것과 내가 실천한 것이 늘 완벽하게 맞지는 않는다.

그렇지만 부모들은 세상을 살아가는 자신의 모습을 일관성을 가지고 자신만의 색깔과 향기로 만들어 가는 노력을 반드시 해야 한다. 오랜 기간 동안 자녀에게 스며든 부모의 색깔과 향기는 자녀에게도 비슷한 색깔과 향기로 스며들게 되고 그것은 의식적이든 무의식적이든 자녀의 삶 속에 남아 중요한 영향을 끼치게 된다.

부모가 일관성을 깨고 그 전과 전혀 다른 모습을 보여줬을 때는 오류를 인정하는 자세가 필요하다. 부모도 실수할 수 있고 실수했을 때에는 어떻게 그것을 인정하고 해결하는지를 보여줄 수 있어야 한다. 그래야 아이가 우리 부모가 어떤 철학과 원칙을 가지고 어떤 것들을 지키며 살아가는지를 정확히 알 수 있게 된다.

아이들이 살아가면서 부딪히게 될 삶의 소용돌이 속에서 힘들어하고 방황하게 되더라도 잠재되었던 부모의 색깔과 향기가 자녀에게 어려움을 헤쳐 나갈 용기와 지혜를 선물할 수도 있을 것이다. 부모의 일관성 있는 삶의 태도는 자녀가 어려움에 처해 있을 때 더 빛을 발하게 될 것이다.

아이들 눈엔 부모가 어떤 색깔일까? 아쉽게도 많은 아이들이 부모의 색깔을 모르고 산다. 부모의 색을 알 수 없다는 것은 시시때때로 변하는 부모의 모습 때문이다. 강자 앞에서는 약하고 약자 앞에서는 강한 척 하는 부모. 권력 앞에서 한 없이 비겁해지는 부모. 집 안에서와 집 바깥에서 달라지는 부모. 합리적인 기준없이 자신의 기분에 따라 관대해졌다 엄해졌다 종잡을 수 없는 부모. 이런 부모를 보면서 아이들은 정신이 없다. 어느 것이 진짜 우리 부모인지 알 수가 없다. 아이는 점점 부모의 색을 자신에게 맞추기 위해 눈치를 보게 된다. 그리고 결국 자신의 색도 잃어버린다.

일관된 태도. 어떠한 상황에서도 뚜렷한 철학과 가치관을 가지고 한결같이 살아가는 부모의 모습에서 아이는 세상을 대하는 합리적이고 정의로운 원칙과 방법을 배울 것이다. 부모는 아이가 자신을 관찰하고 있으며 언제 어느 곳이든 자기의 모습과 행동이 아이에게 학습되고 있다는 사실을 잊어서는 안 된다.

실패를 두려워 말라 - The worst is Nothing

"내가 너 그럴 줄 알았다. 너는 왜 맨날 그 모양이니?"

아이가 실패할 때마다 부모가 비난하고 무시한다면 아이는 다시는 무엇을 해보려 하지 않는다. 지금 실패하지 않으면 나중에 절대로 실패하지 말아야 할 때 실패하는 아이로 만든다. 자라는 아이는, 어릴수록 더 많이 실수하고 실패해봐야 한다. 실수를 통해 자신을 돌아보게 하고 실패를 통해 자신을 이기는 방법을 알게 해야 한다.

나는 내가 하고 싶은 일이나 알고 싶은 것은 절대로 내 머릿속에만 가지고 있지 않는다. 그것을 반드시 끄집어 내서 구체적으로 알아보고 필요하면 직접 실행해보면서 내 것으로 만든다. 두렵지 않은 사람이 어디 있겠는가. 그러나 머릿속에만 있는 생각은 그저 한낱 공상일 뿐이다. 세상의 모든 경험은 아무리 힘들고 어려운 것일지라도 결국은 무엇인가를 얻게 해준다. 경험한 시간만큼 배울 수 있다. 무엇인가를 시도하고 도전하는 과정에서 부딪히는 문제들을 통해 자신을 단련하고, 문제해결을 위해 해결책을 찾아가는 과정을 통해 부족한 부분을 채워 가면서 차곡차곡 삶에 대한 신뢰와 확신을 쌓아가게 되는 것이다.

실패는 끝이 아니라 한 단계 높은 도전의 시작이다. 실패에서 얻은 경험이 있기 때문에 과거와 똑같은 조건에서가 아니라 실패에서 얻은 경험만큼 성장한 단계에서 또 다시 시작할 수 있는 것이다. 그래서 실패는 결코 인생에서 손해가 아니다. 인생의 고난은 누구에게나 온다. 그 고난과 고통의 유일한 해결책은 그것을 해결하는 것이다.

"The worst is Nothing."

내가 어려움에 부딪힐 때마다 마음속으로 되새기는 문장이다. 황무지에서도 꽃은 핀다. 황무지에서도 씨앗만 살아있으면 반드시 싹은 튼다. 아무리 최악의 경우라도, 아무것도 남아있지 않다고 하더라도 실패로 얻어진 경험이라는 씨앗이 살아 있기 때문에 나는 잃은 게 없는 것이다. 세상에 쓸 데 없는 일은 없다.

'멘토(mento)' 라는 말은 원래 호메로스의 서사시에 나오는 오디세우스의 친구 이름 '멘토르' (Mentor)' 에서 유래했다고 한다. 오디세우스는 트로이 전쟁에 나가면서 자신의 아들 텔레마코스의 교육을 친구인 멘토르에게 맡겼다. 멘토르는 오디세우스가 전쟁에서 돌아올 때까지 친구의 아들인 텔레마코스를 20년 가까이 돌봐준다. 그는 텔레마코스에게 아버지로 선생님으로 그리고 친구로 옆에 있어주었다. 그후 멘토르라는 말은 한 사람의 인생을 돌봐주고 이끌어주는 지혜와 믿음의 스승과 같은 말로 여겨졌다.

내 자녀에게 가장 좋은 멘토는 어떤 멘토일까? 그것은 아이가 도전하기를 주저하지 않게 해주는 사람이다. 실패를 두려워하지 않고 스스로 도전하는 모습을 삶을 통해 보여주는 사람이다. 삶에서 살아남는 기술이 아니라 살아가는 방법을 가르치는 이가 진짜 멘토다. 이제 아이가 도전하고 또 도전하게 하자.

부모 이노베이션

3장

부모의 세상읽기와
미래교육

어린이 교육은
과거의 가치 전달에 있는 것이 아니라
미래의 새로운 가치 창조에 있다
· 존 듀이 ·

창조와 공감의 시대

숙련된 기술이 요구됐던 산업사회를 지나 우리는 지식과 정보의 힘을 중요시 하는 지식정보화사회를 살아가고 있다. 우리나라에서도 어느 순간부터 '정보화의 물결'이니 '지구촌 시대' 같은 말들이 유행처럼 번지기 시작했고 정보통신의 기술의 발달이 선진국으로 진입하는 열쇠로 여겨졌다. 당연히 분야별 전문가와 정보 능력이 뛰어난 지식근로자가 요구되는 사회였다. 그러나 이제 세상은 지식정보사회를 뛰어넘는 새로운 변화의 바람이 불고 있고 급속도로 진행 확산되고 있다.

앨빈 토플러(Alvin Toffler) 이후, 최고의 미래학자로 꼽히는 다니엘 핑크(Daniel Pink)는 『새로운 미래가 온다 A Whole New Mind』에서 세계는 새로운 시대인 하이컨셉(High Concept), 하이터치(High Touch)의 시대로 들어서고 있다고 진단하였다.

그에 따르면 하이컨셉이란 예술적, 감성적 아름다움을 창조하는 능력이다. 패턴과 기회를 감지하고, 예술적 미와 감정의 아름다움을 창조해내며, 훌륭한 이야기를 창출해내고, 언뜻 연관이 없어보이는 아이디어들을 결합해서 새로운 것을 창조해내는 능력이다. 또한 하이터치는 다른 사람의 공감을 이끌어내는 능력이다. 다른 사람과 공감하고, 미묘한 인간관계를 잘 다루며, 자신과 다른 사람의 즐거움을 잘 유도해내고, 목적과 의미를 발견해 이를 추구하는 능력이다.

다니엘 핑크는 특히 우뇌의 능력에 주목한다. 좌뇌는 몸의 오른쪽을 통제하며, 순차적이고, 본문 해석에 강하며, 세부적으로 분석하는 논리, 연산, 언어, 분석능력이다. 반면 우뇌는 몸의 왼쪽을 통제하며, 동시적이고, 문맥 해석에 강하며, 큰 그림을 그리는 종합 능력이다. 우뇌는 독창성, 개인간의 소통능력, 본능적인 직관, 상상력, 남을 즐겁게 하는 능력, 재치 등을 포함한다.

지식정보화시대로 불리웠던 우리 시대는 정보를 잘 다루고 분야별 전문성을 효과적으로 발휘하는 사람이 성공하고 인정받는 지식근로자의 시대였다. 이런 지식근로자시대에 주목받은 인재들은 좌뇌 주도형 사고가 뛰어난 사람들이었다. 우리들이 흔히 선망했던 직업인 의사, 변호사, 회계사, 엔지니어 등과 같은 전문직 종사자, 즉 화이트 칼라로 진입하기 위해서는 전형적인 좌뇌형 사고를 측정하는 시험들을 통과해야만 했다. 이는 논리력과 분석력을 요구하고 하나의 정답을 골라내야 하는 시험이다.

그러나 앞으로의 시대에는 이것만으로는 충분치 않고 그동안 소홀히 여겨왔던 예술적, 심미적 재능, 즉 우뇌형 재능이 필요하다. 논리적, 분석적 활동을 관장하는 좌뇌만이 아니라 직관, 감성, 공감능력을 관장하는 우뇌가 더욱 주목받는 시대인 것이다.

미국의 경우 기업의 인사담당자들이 과거에는 MBA(경영학 석사학위) 소지자들을 선호했지만, 이제는 MFA(미술학 석사학위)가 가장 인기있는 자격조건이 되고있고, 예술대학원 지원자 수도 급격히 증가하고 있다고 한다.

새로운 시대에는 분석이 아니라 통합능력, 큰 그림을 볼 줄 아는 능력, 공감능력, 웃음, 유머, 물질적 풍요를 넘어선 정신적 만족감, 의미가 중심을 이루게 된다. 그렇다고 좌뇌형 능력이 필요하지 않다는 것은 아니다. 좌뇌형 능력은 여전히 앞으로도 유효하며 반드시 필요한 능력이다. 그러나 그것만 가지고는 안 된다. 미래사회가 요구하는 것은 좌뇌와 우뇌, 양쪽 모두를 활용하는 새로운 통합적 사고이다.

세계에서 가장 큰 미래문제 연구집단인 덴마크의 코펜하겐 미래학연구소 소장 롤프 옌센(Rolf Jensen)은 정보화사회 다음에 도래할 미래사회를 '드림 소사이어티(Dream Society)'라고 제시한 바 있다. 롤프 옌센은 미래사회를 꿈과 감성을 파는 사회로 파악하고 미래에서 이야기가 갖는 힘에 주목한다. 그는 미래는 데이터나 정보가 아닌 이야기가 바탕이 되는 사회이며 따라서 성공하기 위해서는 이야기꾼이 돼야하고 미래의 전쟁은 컨텐츠의 전쟁으로 문화와 이야기의 전쟁이 될 것이라고 주장하였다.

또 드림 소사이어티를 움직일 감성시장에 여섯 가지 시장이 있다고 소개하고 있는데 모험의 시장, 연대감과 친밀감, 우정과 사랑의 시장, 관심의 시장, 나는 누구인가(who-am-I) 시장, 마음의 평안을 위한 시장, 신념을 위한 시장이 그것이다. 롤프 옌센이 말한 드림 소사이어티 사회는 결국 감성과 스토리텔링의 사회로 물질적 가치보다는 감성적 풍요와 개성의 성취를 유의미하게 보고 있다.

다니엘 핑크의 하이컨셉 하이터치 사회와 롤프 옌센의 드림 소사이어티 모두 감성적 창조능력과 공감을 이끄는 능력을 중요한 시대의 화제로 삼고 있다. 확실히 세계는 이러한 변화의 흐름 속에 놓여 있으며 기업과 개인 모두 이러한 미래사회의 화두를 어떻게 성공적으로 실현시킬 것인가를 치열하게 고민하고 경쟁하고 있다.

상황이 이런데도 많은 부모들은 아직도 자녀들에게 의사나 변호사의 꿈을 주입시키거나, 일류대 일류기업만을 향해 달리도록 독려하고 있다. 이것은 하나의 낡은 관성이다. 일종의 매너리즘이다. 우리 아이들이 주인으로 살아갈 하이컨셉과 하이터치, 꿈의 시대를 생각한다면 부모들의 뼈저린 각성과 사고의 혁신,그리고 세상의 변하에 대한 진지한 사색이 필요한 시점이다.

부모 이노베이션

융합(convergence)은
창조의 용광로

최근 메디치 가문의 부의 경영이 새롭게 주목받으며 TV 광고에
까지 나오고 있다. 메디치 가문은 15~16세기 이탈리아 피렌체
공화국의 평범한 중산층이었다가 은행업으로 상당한 부를 축적하
게 된다. 메디치 가문은 축적된 부를 기반으로 예술가, 철학자, 학
자들의 여러 분야에 걸친 공동 작업을 후원하기 시작했다.

　메디치 가문을 필두로 당대 여러 가문들이 예술가와 학자, 철학
자들을 후원하자 피렌체에는 화가, 건축가, 시인, 음악가, 철학자,
조각가, 과학자, 금융가들이 대거 몰리기 시작하였다. 이들은 서
로 교류하면서 전공분야의 벽을 허물고 협력하기 시작했는데 이
로 인해 피렌체 공화국을 중심으로 전 유럽에 문화와 예술의 부흥
기, 이른바 '르네상스' 시대가 시작하게 된다. 역사상 가장 뛰어
난 창조의 시대였던 르네상스가 바로 서로 다른 분야의 결합과 융

합으로 만들어진 것이다.

그 뒤 이처럼 서로 관련이 없는 다른 영역과 분야, 문화가 만나 기존과는 다른 혁신적인 새로운 결합과 창조를 이뤄내는 것을 '메디치 효과(Medici Effect)'라 부르게 되었다. 메디치 효과의 대표적인 예로 아프리카 짐바브웨에 위치한 이스트게이트 센터 (Eastgate Center)를 들 수 있다. 가장 더운 아프리카에서 이 빌딩은 에어컨을 따로 설치하지 않아도 내부 온도가 항상 24도로 일정하게 유지되는 것으로 유명하다. 어떻게 이러한 일이 가능했을까?

이스트게이트 센터는 환경 건축가 믹 피어스(Mick Pearce)가 아프리카 흰개미집에서 착안해 지은 건물이다. 그는 흰개미들이 큰 일교차에도 불구하고 내부 온도와 습도를 일정하게 유지하도록 개미집을 짓는 것을 관찰하고 연구하여 이를 응용하였다. 개미집처럼 건물 옥상에 구멍을 뚫어 뜨거운 공기를 자연스럽게 배출할 수 있도록 만들고 건물 바닥에도 구멍을 뚫어 찬 공기를 건물로 끌어들였다. 이처럼 피어스는 건축과 자연 생태계 두 분야를 놀라운 통찰력으로 결합시킴으로써 혁신적인 아이디어를 창조할 수 있었다.

자연계의 생명체가 가진 뛰어난 힘을 모방하는 연구를 '생체모방공학(Biomimetics)'이라 하는데 자연의 뛰어난 능력을 인간 생활에 적용 가능한 형태로 만들어내는 연구이다. 최근 생체모방공학은 가장 많이 활용되는 분야인 건축분야뿐만 아니라 로봇공학

부모 이노베이션

이나 의학, 자동차산업 등 사회의 많은 분야에서 활용되고 있다. 이것은 고성능 다기능의 사회인 하이테크에서 더 나아가 21세기 미래사회의 특징인 기술과 감성의 융합으로 만들어지는 창조적 하이컨셉을 의미한다. 미래사회는 경계를 뛰어넘어 서로의 연관을 생각하고 하나로 녹여 합쳐내는 융합의 창조적 힘을 요구한다.

이제 세계는 '융합(convergence)의 시대'다. 세계 각국은 융합 기술을 새로운 성장 동력으로 인식하고, 이미 선진국을 중심으로 주도권을 잡기 위한 융합산업의 본격적인 경쟁이 펼쳐지고 있다. '융합의 시대'에서 요구하는 덕목은 무엇보다 포용력이다. 각각의 다른 종들의 차이를 극복하고 장점을 결합하는 능력이 우리에게 필요하다.

21세기는 개방과 다양성의 시대이기도 하다. 인류 역사를 보면 개방과 다양성을 존중함으로써 강국이 된 예를 쉽게 찾아 볼 수 있다.

1000년 동안 로마가 번성한 데는 이방인들에게 시민권을 부여한 인종적 개방과 기독교 등 다양한 종교를 받아들인 개방과 포용 정책이 있었기 때문이다. 또 칭기스칸의 몽골제국이 세계 역사에서 유일하게 유럽과 아시아를 통일할 수 있었던 것도 열린 태도를 가지고 타 민족의 종교에 대해 관용을 베풀 것을 강조하였으며 여러 다양한 민족들의 물질적 문화적 교류에 장애가 되었던 장벽들을 허물었기 때문이다. 당시 역참제가 신설되었고 문명과 문명 간의 경계들이 무너져 대륙 간 교역은 번성했으며 대상(隊商)들의 통로는 더욱 안전해지고 빈번해졌다. 또 가까운 예로 미국은 이민자들을 적극 받아들이고 이들에게 자유와 기회의 땅을 제공하여 20세기 이후 최대 강국이 되었다. 사람들은 이런 미국을 '다양한 인종의 차이를 녹이는 용광로' 란 말로 표현하기도 한다.

우리나라는 현재 다인종 다민족 사회로 빠르게 변화하고 있다. 이제 어디서든 '다문화가정' 의 이웃을 쉽게 만날 수 있다. 해마다 코시안(Kosian)들의 출생이 계속 늘어가고 있고 외국인 등록인 수가 100만명을 넘는 UN이 정한 이민국가다. 중요한 것은 우리나라가 단일민족이라는 민족적 폐쇄성에서 벗어나 그들을 진정한 우리 사회의 구성원으로 존중하고 인정할 때 함께 발전하는 사회를 만들어 갈 수 있다는 사실이다.

미래의 개방과 다양성의 시대를 살아가기 위해서는 무엇보다 획일적 사고를 지양하고 다양하고 상대적인 문화를 인정해야 한다. 미래를 살아갈 우리 아이들에게 남겨줘야 할 것은 1등으로 가는 길이 아니다. 다양한 문화를 만나게하고 이를 즐길 수 있게하며 나아가 새로운 문화로 다시 태어나게하는 21세기 네트워크형 실크로드일 것이다.

초경쟁의 시대

사실 우리 아이들이 성인이 되어 세상에 나갔을 때 그 세상이 어떻게 되어있을지 알기란 쉽지 않은 일이다. 세상은 지금 이 시각에도 시시각각 변하고 있기 때문에 어쩌면 그 누구도 정확한 예측이 불가능하다고 할 수 있다. 단지 그럴 수도 있겠다고 감만 잡을 뿐이다.

내가 대학에 입학할 당시만 해도 대부분의 사람들이 대한민국이라는 조그만 나라에서 잘 먹고 잘 사는 것을 꿈꾸며 열심히 공부해 대학을 갔다. 그래서 대한민국에서 최고의 인재가 된다는 것은 성공이라는 말과 같은 의미로 이해됐었다. 하지만 지금 우리의 자녀가 자라서 활약할 세상은 이 작은 나라 대한민국이 아니라 글로벌 세상이다. 우리 아이들이 더불어 살아가야 할 사람들이 5천만의 대한민국 사람들만이 아니다. 익숙한 문화와 역사적 배경을 갖고 있어 쉽게 공감할 수 있는 그런 사람들이 아니라, 언어도 다르고 문화도 역사도 취향도 민족적 뿌리도 다른 70억의 지구촌 사람들과 미래를 함께 해야 한다. 때문에 나와 정말 다른 사람들을 이해하고 품어줄 수 있는 역량을 가져야 하는데 그것이 바로 소통과 공감의 역량이다. 우리는 언어적 소통뿐만 아니라 정보의 소통도 할 줄 알아야 한다. 세상의 변화를 감지하고 받아들이며 변화의 파도를 즐길 수 있는 사람이 될 수 있어야 한다.

우리의 자녀들은 본격적으로 '글로벌 시민(Global Citizen)'으로 살아가야 한다. 생물학적 뿌리는 대한민국 국민이지만 구체적인 개인은 글로벌 시민이다. 글로벌 시민으로 세계와 마주해서 그에 맞는 더욱 확장된 역할을 맡고 살아가야 하는 것이다.

새로운 시대에는 서로 모르는 사람끼리 서로 화합하면서 살아가면서도 각자 자신들의 이익을 추구해서 살아남아야 하기 때문에 경쟁의 강도는 더욱 심할 수밖에 없다. 글로벌 경쟁에서 살아남아야 하는 기업들은 회사의 생존을 위해 필요한 인재라면 국적과 출신배경에 상관없이 받아들인다. 한국 기업이 한국인만을 뽑지 않는다고 불평하는 사람은 아무도 없다. 인재전쟁의 시대가 온 것이다. 좋든 싫든 우리의 자녀들은 글로벌 인재시장에서 차별화될 수 있는 능력을 준비해야 하는 그런 세상으로 진입하고 있다.

세계는 초경쟁(hyper competition)의 시대로 돌입했다. 초경쟁의 '초'의 의미는 경쟁의 규모가 커지는 '슈퍼(super)'가 아니라 경쟁이 지나치게 치열해서 누구와 경쟁해야 하는지 예측불허

한 상황이라는 의미의 '하이퍼(hyper)' 라는 의미를 가지고 있다. 이런 초경쟁의 시대는 세 가지 특징이 있다.

하나는 경계가 없다는 것이다. 전자제품을 만드는 회사와 과자를 만드는 회사가 서로 경쟁관계가 될 수도 있다. 상식적으로 이해하기 힘들지만 그 둘은 실질적으로 경쟁관계가 되기도 한다.

어렸을 적 나는 집에 오신 손님이 용돈을 주시면 엄마에게 뺏기기 전에 조금이라도 빨리 동네 구멍가게로 뛰어가 과자를 사먹곤 했다. 그러나 요즘 아이들은 돈을 주면 문방구를 가거나 과자를 사먹기 보다는 컴퓨터로 온라인에서 게임머니를 구입하거나 음악을 다운받고 돈을 모아서 게임기를 산다. 우리 학원의 아이들도 상으로 상품권을 주면 가장 좋아한다. 부모님 모르게 온라인으로 게임머니를 살 수 있게 해주는 가장 완벽한 선물이 상품권이기 때문이다. 이제 현실적으로 전자회사와 과자회사는 경쟁관계일 수밖에 없는 셈이다. 이젠 모든 세상에서 경쟁을 할 수밖에 없는 미친 경쟁의 시대인 것이다. 경계는 무너졌고 전혀 다른 분야의 결합과 융합이 상상을 초월하고 있다.

두 번째 특징은 변화의 빠른 속도다. 세상의 변화를 가장 쉽게 볼 수 있는 것이 핸드폰이다. 핸드폰의 신제품 교체 주기는 날이 갈수록 빨라져 현재 2~3개월로 단축되었다. 최신 휴대폰이어서 샀는데 소비자가 어느 정도 휴대폰에 적응이 된 순간 더 좋은 성능의 휴대폰이 출시되는 사례를 쉽게 볼 수 있다. 세상은 우리가 정신을 차릴 수 없을 정도로 바뀌고 있다. 이제 신중한 선택과 결정으로 실패를 최소화하는 것이 더 이상 최선이 아닌 것이 되버렸다. 이제 핵심은 타이밍이고 속도다. 흐름을 읽지 못하고 망설이다 기회를 놓치면 다음 기회는 오지 않는다. 그냥 사라지고 마는 것이다.

세 번째는 불확실성이다. 불확실한 것은 예측이 어렵다. 지금 성공한 사업이 내년에도 성공하리란 보장이 없다. 예전엔 소니하면 워크맨, GM하면 자동차 하고 딱 떠오르는 전문적인 자기 영역이 있었는데 이제는 그렇지 않다. 기업마다 주력 사업이 있었는데 지금은 전 세계의 기업들이 자기의 주력 사업을 선뜻 얘기하기가 어렵다. 삼성전자가 여러 가전제품이나 반도체 등을 잘 만들어내고 있지만 지금 또 다른 주력상품을 만들어내기 위해 깊은 고민을 하고 있을 것이다. 과거에 맹주라고 할 수 있는 기업들의 특성은 사라지고 결국은 누가 어떤 분야를 어떻게 차지할 줄 아무도 모른다. 2000년대 세계 25대 기업으로 이름을 올렸던 기업이 2007년도에 7개밖에 남지 않았다는 사실은 우리에게 충격을 준다. 우리가 예전에 성공했다고 알던 회사가 사라져 가고 전혀 생각지 못한 회사가 생겨나고 있는 현실이다.

반면 구글이나 애플, 페이스북, 아마존 이런 기업들은 역사는 짧지만 엄청난 성장을 보이며 영향력을 발휘하고 있다. 극단적으로 말해 수다를 떨다가 만들어진 페이스북이라는 회사는 거의 광고 수익만으로 운영이 되고 있다고 한다. 대단한 발상의 전환이고 사회의 변화다. 그만큼 한 기업의 가능성은 우리가 생각하는 상식

부모 이노베이션

을 초월하고 있다.

초경쟁 시대에는 경쟁이 치열한 정도를 넘어 경쟁의 대상이 모호해졌다. 눈에 보이지 않는 상대와도 경쟁을 해야하는 엄청난 스트레스를 안고 살아야 한다. 산업 간 융합(convergence)이 전 범위에서 이루어지고 있는 경계를 허무는 경쟁에서 이제 하이컨셉의 기업이 아니면 살아나기 힘들게 되었다. 또한 너무 빠르게 변화하는 흐름에 한 번 뒤처지면 도태되기 쉽다.

이러한 초경쟁 시대에서는 승자독식이 만연한다. 그러나 그것은 예전에 장기간 승자가 되는 과거의 승자독식이 아니라 이동독식의 시대를 의미한다. 블루오션(blue ocean)이라는 미개척 시장에 먼저 진입해 승자가 되었다 하더라도 영원한 승자가 될 수는 없다. 곧 시장은 수많은 경쟁자들이 합류하는 레드오션(red ocean)이 될 것이며 끊임없이 혁신하고 이동하지 않으면 성공을 지속할 수 없다.

최근 구글이 모토로라를 인수했다. 전세계 정보를 수집해 새로운 가치와 이익을 창출하겠다는 생각으로 출발한 구글이 최근 10년 동안 인수한 기업은 100개나 된다. 대부분 구글 안의 서비스로 통합되거나 유튜브(YouTube)와 같은 핵심서비스로 발전한 경우도 있지만 직접 하드웨어를 생산하지 않던 구글이 가장 유명한 모바일 기기 생산업체인 모토로라를 인수한다는 것은 세계 IT시장과 스마트폰 경쟁에 큰 지각변동을 일으키는 일이다.

특히 삼성과 같은 우리나라 IT기업은 당황하는 기색이 역력하다. 이건희 회장은 긴급 회의를 소집해 위기의 상황을 벗어나기 위해 핵심 대안을 찾을 것을 요구했다. 소프트웨어 역량을 강화하기보다 고성능 다기능의 하드웨어를 개발해 단기 이익에만 주력했던 기업들이 뒤늦게 정신을 차리기 시작한 것이다. 이제라도 과감한 선택과 투자에 아낌이 없어야 할 것이다.

초경쟁의 시대는 기업에게만 벌어지는 환경이 아니다. 인간의 삶에서도 미래사회의 환경은 똑같다. 우리 아이들의 미래세계는 너무나 빠르게 변화할 것이며 불확실한 현실은 학문과 직업, 문화의 경계가 무너져 통합적 사고를 요구할 것이다. 이 복잡하고 변화무쌍한 미래에서는 변화를 예측하는 힘을 길러야 한다. 새로운 정보능력을 활용해 자신이 잘 할 수 있는 경쟁력 있는 가치를 만들어나가야 한다. 이전에는 남들보다 뛰어난 것이 제일이었다면 이제는 남들과는 다르고 새로운 것이 차별화된 경쟁력이다. 자신만의 색깔로 의미있는 불균형을 더욱 불균형하게 만드는 일에 대한 끊임없는 시도가 절실히 필요하다.

초경쟁의 시대에는 끊임없는 혁신과 창조, 열린 사고의 패러다임이 요구된다. 더 이상 성을 쌓고 자신의 영토에서 나온 수확물로만 살아가는 정착민의 사고로는 미래를 준비할 수도 성공할 수도 없다. 이제는 성을 허물고 새로운 땅을 찾아 끊임없이 움직이는 유목민의 사고로 살아갈 때다.

부모 이노베이션

거미의 시대가 오다

〈개미와 베짱이〉라는 이솝의 우화를 모르는 사람은 거의 없을 것이다. 우화 속에서 '개미'는 더운 여름에도 땀 흘려 부지런히 일하며 겨울을 준비하는 성실한 인간형의 표본으로 등장한다. 반면 '베짱이'는 남들이 열심히 일할 때도 게으름을 피우고 몰래 혼자서 놀러 다니며 노래나 하면서 흥청망청 산다. 마침내 겨울이 되어 갈 곳도 먹을 것도 없는 한심한 베짱이가 얼어 죽을 지경이 되자 땀 흘린 대가로 풍부한 먹을거리와 재산을 갖게 된 개미가 도와주거나 아니면 찾아온 베짱이를 내쫓는 이야기다.

이 이야기는 성실하게 일하지 않으면 결국 베짱이처럼 굶어죽을 지경에 이를지도 모른다는 사회의 경고다. 그래서 사회의 모든 구성원은 개미의 정신으로 미래를 위해 언제나 열심히 쉬지 말고 노동해야 한다고 말한다. 이것은 노예의 시대와 근대 산업사회를 거쳐 오면서 경제성장과 발전을 위해 사회의 구성원에게 요구된 자세였다. 그때까지는 이렇게 성실하게 묵묵히 일하는 개미가 유능한 인재였다. 제멋대로 즐기고 게으름 피는 베짱이는 사회를 갉아먹는 존재였다.

그러나 20세기 자본주의가 고도로 발전하면서 자본주의의 심각한 부작용이 사회 곳곳에서 드러나고 개인의 인권과 자유가 요구되어지면서 조금씩 시대가 요구하는 다양한 인간형이 나타나기 시작하였다. 한 예로 우리나라에는 1980년 처음 『잠잠이』로 번역 소개된 미국의 유명한 작가 레오 리오니(Leo Lionni)의 그림책 『프레드릭(Frederick)』을 보면 여태껏 우리가 알던 개미와 베짱이의 모습이 확실히 달라져 보인다.

그림책 속 들쥐 식구들은 다가올 겨울을 걱정하며 밤낮없이 열심히 일한다. 그러나 단 한 마리 프레드릭만은 함께 일하지 않고 떨어져 앉아 자신만의 '일'로 게으름을 즐긴다. 겨울이 되자 먹이를 넉넉히 모은 들쥐들은 처음엔 행복해하지만 긴긴 겨울 점점 먹이가 떨어지고 힘들어진다. 모두들 이야기조차 없어진 겨울날, 그러다 누군가 프레드릭에게 여태 모았다는 프레드릭만의 양식을 보여달라고 하자 프레드릭은 여름내 모아두었던 햇살과 빛깔과 이야기를 풀어놓고 다른 들쥐들은 프레드릭을 보며 시인이라고 감탄한다. 그렇게 들쥐 가족들은 프레드릭과 함께 겨울을 견딘다.

이 이야기에서 프레드릭은 베짱이처럼 게으르고 한심한, 사회의 도움이 되지 않는 존재로 표현되지 않는다. 프레드릭이 햇살과

부모 이노베이션

빛깔과 이야기를 모으는 '일' 을 할 동안 다른 들쥐들은 그를 이상하다고 여길지라도 무시하거나 싫어하지 않는다. 그리고 겨울이 힘들어지는 순간 프레드릭을 통해 위안 받으며 감동한다. 개미에게서 멸시당하고 쫓겨나기까지 하는, 미래를 준비하지 않는 한심한 게으름뱅이 베짱이가 이 책에서는 예술가로 인정받고 오히려 사회에 감동을 주는 필요한 존재로 표현된다.

이렇게 변화하는 시대의 흐름에 맞춰 20세기에는 개미와 베짱이의 모습과 관계도 조금씩 변화하였다. 대중문화가 꽃피고 개인의 개성과 다양성이 중요시 되면서 개인의 특성을 인정하고 사회 각 분야에서 개인의 능력이 전문적으로 발휘되는 것을 중시하였다. 또한 물질문명의 한계를 느끼기 시작한 20세기에 더 이상 예술은 사치나 게으름이 아니며 영혼을 치유하고 회복하는 안식처로 여겨졌다. 그러나 창조적인 예술가의 사회적 역할을 중요하게 생각하고 개인의 개성과 특성이 인정되었다 하더라도 개미로 대변되는 인간형은 계속 사회에서 요구되어 왔다.

그러나 21세기 우리 시대는 지금까지와는 전혀 다른 모습으로 또다시 변화하고 있으며 앞으로 그 변화의 속도와 폭이 더욱 커질 것이다. 이제는 개미와 베짱이로 나뉘었던 이분법적인 인간형이 아닌 전혀 다른 창의와 통합의 인간형이 나타나 빠르게 확산되고 있다. 바로 거미의 인간형이다. 사회는 더 이상 열심히 일만 하는 개미를 원하지 않는다. 노래밖에 할 줄 모르는 베짱이를 원하지도 않는다. 시간과 거리에 구애받지 않고 전 세계에 자신의 거미줄을

칠 줄 아는 사람. 그 거미줄을 통해 어떤 정보와 지식이든 얻을 수 있고 자신의 필요에 따라 마음대로 고를 수도 있으며 선택한 정보와 지식을 다양하게 활용할 수 있는 사람. 그런 거미형의 인간을 원한다.

거미형의 인간은 한 번 엮은 거미줄을 놓치는 법이 없다. 그 줄을 타고 어디든 갈 수 있으며 누구와도 소통가능하다. 바로 다양한 인간관계와 열린사회의 유목민적 사고가 그들의 특징이다. 그들은 머무르는 법이 없으며 언제나 변화하고 발전한다. 거미줄의 시냅스(synapse)를 통해 세상의 수많은 정보와 변화의 신호를 분석하고 통합하여 새로운 것을 창조한다

미래를 꿈꾸는 우리 자녀들은 과연 어떤 유형의 인간인가.

12학년 겨울방학 때, 큰아이가 백인 친구 다섯 명을 서울 집으로 데려온 적이 있다. 사실 동양인이 백인 친구를 사귀기란 그렇게 쉽지만은 않은 일이다. 그런데 아이는 친구들을 다섯이나 우리나라로 초대해 왔다. 더구나 그 중 한 친구는 같은 학교 학생도 아니고 다른 주에 사는 아이였다. 그 친구는 7학년 때 큰아이가 듀크대 영재선발시험, TIP(Duke Talent Identification Program)에서 전국 1% 안에 들게 되었는데, 그 학생들만을 위한 듀크대 여름캠프에 참여했을 때 잠깐 만난 친구지만 캠프가 끝나고도 계속 좋은 관계를 유지해 오고 있었다.

한국을 방문하기 전까지 큰아이의 친구들은 한국이란 나라를

부모 이노베이션

막연히 북한과 군사적으로 대치하고 있는 다소 불안한 나라이자 친구기혁이의 나라 정도로 이해하고 있었고, 우리의 역사나 문화, 생활환경에 대한 이해가 거의 없는 상태였다. 그래서 큰아이는 친구들에게 한국을 꼭 알려주고 싶었다고 한다. 미국 사회에서는 아직도 '코리아' 하면 '노쓰 코리아(North Korea)'를 먼저 떠올리며 대부분 한국에 대해 가난하고 호전적인 나라라는 부정적인 인식을 먼저 한다. 그래서인지 한국 방문에 친구들의 부모들은 걱정이 많았다고 한다. 그러나 큰아이의 친구들은 한국에 머무는 동안 한국 문화의 매력에 완전히 빠져버렸다.

김치는 전혀 입에 대지도 못했던 아이들이 나중에는 즐겨 먹게 되었 당시 큰 인기를 얻고 있던 가요 〈노바디(Nobody)〉를 흥얼거리며 원더걸스의 열렬한 팬이 되었다. 외출했다 들어오면서 'Wow!'를 외치는 아이들을 보며 나는 혼자서 키득거리곤 했다.

미국으로 돌아가는 그 아이들의 배낭에는 하나같이 원더걸스의 앨범들이 들어있었다. 아이들은 미국으로 돌아가서는 12학년 학교 행사에서 원더걸스 노바디의 노래와 춤을 연습해 발표하고 UCC까지 올렸다. 여담이긴 하지만 사실 나는 그때 K-POP의 미래를 먼저 볼 수 있었다.

큰아이 친구들은 짧은 여행을 계기로 관심과 정보의 부족으로 왜곡될 수 있었던 우리나라 '코리아'에 대한, 특히 역사와 문화에 대한 편견을 버리고 새로운 인식을 갖게 되었다. 그 친구들은 또 다른 친구들에게 적극적으로 코리아를 알렸고 그 중 두 명은 현재

고려대학교에서 교환학생으로 공부 중이다. 그 친구들이 큰아이와 함께 오지 않았다면 한국 유학을 생각이나 했을까?

큰아이의 가장 큰 강점은 이렇게 자신과 다르지만 다양한 사람들과 서로 관계 맺기를 잘 하고 지속적으로 그 관계를 발전시키는 네트워킹을 잘 한다는 것이다.

"앞으로의 시대에는 무엇보다 관계 능력이 중요하다. 누군가를 만나서 이야기를 나눌 때 적어도 세 번 이상은 그 사람의 이야기를 비판하지 말고 먼저 들어봐라!"

나는 이 말을 10여 년 전부터 아이들에게 누누이 강조해 왔다. 네트워킹의 기본은 관계 맺기다. 이 관계 맺는 역량은 공감하는 능력, 소통하는 능력, 타문화를 이해하는 능력, 전인적인 품성들과도 연결된다.

21세기 우리 한국인에게 절실히 필요한 것은 이 같은 네트워킹 능력이다. 네트워킹을 잘하면 한국인의 우수성을 쉽게 보여줄 수 있다. 국민 한 사람 한 사람이 외교관인 시대가 온 것이다. 글로벌 사회에서는 네트워킹형 삶이 절대적으로 요구되지 않을 수 없다. 그럼에도 지금 우리의 관계역량은 미약하기 그지없다. 대한민국이 선진국이 못된 것은 머리가 나빠서가 아니라 바로 이 관계역량이 부족한 탓이기도 하다.

우리나라는 무역 의존도가 가장 높은 나라 중의 하나다. 그런데 우수한 컨텐츠가 있음에도 결국 관계 맺는 역량이 부족하기 때문

부모 이노베이션

에 우리의 상품을 효과적으로 팔 수 없는 문제가 발생한다. 우리 한국인이 만나고 호흡을 나눠야 할 세계인은 단지 친구로서의 관계만이 아니다. 서로 이익을 주고받기도 하고 또 함께 이익을 창출해야 하는 관계이기도 하다. 자유무역협정인 FTA라는 변화의 소용돌이를 지나고 있는 이때 우리의 관계역량은 더욱 절실하다.

네트워킹에 능란한 거미형 인간이 되려면 무엇보다 시대 변화의 흐름을 잘 읽어야 한다. 단순 지식정보의 사회를 지나 이제 미래는 다니엘 핑크의 예측대로 하이컨셉 하이터치의 시대가 되고 또 롤프 옌센의 예측처럼 드림 소사이어티가 형성되어 있을 것이다. 사람과의 관계능력과 공감능력을 겸비한 네트워킹형 인간이 성공할 수 밖에 없다. 전 세계로 뻗어나갈 수 있는 네트워킹 능력이 절대적으로 필요한 시점임을 부모들이 먼저 자각해야 한다.

미래인재의 조건

의학박사이자 컴퓨터 바이러스 백신 기업 '안철수 연구소' 의 창업자이며 현재 서울대학교 융합과학기술대학원장으로 있는 안철수 교수는 21세기 시대의 바람직한 인재상으로 '끊임없는 배움으로 자신의 한계를 넓혀가는, 차가운 머리와 뜨거운 가슴을 가진 A자형 인재' 를 얘기한다. 안교수가 말하는 A자형 인재란 깊은 전문성과 폭넓은 지식과 인성을 갖춘 T자형 인재의 역량에 다른 사람에게 자신의 지식과 경험을 전달할 수 있는 커뮤니케이션 능력을 더해 강조한 인재형이다.

원래 T자형 인재는 일본 도요타에서 나온 말로 자신의 분야에만 능통하던 I자형 인재에 대한 대안으로 나온 개념이다. 안철수 교수는 이러한 I자형과 T자형의 인재상에서 한 걸음 더 나가 지식과 감성을 전달하고 이해하는 소통의 능력을 중요시 한다.

부모 이노베이션

우리는 모두 우리 아이가 사회에 나가 훌륭한 인재로 커주길 바란다. 그러나 지금 우리가 생각하는 인재는 어떤 상인가? 좋은 기업에 들어가 돈도 많이 벌고 폼나게 사는 엘리트? 공부를 많이 해서 공상과학영화에 나오는 과학자처럼 세계 발전에 기여하는 괴짜 박사? 아니면 가끔 TV에도 출연하고 신문에 글도 내는 교양 있는 교수님?

미래의 인재는 그런 모습이 아니다. 일단 어떤 직업을 선택하는 문제가 아니다. 미래가 요구하는 인재는 우리 세대의 눈으로 보아선 안 된다. 지금까지 인재란 특별한 능력을 갖춘 뛰어난 몇몇이었지만 앞으로의 인재는 주변에서 만날 수 있는 평범한 우리 아이와 친구들 누구든 될 수 있을 것이다.

미래학자 다니엘 핑크의 견해에 따르면 하이컨셉의 시대를 주도하는 인재는 우뇌형 재능을 갖고 다른 사람들과 감정적인 공감대를 형성할 수 있는 재능을 소유한 사람이다. 하이컨셉 시대는 '양쪽 뇌를 모두 사용하는 새로운 사고'를 가진 인재를 요구한다.

앞에서도 봐왔듯이 하이컨셉은 예술적, 감성적 아름다움을 창조하는 능력, 트렌드와 기회를 감지하는 능력, 훌륭한 스토리를 만들어내는 능력, 언뜻 관계가 없어 보이는 아이디어를 결합해 뛰어난 발명품으로 만들어내는 능력과 관계가 있다.

하이터치는 마음의 공감을 이끌어내는 능력, 인간관계의 미묘한 감정을 이해하는 능력, 어떤 사람의 개성에서 다른 사람을 즐겁게 해 주는 요소를 도출해내는 능력, 평범한 일상에서 목표와 의미를 이끌어내는 능력과 관계가 있다. 이제는 노래하고, 시를 쓰고, 디자인하고, 사람의 감성을 움직이는 재능이 필요한 세상이 되었다.

다니엘 핑크는 '미래 인재의 여섯 가지 조건'으로 디자인, 스토리, 조화, 공감, 놀이, 의미 부여를 제시한다. 이러한 미래형 인재의 조건들을 간단히 살펴보자.

첫째, 디자인 능력

새로운 시대에는 단순히 기능이 훌륭한 하이테크(hightech)만으로는 충분치 않다. 디자인으로 승부해야 한다. 시각적 아름다움이나 심리적 행복감, 좋은 감정을 줄 수 있는 상품과 서비스를 만들 수 있는 능력을 갖추어야 한다.

과거에 특정 직업 영역에서만 필요했던 디자인 능력이 이제는 직업의 종류와 상관없이 필요하다. 예술적인 감수성이 요구되고 있다. 예전에는 한 번 구입으로 10년은 보장되는 가전제품을 광고했다. 그러나 지금은 해마다 계절마다 새로운 디자인의 제품들이 쏟아져 나온다. 이제 사람들은 품질 좋은 에어컨을 들여놓는 것이 아니라 보기 좋고 세련된 감각으로 디자인 된 에어컨을 거실에 꾸며 놓는다. 미래 인재는 디자인 능력으로 자신과 타인을 차별화할 수 있어야 한다.

얼마 전 미국 경제지 〈포춘(fortune)〉은 '최근 10년의 최고경영자'로 애플사의 스티브 잡스(Steve Jobs)를 선정했다. 아이팟,

아이폰 등으로 독자기술이나 원천기술 없이 디자인과 소프트웨어만으로 지난 10년간 IT산업을 지배했다는 것이 선정의 이유였다. 애플은 고객이 무엇을 원하는지 고객의 경험과 체험을 디자인으로 구현했다.

이처럼 디자인은 단순한 모양 바꾸기가 아니라 높은 기술력을 담아내는 미학적 그릇이 되었다. 이제 핵심은 디자인이다. 우리 아이에게 미적 체험과 아름다움을 모는 미학적 시각의 중요성을 알게 할 때다.

둘째, 스토리 창조 능력

얼마 전 온 세계는 미디어를 통해 영국의 보잘 것 없던 외판원 폴 포츠(Paul Potts)의 노래를 듣고 감동하였다. 그의 노래도 훌륭했지만 사람들은 그의 험난했던 인생역정과 그 극복 스토리에 더 많이 감동했다. 머리의 총상을 이겨낸 미국의 가브리엘 기퍼즈(Gabrielle Giffords) 의원이 투표를 위해 의회에 나온 모습도 많은 이를 감동시켰다. 이 또한 죽음의 순간을 이겨내고 의원으로서의 모습을 지켜나가는 그녀의 도전에 모두가 감동했기 때문이다. 이것은 모두 단순한 사실, '팩트(fact)'를 뛰어넘는 감동의 '스토리(storty)'가 있기 때문이다. 미래는 이러한 스토리텔링의 시대가 될 것이다.

이제 사람들에게 다가가는 힘은 단순한 재미나 사실만이 아니라 재미와 더불어 시대와 조화를 이루고, 동시대인들과 공감하며,

삶의 의미를 제시하는 콘텐츠에 있다. 게임 산업만 해도 스토리 구성이 중요한 기초가 됨을 익히 보아왔다.

우리는 인터넷과 소셜미디어로 더욱 가속화된 네트워킹의 시대에 접속만 하면 엄청난 이야기를 만날 수 있고 직접 창조하기도 하며 서로 주고 받는다. 가히 스토리텔링의 시대가 아닐 수 없다. 이 스토리텔링의 시대에서 중요한 능력은 선택과 공감의 능력이다, 어떤 이야기를 선택하여 다른 사람과 감동을 공유할 수 있는가가 중요해졌다. 단순한 주장과 자료만으로는 이제 아무도 설득할 수 없기 때문이다.

스토리텔링의 시대 부모의 역할은 무엇일까? 그것은 아이에게 풍부한 경험을 하게하고 자신의 눈으로 세상을 이해하게 하는 일이다. 유연한 사고로 자기만의 이야기를 만들어 낼 수 있어야 한다. 부모는 자녀가 자신의 개성과 색깔을 찾을 수 있도록 도와주어야 한다.

셋째, 조화 능력

산업화 시대 및 정보화시대에서는 일을 전문적으로 집중하는 것이 중요하게 여겨졌다. 그러나 이제는 전문화된 개별분야를 연결시킬 수 있는 조화가 더 강조된다. 미래의 인재에게 요구되는 능력은 분석이 아니라 통합이다. 이는 큰 그림을 볼 수 있고 새로운 전체를 구성하기 위해 서로 다른 개별을 결합할 수 있는 능력을 말한다.

부모 이노베이션

조화가 중요시 되면서 무엇보다 서로를 관계 맺는 능력과 경계를 뛰어넘는 사고가 요구된다. 하나의 현상을 다양한 측면에서 이해하고 종합하는 능력과 서로를 연결해 새로운 무엇을 만들어내는 조화와 통합이 중요해졌다.

권위적이고 일방적인 사회적 관계에 익숙하게 살아 온 한국인들은 남과 다른 것을 쉽게 받아들이지 못한다. 자신에게 익숙하지 않은 상황이나 주장들을 '다르다'고 판단하기 보다는 '틀리다'고 평가해버리는 경향이 있다. 미래사회에서는 익숙하지 않은 것, 남과 다른 것을 받아들이고 인정할 수 있어야 한다. 자신을 다른 사람과 조화시키고 넓은 눈으로 큰 그림을 그려낼 줄 알아야 한다. 특히 다민족국가로 변화해가는 대한민국에서 다양한 역사, 문화적 배경을 가진 이민자들과 합리적으로 소통하며 행복하게 살아가기 위해서는 나와 다른 것을 폭넓게 받아들이는 조화능력이 절실한 때이다. 전체를 위해 자신의 익숙함을 접고 기존의 틀을 녹여내는 과정에서 아픔을 기꺼이 감수하는 마음가짐이 필요할 때다. 무한경쟁에 빠져 이기적인 우리 아이들이 가장 먼저 배워야 할 능력이기도 하다.

넷째, 공감 능력

미래 사회를 이야기하면서 가장 중요하게 생각하는 것이 공감과 소통이다. 세상은 하루가 다르게 변화하고 미래의 바다 앞에 놓여진 사람들은 홀로 불안한 파도타기를 하고 있다.

필요하다는 것은 역설적으로 부족하다는 말이다. 서로와 서로가 이해받기 어려운 개인적 개별적 사회에서 진심으로 필요한 것이 소통이며 공감이다. 넘쳐나는 정보와 지식으로 누구나 전문가인 시대에 오히려 서로를 이해하고 배려하며 마음을 읽어내는 공감의 능력이 필요한 시대가 되었다.

공감 능력은 자신을 다른 사람의 처지에 놓고 생각하며 그 사람의 느낌을 직관적으로 이해하는 능력을 말한다. 공감은 인간이 다른 인간을 이해하는 수단이며, 국가와 민족을 초월해 사람들을 연결해 주는 보편적 언어이다. 다니엘 핑크는 공감의 능력을 "21세기 노동시장에서 생존하는 데 필요한 작업적 기술 이상의 의미를 갖고 있다"라고 말하였다.

지금 어떤 것이 필요한지 마음을 열고 들어주고 말해줄 때 상대방은 비로소 움직인다. 공감과 소통에서 중요한 것은 역시 적극적 경청의 문제다. 우리 아이를 잘 듣는 사람으로 키워내는 것은 그래서 중요하다.

다섯째, 놀이 능력

모든 것이 진지하고 엄격한 산업사회의 가부장제에서는 웃고 즐기기엔 시대가 암울했으며 나이와 직책, 계급의 관계가 중요시 되는 권위의 시대였다. 그러나 앞으로의 사회는 경계가 없어지고 통합되며 네트워킹의 관계가 중요시되는 사회다.

이러한 시대는 즐겁지 않으면 움직이지 않고 다른 사람도 움직일 수 없다. 미래사회는 즐거움과 유쾌함을 만들어내는 능력이 경쟁력이 되는 시대다.

놀이와 유머는 상황을 새롭게 만들며 창조적인 해석을 가능하게 하고 삶을 여유있게 만들어 사기를 높이고 권위를 부순다. 이것은 또한 소통의 급을 한 단계 올려주고 언어보다 빠르게 정서적 공감을 얻어 낼 수 있다.

최근 직장이나 학교에서는 업무와 학업의 스트레스와 현실에서 맞게 되는 좌절감들을 다스리고 극복하기 위해 다양한 방법이 모색되고 있다. 관심있는 분야의 동아리 활동이나 소셜 네트워크를 통한 카페활동 등을 통해 스스로 관계를 맺고 놀이와 재미를 찾는다. 대중매체에서 유명한 MC들도 엘리트 아나운서보다 소통할 줄 아는 유쾌한 개그맨이 더 각광을 받는다.

잘 놀 줄 아는 아이가 잘 산다.

여섯째, 의미 부여 능력

물질에 대한 욕구로 가득했던 산업시대를 건너오면서 사람들은 이제 삶의 가치를 물질에 두지 않으려 한다. 사람들은 더 이상 물질만 가지고 행복하지 않은 것이다. 유사 이래 가장 풍요로운 시대를 살아가는 이 때 아이러니하게도 사람들은 다시 되묻는다.

"나는 무엇 때문에 사는가? '

"나는 지금 행복한가?"

이제 사람들은 자신에게 의미없는 일들을 하기를 거부한다. 자신을 행복하게 해줄 수 있는 일이 설사 아주 작고 보잘 것 없는 일이라 하더라도 그 일에 더 큰 의미를 부여한다.

다니엘 핑크는 이렇게 의미를 부여하는 능력을 미래인재의 중요한 능력으로 꼽는다. 현재 무슨 일을 하든지 간에 의미를 찾고 또 만들어내는 능력이 중요하다는 것이다. 내가 단순히 노동할 것인가, 아니면 새로운 가치를 창조할 것인가를 결정하고 의미부여하는 것이 중요하다. 의미부여 능력은 자신의 자존감을 지키며 세상을 행복하게 살아가기 위해 가장 필요한 능력이다.

이윤추구가 최고의 선인 기업조차도 이윤창출을 위해 기업이미지를 생산하고 기업의 상품을 소비할 때마다 몇 퍼센트는 사회환원을 하겠다는 방법 등을 써서 소비자가 마치 그 기업의 상품을 소비할 때마다 의미있는 일을 하고 있다고 착각하게 만들어 소비를 권장하는 영리한 마케팅을 벌이기도 한다.

나는 매일 출근할 때마다 거울을 보며 스스로를 격려한다. 내가 지금 나가는 곳은 단순한 학원사업의 장이 아니고 아이들을 가르치는 교육의 장이라고 내가 나에게 의미를 확인한다.

"나는 교육자다. 나는 행복하다. 누군가 한 사람의 인생의 변화에 도움을 줄 수 있다면 그 일은 위대하다. 나는 오늘도 아이들에게 세상의 변화를 알도록 해주고 가슴 속에 있는 시크릿을 찾을 수 있도록 도와줄 것이며 그 과정에서 겪게되는 어려움을 함께 할 것이다. 나는 선생님이다. 선생님이란 먼저 배운 사람이다. 나는 세상을 두려워하지 않을 것이다. 도전하고 부딪힐 것이다. 그 모습이 아이들에게 긍정적 영향이 될 것을 믿는다."

지치고 힘들 때마다 나는 더욱 나에게 의미를 확인하는 셀프이미지 트레이닝을 한다. 내가 어떤 모습으로 어떻게 살아가고 있는지 나와의 대화를 하면서 나의 삶의 의미를 되새기곤 한다.

아이들에게도 이처럼 자신을 돌아보고 자신에게 스스로 의미를 부여하는 훈련을 하게 하는 것이 중요하다. 그럴 때 아이는 세상을 긍정적으로 살아가고 자신을 소중하게 생각하며 삶의 목표를 잊지 않을 것이다. 중요한 것은 무엇을 하느냐가 아니라 무엇을 위해 하느냐이다. 이제 부모들은 아이들에게 무엇이 되라 하기보다는 어떻게 살 것인가를 물어야 한다.

소셜미디어시대의
도덕적 정체성

최근 들어 한 번쯤은 'TGIF'라는 말을 들어본 적이 있을 것이다. 트위터(Twitter), 구글(Google), 아이폰(iPhone), 페이스북 (Facebook)의 첫 이니셜을 조합한 단어가 바로 TGIF다. 이 낯선 단어는 우리 시대를 이해하는 새로운 키워드가 되었다. TGIF는 디지털 시대의 소통을 화두로 삼고 있다. 특히 자신의 의견과 생각을 자유롭게 표현하고 소통할 수 있는 새로운 형태의 소셜 미디어인 트위터나 페이스북은 큰 위력을 발휘하며 사람들의 일상생활뿐 아니라 삶의 방식까지도 바꿔가고 있다.

통계에 의하면 라디오가 첫 방송을 시작한 이래 이용자가 5000만 명에 이르는 데는 38년이 걸렸고, 텔레비전은 13년, 인터넷은 4년, 아이팟(iPod)은 3년이 걸렸다고 한다. 반면 페이스북은 1년도 안 되는 기간에 약 2억 명이 가입했다. 올해로 서비스를 시작한 지 7년째인 페이스북은 현재 전 세계적으로 약 6억 명의 이용자를 확보하고 있는 것으로 알려졌다.

소셜 미디어가 우리 사회에 미치는 영향력도 점차 커지고 있다. 기업들은 소셜 미디어를 이용해 직원을 채용하고 신제품을 홍보하기도 하고 서비스도 제공한다. 소비자들도 소셜 미디어를 적극 이용해 제품의 사용후기와 추천 글을 올리고 서로 정보를 공유하며 제품구입을 결정한다. 경제 환경뿐만 아니라 정치영역에서도 소셜 미디어는 새로운 시민 사회의 소통 방법을 제시한다. 선거와 정치쟁점에 결정적 영향을 미치기도 한다. 이제 소셜 미디어는 사회 전반에 걸쳐 뿌리내리고 있다.

지금처럼 소셜 미디어의 네트워킹이 보편화되고 전 세계적으로 그 영향력이 퍼져나가는 글로벌 사회에서 개인에게 가장 중요한 것은 무엇보다 윤리적 판단과 도덕적 자기 정체성의 확립이다.

최근 너무나 손쉽게 해로운 동영상이나 사제 폭탄을 만들어 개인적인 목적으로 설치한다거나 범죄적 해킹 행위들까지 사회적 범죄가 자주 발생하고 있다. 이러한 현상들은 기능을 모르거나 지식이 없어서 나타난 것이 아니다. 오히려 너무나 많아서 생기는 병폐이기도 하다.

옳고 그른 것을 구별하고, 옳지 않은 일을 하지 않고, 옳은 일을 용기 있게 행하는 것이 도덕성이라면 자기 정체성의 핵은 도덕성이다. 너무나 빠르게 변화하는 세상에서 자신의 정체성을 찾지 못하고 무엇이 옳고 그른지 판단하기 힘든 때 부모는 아이에게 중심을 잡아줘야 한다.

부모의 역할이 너무나도 중요하다. 아이의 도덕성은 우선적으로 가정에서 길러지기 때문이다. 아주 쉽게 상황에 따라 말을 바꾸는 부모, 아이들 앞에서 버젓이 거짓말을 하는 부모, 약속을 지키지 않는 부모, 자신의 감정에 따라 다른 태도를 보이는 부모. 이런 일관되지 못하고 합리적이지 못한 부모에게서 정직하고 정의로운 아이가 나올 수 없다.

아이들은 부모에게서 행동 판단의 기준을 배운다. 그 판단의 기준이 물리적 힘이 되는지 자신의 이익이 되는지 진실이 되는지는 바로 부모의 행동으로 결정된다. 도덕심과 예의를 갖추고 사려심이 깊은 아이로 성장한 아이가 나중에 미래사회에서도 공감하고 소통하는 전인적 인격체로 살아갈 것이다. 이것은 아이가 태어나면서부터 지속되어온 교육의 전 과정에서 이루어진다.

그렇다면 이미 많이 자라버린 사춘기의 청소년들은 어떻게 해야 할 것인가. 사실 이 친구들이 곧 사회로 진출하여 소통해야 할 아이들이기에 올바른 도덕적 정체성을 갖게 하는 일이 더 시급하고 절실하다.

사소하고 부수적인 일로 중요한 부분이 다칠 수가 있는 때가 청소년기다. 청소년기의 아이들이 본질에서 벗어난 일들을 가지고 영향을 받고 흔들리고 하는 것은 아이가 아직 미성숙의 단계이기 때문이다.

인간이 성숙해질 때가 언제인가? 망나니 아들도 결국은 엄마가

부모 이노베이션

아프다거나 아니면 다른 엄마의 처절한 상황을 알게 되면, 엄마를 살려야겠다, 내가 이렇게 살면 안 되겠다, 나 아니면 이걸 해결할 수 없겠다고 생각하며 행동이 바뀐다. 목표가 생기는 그 순간부터 아이는 바뀐다.

아이가 어릴 때는 부모의 태도와 모습을 바꾸면 아이도 쉽게 변화시킬 수 있지만 사춘기 시기의 아이들은 부모가 바뀐다고 해서 쉽게 변화하지는 않는다. 부모는 아이를 바꾸지 못한다. 아이는 아이 스스로 바뀌어질 뿐이다. 어른들의 몫은 아이 스스로가 바뀔 수 있는 환경을 제공하는 일뿐이다. 사람은 절대로 남에 의해 변화하는 존재가 아니라 스스로 변하겠다는 결심을 해야 변화한다.

따라서 자녀의 도덕성과 정체성을 올바로 확립하기 위해서는 부모가 일찍부터 부모의 역할을 알고 아이가 성숙한 인간이 될 수 있도록 도와주는 것이 제일 좋다. 그러나 잘 안 됐다 하더라도 포기하지 않아야 한다. 부모는 그때부터라도 아이가 자신의 궤도를 찾을 때까지 끊임없이 지속적으로 옆에서 지켜봐주며 도와주어야 한다. 선생님이나 외부의 도움을 받든 GTI 검사처럼 자신을 객관적으로 평가하고 들여다 볼 수 있는 방법을 동원하든 아이가 자기를 성찰할 수 있는 도구와 자극을 제공하고 소통해야 한다.

자기 도덕성과 정체성이 제대로 서 있는 아이가 소셜 미디어 사회의 수많은 정보와 이야기의 홍수 속에서도 올바른 선택과 관계를 맺을 수 있게 된다. 은밀하고 치명적인 유혹으로부터 자신를 지키고 건강한 사회인으로 살아갈 수 있도록 아이와 부모가 함께 노력하다 보면 아이는 어느 순간 봇물처럼 터져 당당하게 자신만의 물길을 만들어 미래의 바다로 흘러갈 것이다. 그렇게 바다로 흘러 갈 강물의 줄기가 될 것인지 고여서 사회의 썩은 물이 될 것인지, 지금도 우리의 아이들은 자신을 시험하고 선택하며 결정하고 있다. 그 어느 시기보다 부모들이 정신을 바짝 차려야 한다.

부모 이노베이션

스마트시대의 자녀교육

내가 교육사업을 하고 있어서인지 기업체의 CEO들을 만나게 되면 꼭 이런 질문을 던지게 된다.

"그 회사는 인재를 어떻게 뽑으세요? 어떻게 하면 그 회사에 들어갈 수 있나요?"

일종의 직업병인 셈이다. 그런데 내가 만나본 CEO들 중 학벌이 중요하다고 얘기하는 사람은 아무도 없었다. 오히려 이런 대답이 되돌아오곤 했다.

"이제는 학벌타파의 시대입니다. 학벌이 뭐든 인종이 뭐든 우리는 회사를 살릴 수 있는 사람을 뽑습니다."

깜짝 놀랄 인식의 변화가 아닐 수 없다. 더 이상 학력만으로 인재를 선별하고 결정하지 않겠다는 회사들의 인재 선발의 방향과 방법들은 신선하기까지 하다.

당신의 과거를 찢어라

○○○○ 신입사원 모집엔 서류전형이 없습니다

당신의 실력과 열정을 보겠습니다

한 조간신문에 게재된 신입사원 모집광고다. 이 광고는 그날 아침 나에게 신선한 충격으로 다가왔다. 나이와 학력을 걸러내는 서류심사 없이 오직 그 사람이 갖고있는 창의적 역량을 보겠다는 의지를 보여주고 있다. 이 회사의 공개채용에 9000명 가까운 지원자가 몰렸다고 한다.

대학들도 이제는 심층면접의 방식으로 신입생 선발을 많이 한다. 흑백사진처럼 자신의 색도 갖지 못한 채 오로지 단편적 지식을 쌓은 학생보다 3D의 입체적 역량을 가진 학생을 선발하겠다는 사회적 변화를 볼 수 있는 흐름이다.

요즘의 기업들은 신입사원을 선발하기 위한 면접에서 대개 정답이 없는 오픈성 질문을 던진다. 신입 아나운서 채용을 위한 한 방송프로그램에서도 보았듯이 자기소개를 말로 하라고 주문하지 않는다. "나는 누구입니다." 이게 아니다. 면접관들은 제한된 시간 안에 창의적인 방법으로 자신을 표현할 것을 주문한다. 똑같은 시간을 주고 아무것도 제시하지 않은 동일한 조건하에서 얼마만큼 효과적으로 자기를 설명할 수 있는지 미션을 주는 것이다.

"어떤 대통령을 원하는가?"

"맨홀 뚜껑은 왜 둥근가?"

부모 이노베이션

언뜻 들으면 말도 안 되는 것 같은 질문을 던지고는 그만이다. 물음을 던지는 사람은 참 쉽다. 정답이 없는 질문을 하는 사람은 편하지만 그 대답을 하는 사람들은 고역이다. 답변자들은 대답을 통해 서로 적나라하게 비교가 된다. 개인의 문제해결 능력이나 창의력을 명확하게 볼 수가 있다.

지금 기업들은 인재들을 뽑을 때 그냥 단순히 뭘 많이 알고 있는지의 질문이 아니라 어떻게 해결할 것인지에 대한 솔루션, 어떤 난관에 대한 각자의 창의적인 해결 방법을 묻는다. 기업들이 인재를 뽑는 방법은 앞으로 더 많은 진화가 이루어질 것이다.

한 기업이 인재를 뽑는 가장 큰 목적은 결국 딱 하나이다. '문제의 해결.' 우리 회사가 부딪치는 문제를 누가 해결할 능력이 있는가? 어떻게 창의적으로 해결할 것인가를 회사는 눈여겨 본다. 한 연구소의 리서치에 의하면 세계적 기업의 CEO들이 잠 못 이루는 가장 큰 원인이 사람, 즉 인재 때문이라고도 한다.

학벌이나 점수에 얽매여서 자기만의 빛깔을 만들고 창의적 문제 해결력과 미래역량을 키우는 데 소홀했던 아이는, 일류대를 졸업하고 일류기업에 입사했다 하더라도 시한부 직원이 될 수밖에 없는 것이 현실이다. 어쩌면 2~3년 후에는 스스로 도태되어 다른 직업을 모색할지도 모른다.

점수나 지식의 양으로 승부하는 시대는 갔다. 어떤 난관에 부딪혔을 때 다른 사람과 차별화된 창의적인 솔루션을 꺼내놓을 수 없다면 그 사람의 역량은 인정받기 어렵다. 그런 점에서 무조건 시킨 일만 열심히 했던 'work hard'의 시대는 막을 내렸다.

지금 우리사회는 이름하여 스마트시대다. 일도 'smart'하게 해야 한다. 일도 상황의 변화에 맞게 능동적이고 창의적으로 대처해야 하는 'work smart'의 시대이다.

우리 사회는 그동안 점수 잘 만들어내는 아이들이 높이 평가받는 기능 중심의 사회였고 학교 교육 역시 기능 중심의 교육이었다. 그러나 무조건 열심히 공부하란 말은 이제 큰 의미가 없다. 공부의 양이 아니라 공부의 목표와 방법이 차별화 돼야 한다.

청소년기에 방황하는 아이들을 만나보면 공통점이 있다. 대개가 공부에 상처받은 아이들이다.

"1등을 못하는구나. 대학을 못 가겠구나."

5등을 하든 50등을 하든 이런 고민을 똑같이 한다. 그러면 아이가 공부 이외의 것에서 위로를 받으려고 할 수 밖에 없다.

대한민국 학생치고 노력해 보지 않은 아이가 어디 있겠는가. 자기가 해볼 노력은 다 해본다. 꼴등도 1등과 마찬가지로 노력하고 있다고 얘기한다. 가능성이 있고 없고를 떠나서 아이들이 어떤 형태로든 자신의 목표를 세우고, 자신의 인생을 풍요롭게 하는 무엇인가를 다른 발상으로 모색해야 한다.

그래서 요즘에는 그것을 탈피해보려는 적극적인 움직임들이 있다. 창의 인성 교육의 필요성을 말하는 여러 견해들은 교육이 기능 중심에서 역량 중심으로 가야한다는 것을 보여준다. 기능 중

부모 이노베이션

심의 사회에서 길러진 인간이 새로운 시대의 요구에 이제 더 이상 부응할 수 없음을 우리는 사회 곳곳에서 확인할 수 있다.

여기서 역량이라는 것은 어떤 분야에 한정된 능력을 의미하는 것이 아니다. 나 자신을 관리할 수 있는 것이 진정한 역량이다. 사람을 다루는 것도 역량이고 어떤 분야에서 전문성을 발휘하는 것도 역량이다. 한마디로 'all round', 전인적인 창의성과 인성을 기르는 것이 정말 중요하다. 이러한 역량과 함께 하지 말아야 할 일과 해야 할 일들을 판단하고 그것을 실천할 수 있는 자기 정체성 확립도 중요하다.

나는 학원의 아이들에게 누누이 강조한다.

"최상급의 아이들은 열심히 공부하는 사람이 아니다. 남과 똑같은 방법으로 더 잘하려고 열심히 노력만 하는 사람도 아니다. 최상급의 학생은 더 잘하기 위해서 자기 주도적으로 남과 다른 방법을 찾아내고, 나만의 방법을 만드는 창의적인 학생이다"

이제 개인의 역량은 겉으로 보이는 그 무엇이 아니다. 보이지 않는 그 무엇을 어떻게 자기만의 방법으로 꺼낼 수 있느냐, 그것을 어떻게 만들어낼 수 있느냐에 의해 좌우된다.

나는 그동안 미래사회에 대한 궁금증과 갈증을 해소하기 위해 다양한 책들을 읽으면서 많은 미래학자들의 강의를 듣고 보았다. 어떤 때에는 "아, 정말 그렇구나!" 하고 번쩍 눈이 뜨이기도 했다. 대학원 미래교육학 수업을 통해 나는 새로운 미래를 꿈꾸었고 기대했다. 그것은 나를 또 한 번 도전하게 하는 계기가 되기도 했다. 세상의 주소가 'WWW.'으로 확 바뀔 것이라는 말은 실체가 되었다. 나는 그렇게 미래 세상에 대한 궁금증과 설레임을 안고 더 앞선 나라 미국에 가서 우리 보다 좀 더 일찍 와 있던 미래의 세상을 경험했다. 공부를 마치고 돌아온 한국에서는 내가 미국에서 이미 경험한 미래 사회의 변화들이 똑같이 시작되고 있었다. 마치 데자뷰를 보는 듯 했다.

"앞으로는 오픈소스를 활용하여 무엇이든지 배울 수 있다. 미래의 학생들은 책보다는 인터넷을 통해 더 많은 정보를 얻게 될 것이다. 결국에는 암기교육의 종말이 올 것이다. 나의 지식을 어떻게 남과 다르게 쓸 수 있는가를 고민하는 것이 더 중요해진다."

미래학자들은 이런 예측들을 벌써 15~20년 전부터 들려주었다. 실제로 내가 미국에서 공부할 때 학교에서 처음 필수로 이수해야 했던 과목이 커뮤니케이션이었다. 미국의 대학은 모든 학생들에게 커뮤니케이션 과목을 공통과목으로 반드시 이수하게 하는데 나는 한국에서 석사과정을 마쳤음에도 그 과목을 한국에서 이수하지 않았기 때문에 대학생들과 함께 강의를 들어야 했다. 강의를 통해 나는 이 사회에서 소통하면서 살 수 있는 모든 역량을 키울 수 있는 방법들을 배울 수 있었다. 미국 수업을 듣기 위해 처음에 가장 필요한 리서치하는 방법, 정보를 찾는 방법, 리포트를 작성하는 방법, 인터뷰 방법, 발표하는 방법, 심지어 이력서를 내는 방법과 면접 받는 방법까지 이 세상과 소통할 수 있는 유효한 정보를 활용하는 방법들을 배울 수 있었다.

강의를 시작하면서 제일 먼저 했던 것이 도서관 투어였다. 나는 미국에 있는 유명한 도서관을 데리고 가려나 보다 했더니 그게 아니었다. 투어는 바로 우리 학교 도서관 컴퓨터 앞에 앉아서 하였다. 컴퓨터를 이용해 각 분야의 정보를 어떻게 찾고 어디서 뽑아내고 그림을 카피하고 리서치하는 방법들을 읽히게 했다. 오픈소스를 활용하는 여러 소통의 방법들을 배우게 하는 것이다. 지금은 그렇지 않지만 내가 한국에서 대학을 다니던 80년대에는 도서관에 가면 사서 앞 도서목록법으로 잘 정리된 도서카드를 뒤져 내가 원하던 책과 자료를 찾을 수 있었다. 그런데 미국에서 작은 모니터 앞에 앉아 그 많은 도서를 e-라이브러리(library)로 검색해서 찾아 바로 다운받고 카피하고 프린트할 수 있었다. 그 경험은 내겐 큰 문화적 충격이었으며 꿈꾸던 미래 사회의 복판에 내가 서 있는 것 같은 긴장과 설레임이 당시의 나를 자극시켰다. 미래를 살아갈 수 있는 소통의 방법과 활용능력을 길러주는 교육을 중요한 기초로 삼고 있던 미국 사회의 모습은 내가 미래의 한국 교육에 대해 진지한 성찰을 할 수 있게 하는 데 큰 도움이 되었다.

"대학에서는 많이 알고있는 아이를 뽑는 것이 아니라 상품창조나 지식창조에 강한 아이들을 오히려 뽑으려고 할 것이다."

미래 교육체계에 대한 이런 예측은 현재 우리 사회에서 논의되고 시행되고 있는 입학사정관제의 핵심이기도 하다. 지식을 남과 다르게 활용할 수 있는 사람, 자기 인생을 끊임없이 가치 있게 만들기 위한 열정이 있는 인재를 대학에서 뽑겠다는 얘기다. 그것은 학생의 미래 가능성에 더 집중한다는 의미이기도 하다.

결국 자녀를 교육하고, 학생을 교육하는 데서 중요하게 생각해야 할 핵심은 지식의 습득이 아니다. 요즘에는 지식을 알려고 하면 스마트폰 하나면 충분하다. 그보다 더 중요한 것은 날마다 홍수처럼 쏟아지는 정보들을 어떻게 나만의 방법으로 나의 재산으로 만들고, 어떤 전략 하에서 차별화시킬 것인가이다. 그러기 위해서는 비판적 사고력, 논리적 사고력, 통찰력, 이해력 등을 가르치고 경험하게 하는 교육이 돼야 한다.

문제 해결력, 창의력, 인성교육은 21세기가 필요로 하는 인재상이 과거의 산업사회가 원하는 인재상과는 완전히 다른 것이기에 제기된 화두다. 향후 100년 동안 자기 삶을 영유할 그런 교육을 만들어야 할 오늘날 우리의 교육은 그러나 아직까지 너무 미시적이고 근시안적이다.

자녀의 사고의 틀은 결코 남들이 바꿔주지 않는다. 학교선생님이나 학원선생님에게 돈만 주면 쉽게 해줄 수 있는 것이 아니다. 어느 누구도 못한다. 결국 부모가 아이들을 끄집어내어 좀 더 넓은 세상으로 유도할 필요가 있다. 그러기 위해서는 우선 부모가 먼저 세상을 많이 알아야 한다.

대한민국만큼 교육열이 높은 나라는 없다. 대한민국 엄마들만큼 자녀교육에 열성적이고 희생적인 엄마들도 세상에 없다. 그런 엄마들이, 부모들이 맘만 먹으면 못할 일이 무엇인가. 하고자 하

부모 이노베이션

는 의지와 관심만 있다면 누구나 할 수 있다. 문제는 부모의 학벌이나 능력이 아니다. 부모가 얼마나 세상과 아이 교육에 관심을 가지고 포기하지 않느냐가 중요하다. 부모가 하지 않으면 아이를 감동시킬 방법은 없다. 책을 읽는 부모에게서 책을 읽는 자식이 나오고 관습에 얽매이지 않는 탈권위의 부모에게서 자녀는 예술과 창조의 영감을 얻는다.

부모가 미래를 꿈꾸고 배우지 않는데 어떻게 자식이 미래를 꿈꿀 수 있을까.

한국의 잡스는 언제 나오려나

애플의 신화를 만든 것은 누구나 알듯이 스티브 잡스다. 한 개인의 놀라운 창의성과 리더십이 세계 정보기술(IT)업계의 판도를 바꾸고 세상의 흐름을 주도했다.

　그가 'Think Different'라는 슬로건과 함께 1996년 애플사로 복귀한 이후 내놓은 제품들은 너무나 혁신적이었다. 그때까지 기술과 기능 개발로 시장을 확대하던 다른 기업에 비해 스티브 잡스는 감성적 디자인의 제품들을 선보이며 크게 성공한다. 디지털 음악의 혁명이라고 불리는 아이팟과 스마트폰 시대를 연 아이폰, 그리고 데스크탑 컴퓨터(PC)의 추락을 가져온 태블릿 PC인 아이패드가 그것이다. 이 제품들의 디자인의 핵심은 '집중(focus)'과 '간결함(simplicity)'에 있다. 원형 스크롤 휠 하나로 대표되는 디자인은 단순함을 넘어서 기능의 혁신이었다. 처음 아이팟 디자인

　　　　　　　　부모 이노베이션

을 고민 중이던 애플의 디자이너는 스티브 잡스가 동그라미 하나에 모든 버튼을 다 집어넣으라고 하자 어이없어 화를 냈다고 한다. 더 나아가 애플은 아이폰으로 전세계 스마트폰 시장 점유율 1위를 차지하고 스마트폰의 앱스토어시장을 우선 점거하였다. 썩은 사과라고 불릴만큼 망하기 직전이었던 애플은 스티브 잡스 취임 뒤 10여년 만에 세계 시가총액 1위(3372억 달러 · 약 364조원) 기업이 됐다.

스티브 잡스는 세계에서 가장 영향력 있는 경영자와 리더로 수많은 신화와 전설을 만들어 냈다. 그가 검은색 터틀넥과 청바지를 입고 아이폰과 아이패드의 프레젠테이션을 하며 온 세계의 청중을 사로잡는 모습을 이제 우리는 더 이상 볼 수 없다.

스티브 잡스가 'Think Different'의 슬로건을 걸고 세계 IT시장의 신화를 만들며 몰고 다닐 때 우리나라 삼성의 슬로건은 'Make Different'였다. 소비자가 원하든 원하지 않든 기술 개발에 주력하던 삼성은 '껍데기'만 만드는 일에 몰두하다 뒤늦게 위기를 벗어나기 위해 '바다'를 비롯한 소프트웨어 개발 등 여러 대안들을 내놓고 있다. 한 사람의 리더가 보여주는 비전의 차이가 세계의 흐름을 바꿔놓기도 하고 소니와 같이 침몰하는 기업으로 남기도 한다.

스티브 잡스 말고도 마이크로 소프트사의 창업자 빌 게이츠(Bill Gates), 소셜 네트워킹의 새로운 세상을 만들어낸 페이스북의 창업자 마크 주커버그(Mark Zuckerberg) 등에게서 볼 수 있는 리더와 인재의 모습은 그들 모두 대학 중퇴자라는 사실 하나만으로도 짐작할 수 있다. 미래는 더 이상 학력과 틀에 박힌 지식을 원하지 않는다는 것이다.

변화의 흐름을 간파하고 창의적 비전을 제시하는 미래의 인재는 한국에서도 나올 수 있을까. 교육이 바뀌지 않으면 그것은 불가능하다. 어릴 때부터 문제의 정답이 하나라고 배워온 아이들, 뒤도 옆도 보지 말고 오직 대학입시를 위해 달려가는 아이들. 개인의 차이나 특성은 무시되고 다양한 관심사와 욕구를 묻어야 성공할 수 있는 이런 교육현실에서 어떻게 스티브 잡스가 나올 수 있을까.

미국의 학교와 우리의 학교의 차이는 아이들이 교실 안에서 손을 드는 이유를 보면 알 수 있다. 극단적으로 말하면 우리나라 교실 안에서 손을 드는 이유는 선생님이 내준 문제에 정답을 말하기 위해서다. 그러나 미국의 아이들은 선생님께 질문하기 위해 손을 든다. 질문하지 않는 아이들은 호기심도 고민도 없다. 문제를 쳐다보려고 하지 않는다. 솔루션을 찾으려 하지 않는다. 왜 이렇게 하면 안 되는지 따져 물어보면 건방진 아이라는 호통이 먼저 돌아오는 현실에서 창의력을 말하기는 아직 민망한 일이다.

대학과 기업도 마찬가지다. 대학은 학생이 학문의 깊이를 더하고 경험적 지식을 쌓아 실험적으로 도전할 수 있도록 지원해줘야 한다. 인재를 양성하고 사회에 나가 도전할 수 있도록 이끌어 주어야 한다. 단지 기업의 입맛에 맞는 규격화된 인재를 만들기 위해 스펙을 쌓기에 정신이 없는 대학은 더 이상 대학이 아니라 시장일 뿐이다.

기업은 더 심각하다. 스티브 잡스라는 인재 하나가 애플의 수만 명 직원을 모두 먹여 살린다는 과장 아닌 과장을 보더라도 기업에서 인재를 만나고 리더를 얻는 것은 이제 사활이 걸린 문제다.

큰아이가 콜롬비아 대학교에서 2학년 첫 학기를 보내고 세계 최대의 온라인 유통업체인 아마존닷컴에 인턴십을 신청했을 때의 이야기다. 인턴십 신청이 받아들여져 기혁이는 아마존닷컴과 1차 인터뷰를 해야 했다. 원래는 면접관이 학교로 학생을 찾아오게 마련인데 인터뷰 기간이 기혁이가 한국에 들어오는 시기와 맞물렸다. 겨울방학의 짧은 2주 동안 한국으로 와 있기로 했던 기혁이는 서슴지 않고 한국에 있는 가족을 만나러 가야하기 때문에 그 기간에 인터뷰를 할 수 없다는 메일을 보냈다는 연락에 나는 당황했다. 그러다 인턴십 요청이 취소될까 걱정이 되었다. 그러나 아마존닷컴에서는 아무렇지 않게 본인들이 한국으로 직접 전화를 걸어 아이와 전화 인터뷰를 할 수 있도록 조치를 취해주었다.

결국 큰아이는 한국 집에서 아침 8시에 전화 인터뷰를 하게 되었는데 인터뷰는 미국 현지에서 직접 면접관이 전화를 걸어 무려 1시간이 넘게 진행되었다. 인터뷰는 문제를 던져주고 직접 해결하는 과정을 듣기도 했으며 가상시나리오를 통해 일상적인 문제와 함께 아이에게 직접 코딩을 하게 하여 문제를 해결하는지를 알아보는 등 아이의 상황대처 능력과 창의적 문제 해결력 등을 평가하는 것 같았다. 다음날 다시 아침 8시에 이번에는 어제의 면접관과는 서로 전혀 모르는 또 다른 면접관이 전화를 걸어와 다시 똑같은 방법으로 1시간이 넘는 인터뷰를 했다.

열흘 후 큰아이가 1차를 통과했다는 연락이 오고 2차 인터뷰를 할 시간을 정해야 했다. 그런데 이번에도 아마존닷컴이 정한 시간이 하필 아이가 부산으로 친구를 만나러 가기로 한 날과 겹쳤다. 엄마인 나는 이번에는 아이가 약속을 미루고 인터뷰를 하기를 바랐지만 역시나 아이는 자신이 선약이 있다는 것을 설명하고 다른 시간을 요청했다. 그리고 그 요청은 또다시 받아들여져 아이는 부산을 다녀온 후 2차 인터뷰를 했다. 그 때는 좀 더 높은 직책의 면접관이 전화를 걸어와 인터뷰를 진행했다. 아이는 인터뷰 과정을 모두 마치고 자신감을 많이 갖게 되었다. 생전 처음 해보는 글로벌 대기업의 인터뷰를 당당하게 이끌어 나갔고, 질문에 대한 문제 해결도 잘 해나갔으며, 무엇보다도 합격 여부를 떠나 이번 기회를 통해 자기 인생의 새로운 장을 열었다는 것을 뿌듯해하였다.

얼마 후 아마존닷컴에서 연락이 왔다. 아이가 인터뷰에 좋은 점수를 받았으나 아쉽지만 이번 기회를 주기는 어렵다고 했다. 큰아이는 대기업의 인턴십 기회는 주로 3~4학년들에게 주어지게 된다며 자신에게는 좋은 경험이었고 회사에는 좋은 인상을 남겼으니 후일을 기약하겠다고 했다. 그 뒤 아이는 이 인터뷰를 계기로 이후 다양한 회사들과의 인터뷰를 성공적으로 마칠 수 있었으며,

최종적으로 선택한 회사에서 여름방학 2개월을 배우고 일하면서 1만 달러 정도의 급여를 받게 되었다.

일련의 인터뷰에서 나는 우리 아이도, 그 기업도 이해할 수 없었다. 똑같은 상황이 우리나라에서 일어났다면 우선 학생은 무슨 일이 있어도 인터뷰를 하기 위해 한국행 비행기 티켓을 연기하거나 아예 가지 않았을 것이다. 그리고 기업도 학생이 절박하지 않다고 생각하고 '너 말고도 하고 싶은 사람 많다'는 뜻으로 인턴십의 면접자격을 취소했을지도 모른다. 우리는 그런 예들을 흔히 보아왔고 최선을 다하지 않는 학생을 떨어뜨리는 것은 기업이 당연히 취할 수 있는 일이라고 생각해왔다. 더구나 친구와의 선약 때문에 인터뷰 시간을 변경한다는 것은 상상을 할 수 없는 일이다. 그럼에도 멀리 한국까지 전화를 걸어 인터뷰를 마칠 수 있게 배려하는 기업의 모습은 정말이지 이상했다.

무엇인가. 그것은 한 사회가 소통을 할 때 소모적인 권위를 내세우는 것이 아니라 합리적으로 판단하고 소통하는 사회의 분위기와 태도를 보여준다. 그리고 어떤 힘 앞에서도 당당하게 자신을 보여주고 자존심을 지키는 큰아이를 보면서 얼마나 뿌듯했는지 모른다.

나는 그 모습을 지켜보면서 세계적 기업이 왜 세계적인지 알 수 있었다. 기업은 인턴십조차도 철저하게 관리했으며 한 사람의 인재도 포기하지 않는다. 그들은 인재를 만나고 싶어한다. 자신의 기업에 맞는 인재인지 결정되기까지 절대 그냥 보내지 않는 모습을 보고 인재에 대한 기업들의 치열한 경쟁을 느낄 수 있었다. 인재를 구하고 배려하는 기업 태도에서도 세계적 기업과 우리나라는 차이를 보인다.

권위와 관습으로부터 벗어나지 못하는 기업문화는 창의적이고 혁신적인 미래상과는 거리가 멀다. 만약 스티브 잡스가 우리나라에서 회사를 차렸더라면 비정규직이 되었거나 재벌 회사의 하청을 따내느라 연구 대신 로비를 위해 술자리를 만들러 다녔을 거라는 우스갯소리가 괜히 나온 것이 아니다.

스티브 잡스가 주창한 'Think different'는 습관적 사고와 관습에 얽매이지 않고 자신만의 차별화된 사고를 할 수 있을 때 세상을 변화시키고 움직일 수 있다는 것을 말해준다. 결국 누가 더 많이 아는가의 구시대적 발상에서 벗어나 누가 더 다르게 창의적으로 생각하는가를 생각할 때다.

부모 이노베이션

창의성이 답이다

미래 교육의 중심 화두는 창의성이다. 미래사회는 단순한 지식만으로 주어진 문제를 기계적으로 해결하는 인재를 원하지 않는다. 문제를 새롭게 바라보고 해결방법을 스스로 찾아가는 스마트한 인재를 원한다. 미래 사회에서의 인재는 문제를 내면 단번에 답을 말하는 퀴즈형 인재가 아니다. 문제가 왜 생겼는지 꼼꼼히 들여다보고 자신이 갖고 있는 지식과 정보를 다른 분야에도 다양하게 활용하면서 다르게 생각하고 도전하는 창의적인 인재다.

창의성이란 새로운 것을 생각하는 힘이다. 흔히 별나게 행동하고 제멋대로 생각하는 것을 창의력이라고 생각한다. 그러나 창의력은 세상에 전혀 없었던 것을 생각하는 공상력과는 다르며 일상의 틀을 깨고 불가능했던 생각을 마음대로 연결해 생각하는 상상력도 아니다. 그 셋은 생각의 한계를 구분 짓지 않는 열린 사고와 연관되어 있지만 꼭 같은 것은 아니다. 창의력은 이미 획득한 지식의 기반위에 새로운 것을 생각하는 작업이며 기계적 공식 응용이나 계산과는 차원이 다르다.

누구나 수준의 차이는 있겠지만 모든 사람들은 이러한 상상력과 창의성, 호기심을 갖고 태어난다. 이러한 잠재력을 개발하는 것이 교육의 역할이다. 호기심, 다양성, 개방성, 융통성, 결단력, 독립심, 직관력 그리고 긍정성 같은 힘을 길러주는 것이 창의성을 높이는 교육이다. 그러나 우리의 현실은 그렇지 않다.

우리나라 학생들의 학습시간은 세계최고다. 한 보고서에 의하면 한국의 학생들은 하루 평균 7시간 50분, 1주일에 평균 50시간을 학습한다고 한다. OECD 국가의 학생 학습시간의 평균인 주당 34시간과 비교하면 16시간이나 더 많다. 또 2002년 핀란드 헬싱키리서치에서 세계 185개국의 IQ를 조사한 결과 미국은 IQ 98로 19위, 이스라엘은 IQ 95로 26위를 했다. 그에 반해 한국인의 IQ는 106으로 세계 2위다. 머리 좋고 공부도 많이 하는데 세계적인 인재로까지 성장하는 학생은 거의 없다.

그 의문에 대한 답은 역시 교육현실에 있다. 입시위주의 기능성 교육은 문제의 본질을 파악하기 보다는 주어진 문제의 답을 외우는 암기식 학습을 강요한다. 우리나라 학생이 초중고 12년 동안 연습한 문제가 백만 개가 된다고 한다. 가히 세계 최고의 문제풀이 박사들이다. 정형화되고 획일화된 정답만을 쫓는 경직된 교육으로는 창의성을 기대할 수 없다.

부모 이노베이션

미국의 학교에서 시험은 대개 퀴즈와 에세이로 구별된다. 퀴즈는 학생들이 반드시 알고 넘어가야 할 기초지식으로 암기하고 숙지할 수 있게 한다. 그러한 퀴즈는 전체 성적의 20~30%를 차지한다. 그리고 나머지는 에세이를 통해 테스트한다.

에세이는 자신의 관점으로 문제를 읽어내고 해결하는 일련의 과정을 보여주는 서술형 테스트로 학생의 남다른 관점과 차별적인 해결방법에 큰 점수를 준다.

우리나라 학교에서도 서술형이 내년에 50%까지 확장되며 앞으로 전면적으로 시행될 예정이다. 많은 학부모들은 지금부터 서술형 시험유형을 모의테스트하고 예상문제를 훈련하느라 애를 먹는다. 정답이 하나인 문제만 풀다가 정답이 없는 문제를 풀기란 쉽지 않은 모양이다.

그러나 창의성이란 하루아침에 만들어지는 것도 예상문제를 풀어본다고 되는 것도 아니다. 일상적으로 자연과 사회의 변화에 관심을 갖고 질문을 던지며 여러가지 가능성을 실험해보는 과정에서 온 몸이 느끼고 받아들이는 것이다.

창의성의 핵심은 호기심

"수업시간에 딴 짓하지 말고 선생님 말씀 집중해서 잘 들어."

우리 부모들은 학교 갈 때 아이에게 잘 듣고 오라는 당부를 한다. 그러나 유대인 부모들은 다르다.

"모르는 것이 있으면 꼭 선생님께 물어봐. 네가 궁금한 것은 무엇이든 질문하렴."

가르쳐주는 지식을 그냥 얌전히 듣고 오는 아이와 궁금한 것을 못 참고 이것저것 질문하고 오는 아이의 차이가 창의력의 차이를 낳는다.

호기심은 창의성의 핵심이다. 호기심이 생기면 질문은 자연스럽게 나온다. 호기심을 키우기 위해서는 많이 경험하게 해주어야 한다. 우리 뇌는 자극을 주어야 발달한다. 자극이 되는 경험 없이 생각을 키울 수는 없다. 부모는 아이가 경험할 수 있도록 지켜봐주고 질문을 유도해야 한다.

"엄마, 저 오리는 물에서도 젖지 않아요."

"그래? 왜 그럴까? 방수복을 입었나?"

"그렇지만 새는 깃털로 되어 있는데요?"

"글쎄 말야. 혹시 깃털에 뭘 바르고 나왔나?"

"온 깃털에 물하고 섞이지 않는 기름같은 걸 바른 거 아닐까요?"

"우리 가서 만져볼까? 동물백과도 한번 찾아보고 말야. 로션을 바르는 멋쟁이 오리인지 아닌지."

이렇게 답이 아닌 질문을 할 수 있도록 해주고 스스로 질문의 답을 찾을 수 있도록 도와주어야 한다. 그리고 그러한 호기심은 지금까지의 습관을 벗어날 때 더욱 빛을 발한다. "그런데 왜?"라는 질문을 할 때 새로운 생각이 나올 수 있다.

"좀 창의적으로 생각할 수 없니?"

창의성에는 정답이 없다. 그런데도 마치 정답을 알고 있다는 태도로 부모가 아이에게 창의성을 요구한다면 그 순간 아이의 창의성은 숨어버린다. 자신의 생각과 아이디어가 형편없다는 열등감과 다시 질책당할 수도 있다는 두려움으로 아이는 다시는 시도하려 하지 않을 것이다. 실패를 두려워하지 않는 사람만이 새로운 것을 만들어 낼 수 있다. 모든 성공한 사람들의 공통점은 바로 도전을 즐기고 실패를 마다하지 않는다는 것이다.

기초없는 창의성은 없다

흔히 창의성은 학습과는 별개라는 위험한 생각을 한다. 그러나 창의성은 이미 쌓아놓은 튼튼한 기초위에 새로운 생각을 세우는 일이다. 창의성을 발휘하기 위해서는 무엇이든 다 잘 알아야 할 필요는 없지만 기초 지식과 사고력은 튼튼히 마련해야 한다.

'아는 것이 힘이다' 라는 말이 있다. 아는 것이 많으면 문제를 좀 더 쉽고 빠르게 해결할 수 있다. 많이 알면 알수록 더 많은 새로운 생각을 해낼 수 있다. 그러나 많이 알기 전에 반드시 내가 무엇을 알고 무엇을 모르는지 파악하고 있어야 한다. 막연히 알고 있는 피상적 정보로는 문제를 해결할 수 없다. 구체적이고 정확한 지식이라야 문제를 해결할 수 있다. 그렇다면 창의력의 기초가 되는 지식이란 무엇일까?

그것은 국영수나 사회, 과학, 체육, 음악 같은 과목의 문제가 아니다. 학습을 하는 태도의 문제이며 방법의 문제이다. 복잡한 현실에서 발견될 수 있는 여러 가지 상황에 맞는 해결력을 갖추기 위해서는 몇 가지 공식이나 단순 지식만으로는 어림없다. 역사를 통해 자신의 정체성을 세우고 과학으로 생명의 신비와 우주의 위대함을 배우고 수학의 세계를 통해 물질 세계의 뛰어난 힘을 느끼는 것. 체육을 하면서 기르는 팀워크와 건강한 자기발산, 음악을 통해 감정의 공감을 느끼고 리듬을 즐기며 시와 문학으로 자신의 감정을 표현하는 법을 배우는 일. 이런 모든 학습의 태도에서 즐거운 공부를 하게되는 아이가 전문적인 지식까지도 익히게 되는 것이다.

다시 도전하는 긍정의 힘

0.1%의 가능성에도 도전하는 것이 창의성이라면 실패하고도 다시 도전할 수 있는 긍정적 힘이야말로 창의성을 자라게 해 주는 바탕이다. 모든 일에 긍정적인 사람은 일을 할 때도 주저하지 않는다. 그리고 자신에 대해 높은 기대감을 갖고 있어 쉽게 포기하지 않는다. 그러한 긍정심은 역시 어릴 때부터 훈련된다.

부모는 아이가 상처받지 않게 하기위해 보호하려고만 하지 말고 상처 받았을 때 다시 일어서도록 박수쳐주고 격려해주며 할 수 있을 거라고 믿어줘야 한다.

긍정심은 자신의 장점에서 출발한다. 자신의 장점을 알지 못하는 아이는 다른 사람의 장점은 물론 어떤 일이 미치는 긍정적 효과를 보지 못한다. 그렇기 때문에 아이가 긍정적으로 자라기 원하다면 부모는 아이가 자신의 장점을 찾을 수 있도록 도와주어야 한다. 자신의 장점을 아는 아이가 자존심도 강하고 다른 사람도 배려한다.

아이에게 자신의 장점을 종이에 써보게 하자. 하나 두 개가 아니고 20개 30개, 많을수록 좋다. 장점을 찾고 쓰는 동안 아이는 벌써 그런 장점 많은 아이로 변할 것이다. 마지막으로 긍정심을 높이기 위해서는 아이가 도전할 목표를 세우고 꿈을 갖도록 도와주어야 한다. 꿈이 있는 한 포기란 없다.

창의성의 꽃, 혁신

창의성의 꽃은 혁신(innovation)이다. 혁신이란 발명(invention)과는 다른 것이다. 발명도 창의성의 하나지만 미래 사회에서 요구하는 창의성은 없던 것을 새로 만드는 것보다 있는 것을 낫게 만드는 혁신에 있다. 발명은 새로운 독창성은 있지만 사회에 맞는 적절성은 때때로 부족하다. 발명의 성과를 확장하고 활용하는 것이 혁신이다. 발명은 돈으로 아이디어를 만들지만 혁신은 아이디어로 돈을 번다.

창의성을 말하고 새로운 아이디어를 말할 때 사람들은 대개 지금까지 못 보던 특이한 걸 생각하려고 애쓴다. 하지만 창의적 사고란 과거의 것을 떠나서는 생각하기 어렵다. 이미 있는 사실이나 가정을 토대로 그것을 탁월한 관찰력으로 분석하고 살펴 비로소 새로운 것을 만드는 일이 혁신이다.

혁신은 한 사람의 창의적 발상으로 사회 전체의 새로운 생각과 행동의 변화를 가져오며 문화의 변화를 이끈다. 그래서 미래는 창의적 인재를 원한다. 혁신가의 가장 좋은 예가 바로 스티브 잡스이다. 그는 '혁신은 리더와 추종자를 구분하는 잣대' 라고 하였다. '늘 하던 대로' 가 아니라 '더 낫게' 할 수 없는지를 끊임없이 질문하여 탐색하는 것이 창의성이다.

문제해결에서 빛나는 창의성

창의성이 빛을 발할 때는 역시 문제에 부딪힐 때다. 사람은 어떤 문제에 대해 적절한 해결 방법을 미리 배워 알고 있지 않는 한, 어떻게든 창의적 사고로 문제를 해결해야 한다.

진정으로 창의적인 것은 가르칠 수 없는 것이다. 그렇다고 창의성이 저절로 생기는 것도 아니다. 앞서 말했듯이 창의성을 키우고 개발하는 것이 교육의 역할이다.

창의적인 해결을 하려면 우선 문제가 무엇인지 정확하게 파악하는 데서부터 시작한다. 기존의 눈이 아닌 자신만의 눈으로 문제를 들여다보는 비판적 사고가 있어야 한다. 그리고 파악된 문제를 정의하고 그것을 해결할 수 있는 방안을 찾는 것이다. 문제 상황에 놓인 사물의 특징들을 지금 상황에 맞게 새로운 형태의 것으로 상상하여 재구성해야 한다. 예전의 어떤 방법이 좋았다고 지금 상황에도 좋을 수는 없다. 상황에 맞는 가장 좋은 방법을 찾는 것이 창의적 해결 방법이다.

부모 이노베이션

창의적 해결의 요소들은 가르칠 수 있지만 창의적 사고 자체는 스스로 발견해야 하고 스스로 훈련해야 한다. 그러나 그 해결방안을 실천하지 않으면 문제는 해결되지 않는다. 가장 중요한 것은 해결 방안을 실천하고 관리하는 일이다. 그럴 때 창의적인 사람은 결단력으로 문제를 풀어간다. 주저하다가는 문제를 키우기 십상이다. 자신감과 도전의식으로 문제를 해결하는 결단력을 보여줘야 한다.

자연 속에서 키우는 창의력

창의력을 키우기 위해서 우선 부모는 자연을 가까이 하게 해야한다. 자연을 관찰하는 것은 아이디어 발상의 기본이다. 인간이 이룩한 것 중 많은 것이 자연에서 비롯된 것이다.

도메스탈은 산우엉가시를 자세히 관찰하다가 갈고리 모양을 발견해 매직 테이프를 발견했으며 중국 노나라 목수는 나뭇잎의 삐죽삐죽한 잎에 찔려 피를 흘리다가 톱을 발명하기도 했다.

아이들을 그냥 자연에 '던져 놓는' 것만으로도 충분한 교육이 될 수 있다.

끈기와 열정이 필요하다

창의적인 사람들의 특징 중의 하나가 목표에 대한 끈질긴 열정를 가지고 있다는 것이다. 새로운 아이디어를 혁신해 나가기 위해서는 자신감, 고집스러움과 엄청난 열정이 필요하다. 결국 아무리 창의적인 생각이 많다고 해도 그것을 더 깊이 탐구하거나 성공시키려는 끈기가 없으면 창의적인 생각은 아무 소용이 없다.

부모는 자녀가 하나의 문제를 스스로 해결할 때까지 옆에서 기다려 줄줄 알아야 한다. 대신 해주거나 해결책을 던져주거나 그것도 못한다고 화를 내고 돌아서면 안 된다. 끝까지 지켜보며 마지막에 등을 두드려주고 아낌없는 격려를 해줘야 한다.

빈둥거리게 하자

깊이 생각하던 문제를 내려놓고 일상으로 돌아와 쉴 때 더 좋은 아이디어가 떠오르기도 하는 것을 경험한 적이 다들 있을 것이다. 버스를 타고 가거나 화장실에 가서 볼일을 보다가도 문득 아이디어가 팍 하고 떠오르기도 한다. 꿈을 꾸다가도 아이디어가 떠오르는 사람도 있다. 수많은 과학자나 예술가들이 영감을 얻고 아이디어를 떠올릴 때는 이렇게 가만히 있을 때가 많다. 가만히 있는 것. 창의성을 기르기 위해서는 몽상이라고도 하고 여유라고도 하는 이 틈이 반드시 필요하다. 하지만 부모들은 아이들이 빈둥거리는 꼴을 못 본다. 빈 곳이 있어야 채울 수 있다. 쉬어야 다음 힘을 낸다. 아이가 자신을 들여다 볼 여유를 주자. 문제의 짐을 내려놓게 하자. 아이를 가끔은 빈둥거리게 하자.

그런데 그 아이디어는 갑자기 찾아온다. 순간적으로 왔다가 휙 지나간다. 인간의 기억은 매우 짧아서 순간적으로 떠오른 아이디어를 기억할 수 있는 시간이 1분 이내라고 한다. 아이디어는 시간과 장소에 구애받지 않고 떠오르기 때문에 바로 메모하지 않으면 영원히 귀중한 것을 놓칠지도 모른다. 아이들에게 언제나 메모하게 하는 것도 그래서 좋은 습관을 길러 주는 것이다. 어느 소설가는 항상 머리맡에 종이와 연필을 두고 잤다고 한다. 꿈에서 본 장면과 이야기를 놓치지 않으려고 말이다. 요새는 디지털 기기가 발달해서 휴대폰에 거의 모든 메모기능과 녹음기능이 내장되어 있다. 그런 기계의 힘을 빌리는 것도 좋은 방법이다.

반추하기

창의력을 키우기 위해 필요한 것 중의 하나가 반추해보기다. 반추하기란 오랫동안 어떤 문제나 과제에 집착하는 적극적이면서도 계획적인 정신활동을 말한다. 잘 알고 있다고 하더라도 그냥 스쳐 가기보다 의문을 제기해보고 다른 사람의 판단을 따르는 것이 아니라 내 자신의 판단을 만들어 가는 것이다. 이러한 창의적 사고를 훈련하기에 가장 좋은 것은 글쓰기다. 자녀에게 주제를 선정하고 글의 내용을 계획하면서 주제에 대해 반추하게 해보자.

'볼펜을 끝까지 아껴쓰는 법'

'낮잠자는 법'

'비오는 날 운동장을 진흙이 튀지 않게 걷는 법'

'피자의 토핑을 흘리지 않고 먹는 법'

이런 일상적이고 친근한 주제부터 생각해 주제를 확장해 보게 한다. 새로운 각도에서 볼 수 있을 때까지 계속 질문을 던지게 하고 읽는 사람이 평소보다 많은 것들을 생각하게 할 수 있는지 보여 줄 수 있도록 깜짝 놀라는 내용이어야 한다. 그것이 우스운 것이든 심각하든 상관없다. 이러한 반추적 사고는 자신이 어떤 생각을 갖고 있는지 자신을 돌아보게 만들어주고 자신도 몰랐던 창의적 아이디어를 발견하게 할 수도 있다.

열린사회에서 피어나는 창의성

창의성은 다양성이 인정되고 발휘되는 열린 사회 분위기에서 나오기 마련이다. 그리고 그런 개방적 사고는 나와 다른 사람을 이해하고 인정하며 여러 가지 다양한 관점을 배울 수 있게 한다. 부모는 자녀에게 어떤 갈등이나 문제가 생겼을 때 다른 사람과 입장을 바꿔 생각하게 하고 대안을 찾을 수 있도록 해줘야 한다.

또한 창의성은 새로울 뿐만 아니라 쓰임이 유용해야 한다. 사회에 도움이 될 만한 것이어야 한다.

부모가 자녀를 창의적인 인재로 키우기 위해서 부모에게 가장 필요한 태도는 합리적이고 민주적인 자세다. 권위적인 부모의 그늘 아래에서 아이는 열린 사고를 할 수 없다. 문제를 제기하고 이의를 제기할 때 합리적으로 받아주고 틀렸다면 왜 그런지 문제를 해결할 수 있도록 기회를 줘야한다. 아이의 창의성은 창의적으로 되라고 강요해서 되는 것이 아니라 무엇을 하던 타인과 아이 자신에게 해가 되지 않는 한 그냥 받아주고 보아주는 부모의 인내와 열린 마음에서 씨를 뿌리기 시작하는 것이다.

부모 이노베이션

예술교육의 미래적 의미

큰아이는 어려서부터 클래식 음악 듣기를 좋아했다. 모차르트를 들려주면 "아 잠잘 시간이구나." 하고 자고, 아침에 클래식 소리에 깨어났다. 음악과 함께하는 생활을 매일 자연스럽게 반복했다.

나는 아이에게 평생 친구일 수 있는 악기를 만들어 주자는 생각이 들었다. 그래서 미국으로 가기 전까지 큰아이는 피아노를 조금 배우다 바이올린을 배웠다. 큰아이는 성향이 어려서부터 누가 때려도 크게 화도 안 내는 무척 무던한 편이었다. 그래서 피아노보다는 현악기인 바이올린의 선율이 아이에게 더 좋은 자극을 줄 수 있겠다 싶어서 바이올린을 선택했다.

그렇게 큰아이는 한국에서 바이올린을 조금 배운 것을 계기로 미국의 학교 오케스트라에서 바이올린을 하게 되었고 그때부터 계속 바이올린을 연주하였다. 바이올리니스트가 되거나 잘 해야 한다는 심리적 압박감이 없어서인지 음악을 맘껏 즐겼고 백인이 주도하는 사립학교에서 오케스트라 단원으로 콘서트 마스터(concert ma ster)까지 될 수 있었다.

큰아이는 힘들고 지칠 때 기숙사에서든, 바깥에 나가서든 바이올린을 켠다. 바이올린을 켜며 외로움도 이기고 스트레스도 풀었다고 한다. 나는 그 과정을 지켜보면서 음악적 감수성을 키우는 문제뿐만 아니라 자신과 소통하는 도구로써 악기교육이 무척 좋다고 생각했다.

작은아이는 큰아이와는 또 달랐다. 작은아이는 바이올린처럼 예민한 악기소리를 오래 들으면 무척 날카로와졌다. 예민한 아이인데다 아이가 발음이 조금 흐리기도 해서 발성도 시키고 입에 힘을 모으는 게 뭘까 고민하다가 좀 강하고 남성적인 트럼펫을 배우게 했다.

지금보면 두 아이 모두 악기를 할 수 있어서 다행이다. 오케스트라 활동을 하면서 아이들은 그 안에서 소통하는 법도 배우고 리더십도 익혔다.

한국에서 악기교육은 많은 경우 초등학생 학부모들의 '나는 이정도 할 수 있다'고 보여주는 일종의 부의 상징이다. 남들에게 자신과 아이의 포장된 모습을 보여주려고 악기를 시킨다. 명품백을 사듯이 악기를 사서 하나의 액세서리로 아이에게 치장해준다. 한마디로 아이들의 모습을 부모 자신의 스펙으로 느끼고 있는 것이다. 또 어떤 부모들은 막연히 해야만 한다는 기분에 생각없이 악

부모 이노베이션

기교육에 편승하기도 한다.

또 다른 문제는 초등학교 때는 열심히 피아노도 가르치고 미술도 보내는데 중학교 입학과 동시에 대개 다 그만 둔다는 것이다. 예술교육은 사실 감수성이 가장 풍부한 그때부터가 중요하다. 중학생이 되면 공부가 중요하다고 다 '때려치는데', 적어도 일주일에 한 번 정도는 이 아이가 다뤘던 악기나 예술활동을 지속적으로 할 수 있게 해주어야 한다. 아이들은 감정조절을 할 자기만의 도구가 필요하고 자신을 들여다 볼 거울이 있어야 한다. 악기나 다른 예술활동은 그 때 좋은 친구가 될 수 있다.

우리 아이들은 어디를 가도 외롭진 않다. 항상 한 쪽 어깨에는 자기 악기를 하나씩 메고 다닌다. 특히 요즘은 정서가 메마르고 무너지는 세상이다. 가만히 있어도 혼란스러운 세상이다. 변화가 너무 빠르기 때문에 혼란과 두려움 또한 너무 크다. 그러한 혼란과 두려움을 자신이 좋아하는 예술활동을 하면서 녹여내는 것이 굉장히 중요하고 필요하다.

그런데 많은 사람들이 예술교육을 감성을 풍부하게 해주는 교육으로, 그래서 머리보다는 가슴에 작용하는 교육으로만 생각한다. 분명 예술교육은 아이의 메마른 정서를 풍요롭게 한다. 그래서 어떤 이들은 음악을 21세기의 정신과 의사라고 말하기도 한다. 그러나 21세기에 예술교육이 재조명되는 이유는 이러한 정서적 영향력 때문만이 아니라는 사실을 알 필요가 있다.

하버드대학의 발달심리학자 하워드 가드너(Howard Gardner)는 미래인재가 갖추어야 할 능력을 플렉스퍼티즈(flexpertise)라 했다. 융통성(flexibility)과 전문성(expertise)을 합쳐 놓은 말로 배운 지식을 여러 상황에 융통성 있게 창조적으로 응용할 수 있는 능력을 말한다. 단순히 과제를 빠르고 정확하게 완수할 수 있는 전문능력(routine expertise)과는 구별되는 개념이다. 예술교육은 바로 이러한 창조적 응용력을 계발시킨다.

21세기는 감성의 시대다. 논리적이고 분석적인 좌뇌보다 감성적이고 종합적인 우뇌가 주목받는 시대다. 융합교육에서는 그런 큰 그림을 그려낼 줄 알고 예술적 공감능력이 뛰어난 디자인과 공감, 조화의 능력이 있는 인재가 빛을 발할 것이다. 하이컨셉의 시대에 감성을 움직이는 융합교육이 활발해지는 이유이다.

네델란드의 한 도시는 쓰레기 문제가 심각했다. 시민들이 아무데나 쓰레기를 버리기 때문에 거리는 아주 지저분했다. 시청 직원들은 늘 골머리를 앓았는데 쓰레기통의 수를 늘려도 소용이 없었고 더 많은 벌금을 부과해 보고 경찰을 채용해도 효과가 없었다. 그러다 시청의 한 직원의 아이디어로 새로운 쓰레기통을 설치하게 되었다. 바로 '인사하는 쓰레기통'이었다. 이 쓰레기통은 쓰레기를 넣으면 아름다운 음악과 함께 다양한 이야기가 나오도록 만들어졌다.

"안녕하세요? 고맙습니다. 오늘 날씨 참 좋죠? 그럼, 지금부터

부모 이노베이션

재미있는 이야기를 들려 드릴게요."

사람들은 즐거워하며 쓰레기를 쓰레기통에 넣었다. 시청에서
는 쓰레기통마다 다른 음악과 이야기가 나오도록 만들고 또 정기
적으로 이야기를 바꿔 새로운 이야기가 나오도록 하였다.

그 결과 쓰레기를 그냥 거리에 버리는 사람이 줄고 거리는 깨끗
해졌다. 사람들의 감성을 자극하고 공감할 수 있는 일이라야 사람
들의 지지를 얻고 마음을 움직인다는 것을 보여주는 예이다.

'함평 나비축제'도 감성을 자극하고 상상력을 이끌어내서 성공
한 지역축제로 유명하다. 그밖에도 운세가 적힌 종이가 들어있는
포춘쿠키(Fortune cookie)나 아름다운 글귀가 쓰여져 나오는 자
판기의 종이컵 등도 그러한 하이컨셉 하이터치의 사례들이라 할
수 있다.

예술교육은 감성교육의 수단만이 아니다. 미래 인재가 갖추어
야 할 필수적 요소다. 이제 더 이상 수학 문제만 열심히 푸는 교육
으로는 미래사회가 필요로하는 인재를 키워낼 수 없다.

융합의 시대
통섭교육이 필요하다

21세기 미래 사회는 복잡한 네트워크의 사회로 경계가 허물어지고 이종간의 융합이 활발해지는 시대이다. 어제의 새로운 것은 오늘 다른 새로운 것으로 대체되는 스피드의 시대이며 변화를 예측하기 힘든 불확실의 시대다.

이러한 시대에 창의성은 단지 새로운 것을 생각해 내는 것이 아니라 서로 다른 것을 연관지어 상호 작용시켜 전혀 다른 새로운 생각을 해내는 것을 말한다. 바로 다른 분야와 영역이 만나고 융합하는 지점에서 싹트는 것이 미래 사회의 창의성이다.

이것은 15세기 메디치 효과의 미래적 해석이며 도래이다. 바야흐로 통섭(consilience), 컨버전스(convergence), 하이브리드(hybrid), 퓨전(fusion)의 시대가 왔다.

그러나 우리나라의 교육을 보면 시대가 요구하고 있는 통섭의

부모 이노베이션

교육과는 거리가 너무 멀다. 고등학교 과정을 문과와 이과 학부로 나눠서 공부를 시킨다는 것 자체만 해도 그렇다. 수학 문제를 조금 더 잘 풀면 이과, 수학에 조금 약하면 문과다. 과학에 흥미가 있으면 이과를 선택하게 하고 사회과목에 흥미를 느끼면 문과를 선택하게 한다. 말도 안 되는 현실이며 시대착오적인 발상이 아닐 수 없다. 이런 단순 무지한 교육이 일선 교육 현장에서 아직도 버젓이 이루어지고 있다.

다행스럽게도 얼마 전부터 우리나라에서도 융합교육의 움직임과 학문간 벽을 허무는 통섭현상이 활발해지고 있다. 서울대학교에서 자연과학과 인문사회과학 분야를 융합한 대학원과정이 운영되는 등 학과 간 벽을 넘는 시도가 이루어지고 있다. 자연과학이 인문사회과학 또는 예술과의 만남을 통해 우리가 당면한 다양한 문제에 대한 해결책을 얻을 수 있다고 보는 것이다.

미국 등 선진국에서는 이미 미래의 인재를 육성하기 위해 과학기술공학을 기반으로 여러 학문간 융합을 통한 교육체제와 콘텐츠를 개발하고 있다. 특히 3~4년 전부터 초중고 과학교육에서 과학, 기술, 공학, 수학의 융합교육인 STEM(Science, Technology, Engineering, Mathematics)교육을 추진하기 시작하다가 최근에는 여기에 예술 분야와 인문사회 분야까지 확대한 융합교육, 즉 STEAM(Science, Technology, Engineering, Arts & Mathematics)교육으로 전환하기 시작했다. 영국의 'SciArt 프로그램'이나 프랑스의 '실험실' 프로그램은 과학과 예술의 융합

창작과 협업 실험을 지원하는 대표적인 사례다. 전 세계적으로 모든 분야에서 서로 경계가 없는 융합교육에 의한 인재 양성교육으로 패러다임이 바뀌고 있는 것이다.

통섭이란 배운 지식들이 자기 안에서 자유롭게 날개를 펴고 날아다닐 수 있도록 하는 것이다. 지식이 자유롭게 날다가 한데 어울려 멋진 군무를 추는 새들처럼 또 다른 전혀 새로운 무언가를 만들어 내는 것이 통섭의 교육이다.

세상에 필요하지 않은 것은 없다. 어떠한 경험과 어떠한 어려움과 어떠한 배움도 자기의 큰 틀에 담고 필요할 때마다 용광로의 주물틀에 부어 모양을 만들어 낼 수 있는 힘을 길러야 한다. 그것이 또한 창의력이다.

독서는 인재를 키우는 화수분

우리 사회는 대체로 다독을 권하는 경향이 많이 있다. 아이가 어릴 때부터 책을 많이 읽게 하기 위해서 엄마들은 "책을 읽었으니까 선물 줄게." 하고 당근을 제시한다. "책 한 권 당 천 원씩." 약속하는 엄마도 있다. 어떻게 보면 하나의 동기 유발로 보상 토큰을 주는 기법이다. 그런데 책을 좋아하게 하기 위해서, 많이 읽게 하는 데만 관심을 두다보니 그만 문제가 발생하고 만다. 책을 읽는 행위 자체만 중요해지는 것이다.

독서를 하는 이유는 책을 통해 간접경험을 하기 위해서다. 내가 직접 겪지 않고도 많은 인생을 경험하고 깨우치며 다른 사람과 사회를 이해하는 힘을 기르기 위해서다. 어떤 문제에 부딪히거나 선택의 순간이 올 때 솔루션을 찾고 옳은 선택을 할 수 있도록 책을 읽는다. 과거로부터 지혜를 전수받고 현재를 극복하고 미래를 예측하며 꿈꾸게 해주는 것이 독서다.

그런데도 독서를 넘어야 할 산으로만 생각하고 남에게 보여줄 전리품처럼 여겨 몇 권 읽었는지 결과만 중요해지고 있다. 독서의 마지막을 독후감 몇 줄 뚝딱 쓰는 것으로 포장한다. 그러나 독후감 몇 줄 안에 그 책에 담긴 삶과 지혜를 다 담을 수는 없다.

책을 깊이 있게 읽는다는 것은 그 책을 통해 또 다른 나를 발견하고 새로운 인생을 경험하는 일이며 남과 나를 비교하고 가치를 판단하고 세상을 알아가는 과정이다. 이런 책읽기의 태도가 바로 비판적 책읽기(critical reading)다.

비판적 책읽기는 일단 책에 쓰여진 내용, 있는 그대로의 이야기에 주목해야 한다. 다음으로 책에서 이야기하는 것이 무엇을 암시하는지 파악해야 하고 지은이가 말하고자 하는 가치관을 알아야 한다. 그리고 지은이의 가치관이 책에 어떤 영향을 주었는지 생각을 뻗어나가야 한다. 또, 책에 쓰여 있지 않은 지은이의 생각까지도 파악해 보는 것이다. 처음에는 편견을 접어 부정적이든 긍정적이든 책에 대한 반응을 하지 말아야 한다. 책의 내용과 지은이의 의도를 평가하지 말고 일단은 받아들이도록 노력해야 한다. 그러고 나서 나의 판단 기준을 세워야 한다. 나의 기준과 원칙으로 책을 창의적으로 해석하는 것이다.

"이 사람의 말이 타당한가?"

"나라면 어떻게 했을까?"

"글에서 잘못된 부분은 없었나?"

부모 이노베이션

"과연 그 방법밖에는 없었을까?"

이런 책읽기는 비판적 사고에서 출발한다. 비판적 사고는 창의적인 문제 해결의 중요한 열쇠다. 입장을 바꿔 생각하고 사실과 의견을 구분하며 현실과 허구도 나눌 줄 알아야 한다. 지은이의 의도를 파악하고 주장과 근거를 찾을 수 있어야 하며 지은이와 글의 신뢰성을 평가하고 글에 나온 비유적 표현의 뜻도 생각해본다. 그리고 책속의 문제를 자기만의 방법으로 해결해가는 또 다른 재미를 느끼고 등장인물이나 지은이에게 궁금하고 의문이 드는 점을 질문해 보기도 하는 것이다.

비판적 책읽기는 아이가 스스로 사고하는 능동적 책읽기이다. 이 과정에서 중요한 것은 이때 부모는 아이가 어떤 의견을 내든 아이의 의견을 존중해 주어야 한다. 다양하고 독창적인 답을 받아주고 흥미있어해야 한다. 답을 미리 정해놓고 아이에게 교훈적 책읽기만 강요한다면 아이에게 책은 더 이상 재미난 친구가 아니라 시험지를 들고 있는 선생님과 같다.

아이가 책을 읽을 때 부모의 역할이 굉장히 중요하다. 아이가 어떤 책을 읽을 때 '책을 잘 읽고 있음'을 칭찬해야 한다. 많이 읽고 있다가 아니라 잘 읽고 있음을 칭찬해야 한다.

"엄마, 나 책 두 권이나 읽었어."

"어 그래? 수고했어. 잘했어."

이런 식의 결과에 치중하는 부모의 칭찬은 별 의미가 없다.

또 책을 제대로 읽게 하려면 아이뿐만 아니라 부모도 비판적 사고를 해야 한다. 부모의 비판적인 물음이 뒤따라줘야 한다.

"최인훈의 『광장』이라는 소설 읽어봤니? 엄마가 너만 할 때 읽었던 책인데 감동적이었어."

"네, 저도 읽어봤어요."

"그래? 엄마하고 얘기가 잘 통하겠는데? 너는 제3국을 택한 이명준을 어떻게 생각하니?"

"저는 좀 안됐다는 생각이 먼저 들었어요. 자기 나라에서 살지도 못하고. 나 같으면 그냥 남한에 남았을 것도 같은데."

"엄마도 내내 마음이 울적했단다. 아직도 남북이 갈라져 대립하는 상황에서 과연 조국이나 이념이란 것은 무엇인지 말이야. 그러면 우리 다음에 6.25 전쟁을 다룬 다른 소설 윤흥길의 『장마』도 같이 읽어볼까?"

"네, 읽어볼래요. 근데 6.25전쟁을 배경으로 하는 소설이 많은 이유가 있나요?"

"그럼. 우리 이 『장마』 다 읽고나면 한국근현대사에 관한 역사책도 한번 같이 읽어볼까?"

"네, 좋아요."

부모와 아이의 이러한 교감은 아이가 또 다른 책을 손에 쥐게하는 자극이 된다. 독서를 더욱 심화시키는 꼬리에 꼬리를 무는 책읽기라면 더욱 좋다. 이러한 일상적인 훈련들은 나중에 전문적인 지식을 탐구할 때 큰 힘을 발휘할 것이다. 책을 읽으면서 정보를 캐내는 능력을 이미 어려서부터 일상적으로 쌓게 해야 한다.

부모 이노베이션

부모들은 아이들이 책을 읽을 때 책의 내용을 아는 것이 핵심이 아니라는 것을 인식해야 한다. 책을 통해서 스스로 새로운 것을 찾아갈 수 있도록 흥미로운 물음을 던지는 방식으로 이끌어야 된다. 또 책을 읽고 난 후 부모의 태도도 무척 중요하다. 독서를 이끄는 사람이 반드시 아이 옆에 있어야 한다. 책을 아이의 손에 쥐어주는 것만이 아니라, 책을 닫는 순간부터 새롭게 시작할 수 있는, 독서를 이끌어 줄 수 있는 사람이 반드시 옆에 있어야 한다.

책은 일상생활에서 내게 필요한 것, 아니면 내가 궁금한 것, 내가 알고 싶은 것들을 일차적으로 알게 되고, 새롭게 발견한 것이 새로운 의문으로 시작되게 해야 한다. 그래서 책은 계속 꼬리에 꼬리를 무는 생각의 발전, 경험의 진화를 이루는 하나의 매개체가 되게 해야 한다. 그런데 대부분의 부모들은 책은 단순히 지식을 전달하는 것이라고 생각을 하기 때문에 "그 세종대왕이 누구야? 뭐했어? 그 세종대왕이 뭐 만들었어?" 이런 식의 결과론적인 질문만 던진다. 이렇게 되면 아이는 책을 통해서 경험을 하는 것이 아니라 그만 학습을 하게 된다. 우리는 학습식 독서를 너무 많이 시킨다.

책은 과연 꽉꽉 채워져 있어야 하는가? 나는 비어있는 책이 필요하다고 생각한다. 아이들이 비어있는 내용을 채워가도록 해야 한다. 그렇게 독서를 하는 아이들은 주관식, 서술형과 같은 테스트 유형에 기겁하지 않는다. 오히려 책이 비워져 있으면 내 맘대로 쓸 수 있고, 자기 논리에 맞게 더 편하게 생각을 할 수 있다.

책을 읽는 환경을 먼저 만드는 것도 중요하다. 부모들이 독서하는 시간을 덤이라 생각하면 안 된다. 어떻게 보면 숙제하는 시간보다 독서하는 시간이 더 중요하다. 숙제는 목표가 뚜렷하기 때문에 방해가 되는 요인이 있어도 할 수 있다. 그러나 대부분의 아이들은 독서를 할 때는 그렇지 못하다. 아이가 책을 읽는 동안에는 집안의 모든 소음은 끊어져 있어야 한다. 아이를 유혹할 수 있는, 책 보다 더 강렬하게 자극받을 수 있는 모든 대상들은 없어야 한다. 충분히 책을 읽을 수 있는 환경이 조성이 된 다음에 책을 읽혀야 된다.

작은아이가 미국에 8학년으로 들어갔을 때다. 영어수업에서 첫 번째 에세이 주제가 '『오딧세이』를 읽고 책에 등장한 인물 중에서 한 사람을 선택해 오딧세이를 분석하라' 였다. 『오딧세이』라는 책을 통해 각 인물들의 서로 다른 관점을 이해하게 하고 다양한 삶을 경험하게 하며 그것을 자신과 연결시켜 사고할 줄 알도록 한 것이다. 가장 중요한 건 이러한 책읽기를 통해 사물과 현상을 바라보는 다양한 관점이 있을 수 있다는 것을 배우고 그러한 경험이 나중에 아이가 문제에 부딪혔을 때 다양한 방법으로 해결을 모색하게 하고 또 자신의 뜻대로 해결되지 않는다 해도 크게 상처받게 하지는 않을 거라는 점이다.

무조건 책을 많이 읽는 것이 아니라 이처럼 다양한 관점에서 비판적 책읽기를 해야 한다. 책을 '잘' 읽는 사람은 절대로 남의 생각에 끌려가는 사람이 되진 않을 것이다. 더 자신감을 갖고 더 추진력을 발휘할 수 있을 것이다. 남들보다 좀 더 유연하고 폭이 넓고 더 다양한 생각을 하게 될 것이다. 그리고 누구보다 다양한 경험을 얻게 된다. 그렇게 책을 읽은 사람은 세상의 열쇠를 가지고 있는 것과 다름이 없다.

책은 단순한 종이 묶음이 아니다. 그것은 앞서 살았던 사람들이 획득한 지혜의 정수이다. 그것은 또한 우리가 질문할 때 답해 주고, 우리가 괴로워할 때 달래 주고, 우리가 방황할 때 길을 가르쳐 주는 살아있는 교사이다.

정보공유시대에도 쉽게 공유되지 않는 참 정보는 여전히 아날로그 형태로 남아 있다는 사실을 기억할 필요가 있다. 참 정보는 온 몸으로 부딪쳐야 하는 경험 속에 숨어 있거나 꼼꼼히 읽어 내려가며 깊이 생각해야 하는 책 속에 감춰져 있다.

부모와 아이가 함께 읽자. 엄마 아빠가 손에서 책을 놓지 않는 집에서는 아이들도 책을 손에서 놓지 않는다. 바로 옆에 세상을 여는 열쇠를 두고 멀리 눈에 보이지도 않는, 본 적도 없는 소문의 황금열쇠를 쫓는 어리석은 부모가 될 수는 없지 않은가.

모든 것을 배우는 토론

유태인들은 아이가 학교에서 돌아오면 "뭘 질문하고 왔니?"하고 묻는다고 한다. 질문하지 않은 것에 대해서 수치스럽게 생각한다는 것이다. 그들은 오래 전부터 각 가정에서 탈무드라는 경전을 일상적으로 해석하고 그것을 어떻게 자신들의 삶에 적용할지 묻고 답하던 토론의 전통을 갖고 있다. "뭘 질문했니?"와 "뭘 배웠니?"의 차이가 바로 유태인과 한국인의 차이다.

질문은 힘이 세다. 요즘 기업들은 사람을 뽑을 때 머릿속 지식의 양을 재지 않는다. 문제 해결 능력을 보기 위한 질문을 던진다.

"지구는 왜 둥근가?"

"자동차 바퀴는 왜 둥근가?"

이런 오픈성 질문에는 한 가지 정답만 있는 것이 아니다. 주장에 따라서, 관점에 따라서 서로 다른 답이 나올 수가 있다. 질문자

부모 이노베이션

는 똑같은 질문에 대한 다양한 반응들을 손쉽게 확인할 수 있다. 그냥 앉은 자리에서 질문에 대한 답을 비교할 수 있다.

입학사정관제가 나름 긍정적일 수 있는 이유가 바로 이런 대목 때문이다. 질문을 던졌을 때 수험생이 만들어진 학습자인지 아니면 진짜로 다른 학생들보다 차별화된 사고 능력을 지니고 있는 창의적 학습자인지를 쉽게 알 수 있는 테스트이기 때문이다.

질문이 던져지고 나면 그 다음 책임은 답변자에게 넘어가게 된다. 반드시 어떤 형태로든 대답을 해야 한다. 머리를 굴려야 할 사람은 질문하는 사람이 아니라 질문을 받는 사람이다.

아이가 일상생활에서 머리를 쉬지 않고 계속 쓰게하고 싶으면 부모가 계속 질문을 던지면 된다.

"왜 숟가락 다음에 젓가락이 와야 되지? 젓가락 다음에 숟가락이 오면 뭐가 불편하지?"

이런 일상적인 질문들이 아이를 창의적 인재로 키우는 기본이 된다. 질문을 던진다는 것은 이야기의 책임을 상대방에게 넘겨주는 일이다. 질문을 던지는 것은 아무리 작고 하찮은 질문이었다 하더라도 무척 중요한 일이다. 질문을 던졌을 때는 반드시 상대방의 반응을 기다려야 한다. 질문해놓고 아이의 답을 기다리지 않거나 듣지도 않으면 똑같이 아이도 남의 말은 중요하게 생각하지도 않고 듣지도 않는다.

"나는 그걸 이렇게 생각했었는데 너는 다른 생각이 있니? 만약에 이게 다른 상황이었다면 어떻게 되었을까?"

질문을 했는데 아이에게서 답이 안 나올 때는 이렇게 그 다음 단계에 슬쩍 아이를 툭 쳐 줄 수 있는 부모가 되어야 한다. 질문하고 대답하고 또 질문하고 대답하고… 그런 작은 성공들이 모여지게 되면 아이는 그 어떤 질문에도 익숙하게 되고, 나아가 질문이라는 것이 자신에게 새로운 영감을 주고 새로운 아이디어를 가능하게 한다는 것을 알고 나중에는 질문을 즐기게 된다.

그래서 나는 거창한 주제를 가지고 할 것 없이 아주 일상적인 작은 문제들이라 할지라도 그것들을 아이와 테이블 위에 올려놓고 질문과 응답을 일상화할 것을 권한다.

지난 여름 아침뉴스 중에 뺑소니사고에 관한 소식이 있었다. 사고 운전자는 아내가 심부전증으로 투석을 받는 환자였는데 족발을 먹고 싶어해 사러 가는 길이었다. 저녁이라 보행자도, 차도 별로 없으니까 운전자는 별 주의없이 달리다가 도로 가운데 철망을 넘어 무단횡단하던 사람을 치어 그만 죽게 만들었다. 사실 운전자는 그 순간에 큰 잘못이 없었다. 운전자가 규정속도를 어기고 과속을 했다면 속도위반과 전방주시 소홀의 문제가 있었지만 결코 살인의 문제가 될 수는 없었다. 그런데 문제는 사고가 일어난 후 몇 초, 운전자는 잠깐 있다가 그냥 도망가버린 것이다. 운전자가 사고 장소에 서 있었더라면 그리고 사고난 피해자를 얼른 병원에 옮겼다면 이 사고는 단순 사고였을 것이다. 시간은 걸렸겠지만 족발을 자신의 부인에게 전해줄 수도 있었을 것이다.

부모 이노베이션

그런데 그 다음날 한 50대 남자가 자수를 하러 왔다. 형사가 진술을 듣다 보니까 그 사람이 그 시간에 그곳에 있을 수가 없는 사람이었다. 전혀 앞뒤가 맞지 않았다. 남자는 추궁 끝에 6시간 만에 자백을 했다.

"뺑소니 운전자가 바로 내 아들입니다. 내 아들이 지금 돈을 벌지 못하면 우리 며느리도 죽고 가족 모두가 죽기 때문에 내가 대신 자수하러 왔습니다."

이것이 과연 부모가 자식을 제대로 사랑하는 방법일까?

방학이라 한국에 들어와 있던 큰아이와 남편, 그리고 나는 아침을 먹다가 뉴스를 보고 간단하게 토론을 해보기로 했다. 일단 횡단보도를 무시하고 건넌 사람의 문제, 그 다음 단순한 교통사고에서 뺑소니 범죄가 되버린 순간까지의 운전자의 문제, 그리고 그 아버지의 마음. 이 세 가지 관점에서 사건을 해석해볼 수 있었다.

나는 그런 일이 일어나면 가족들과 많은 얘기를 나눈다. 내가 우리 아이들과 했던 가장 잘한 일은 그런 상황이 오면 "그랬구나. 그렇게 됐구나"로 끝내지 않고 "만약에 네가 저 사람인데 5분 전으로 돌아간다면 어떻게 하고 싶니?" 이러한 토론들을 많이 하면서 우리 아이들을 키웠다. 그런 토론들이 아이들에겐 좋은 간접 경험이 되었을 거라 생각한다.

"나한테도 저런 일은 일어날 수 있고, 내가 제대로 대처하지 못하면 큰 문제가 생길 수 있다."

질문을 통해서 정답을 찾는 게 아니라 문제 해결의 여러 방법들을 찾아가는 것이 중요하다. 질문은 문제 해결의 다양한 모델들을 제시해줄 수 있다. 정해진 결론으로 아이들을 유도하는 토론은 닫힌 교육이다. 자유롭게 자기 의견을 개진하고 부모도 아이들의 토론으로부터 새로운 것을 배우는 것, 그것이 바로 열린 교육의 핵심일 것이다.

　토론의 과정에서 아이들은 살아가면서 필요한 많은 것들을 배울 수 있다. 토론의 준비과정에서 주어진 주제에 대해 깊이 성찰하고 자기 관점을 정리하는 힘을 갖게 된다. 상대방의 의견을 들어주고 입장을 바꿔 생각하면서 배려와 존중의 상호 이해심을 배운다. 나와 의견이 다른 것을 당연하게 여기는 토론의 장을 통해 다양성을 이해하게 되고 서로의 의견을 소통하는 법을 익히며 의견이 다를 때 합리적으로 상황을 판단하고, 갈등이 깊다 하더라도 민주적으로 해결하는 창의적 문제해결력을 배울 수 있다. 토론자 한 사람 한 사람이 같은 권한과 책임이 있다는 평등한 기회의 중요성을 알게 될 것이고 토론의 규칙으로부터는 공정성의 중요성도 배울 것이다. 그리고 다른 사람의 의견을 통해 더 풍부해지고 깊어진 자신의 아이디어나 생각을 경험하게 될 것이다.

　자, 이제 권위의 교단과 단상을 치우고 토론의 원탁을 차려야 하지 않겠는가. 먼저 집안에서부터 토론의 원탁을 차리고 아이들과 미래 교육의 잔치를 열어보자.

4장

패러다임의 변화와
꿈의 실행

배우고자 하는 의욕을
고양시키지 않으면서 이루어지는 교육은
달구지 않은 쇠를
두들기는 것에 지나지 않는다
·토마스 핀·

교육의 패러다임이
바뀌고 있다

미래인재를 길러내는 교육

교육이란 오늘을 바탕으로 내일의 변화된 환경에 필요한 지식과
정보를 습득하고 그것을 활용할 수 있는 능력을 준비하는 것이어
야 한다. 그러나 우리 대한민국 교육의 목표는 너나 할 것 없이
'입시, 대학, 성공'이라는 틀에 갇혀 고착되고 말았다. 물론 기술
적인 면에서 보면 그것도 교육이 아니라고는 말할 수는 없다. 하
지만 이런 교육으로 미래사회가 요구하는 인재를 육성하기에는
한계가 있다.

우리가 배우는 지식들이 영원불변의 절대적 진리라면 습득한
지식의 양을 측정한 점수로 평가하는 방법이 타당할 수도 있다.
그러나 오늘날처럼 수많은 법칙들과 과학적 발견, 새로운 정보들
이 쉼 없이 쏟아지고 있는 사회에서는 절대적 진리라고 부를 수

있는 지식이란 없다. 절대적 진리도 아닌 지식을 12년 동안 밤을 새워 외우고 몇 문제 더 틀렸다고 패배자가 돼 버린다는 것은 우스운 일이다.

부모들이 그러한 자녀교육에 돈과 시간과 정성을 쏟는 것을 굳이 주식투자에 비유하자면 곧 망할 회사에 돈을 투자하는 것과 같다. 부모들이 기꺼이 투자해야 할 회사는 지금은 조금 별 볼 일 없더라도 미래의 가능성 그리고 그 회사만이 보여줄 수 있는 확실한 비전이 있어야 한다. 회사가 잘 된다는 풍문에 혹해서는 안 된다. 부모들은 자신이 투자해야 할 회사가 흥할 회사인지, 또 흥할 수 있는 기틀을 마련하는 데 힘을 쏟고 있는지 반드시 알아야 한다.

궁극적으로 부모가 15년 이상 투자해서 자녀 교육을 하는 목적은 아이가 사회로 진출할 때 그 사회로부터 환영받을 수 있는 21세기형 인재로 성장시키는 데 있다.

앞으로의 사회와 기업은 스스로 문제를 찾고 창의적인 문제해결력을 가진 인재를 원하는데 우리는 여태 단편적 지식을 습득하고 주어진 문제의 정답을 잘 아는 것이 우수하다고 믿고 아이를 키워왔다.

열심히 공부만 해서 점수만 올리면 된다는 말만 믿었고, 정말 열심히 해서 좋은 대학을 들어가고, 좋은 스펙을 만든 한 아이가 있다. 그런데 졸업하고 사회에 나가보니 이 사회는 더 이상 소유한 지식의 양이나 학력이 아니라 실질적인 문제해결능력을 원하고 있었다. 그 아이는 자라왔던 지난 사회에서 1등을 했다하더라도 21세기 창의적 인재를 원하는 기업과 사회에 필요한 인재상이 아니면 아이를 부르는 곳은 어디에도 없다.

"궁극적으로 교육은 한 사람이 20년 30년 뒤의 미래 사회에 필요한 인재가 될 수 있도록 미리 변화를 예측해 미래역량을 키우게 하는 일이다."

앨빈 토플러가 이야기 했듯이 한마디로 우리 교육이 나아가야 할 방향은 미래 사회에서 활약하는 인재를 만들어 내는 것이다.

'How to' 가 아니라 'Why' 다

중고등학교 입시에서, 특히 특목고가 하나의 교육목표였던 시기에는 부모의 입시정보가 굉장히 중요했다. 이 학원하면 무슨 과고, 저 학원하면 무슨 외고, 이런 것들이 실제로 존재했으며 그것이 부모가 알아야 할 정보의 중요한 부분이었다.

그러나 이제 그런 시대는 지났다. 특목고라는 가치 자체가 학원에 의해서 결정되는 것이 아니라 수험생 개인의 목표에 따라 선택할 수 있는 방향의 하나가 되었다. 또 입학사정관제가 입시에 도입되고 나서부터는 짧은 시간에 아이의 점수를 올리는 방식으로는 좋은 학교에 성공적으로 진학할 수 없다는 것을 부모가 알게 되었다.

요즘 학원가가 완전히 재편되고 있다. 단순히 지식의 양을 늘려주고 반복적인 문제 풀이를 통해 성적을 올려주기보다 자녀의 자기주도력과 창의력을 키워주기를 바라는 부모들이 늘고 있다. 이제는 부모들이 아이가 인생의 로드맵을 제대로 그릴 수 있도록 도와주어야 한다. 더 이상 옆집 203호 엄마에게서 전해들은 떠도는 정보나 학원에서 짜주는 입시의 로드맵을 가지고 우리 아이의 인생을 결정해서는 안 된다. 그러기 위해서는 일단 부모가 대한민국 교육의 흐름과 방향, 변화의 목표들을 먼저 제대로 알아야 한다.

30년을 교육 현장에 몸담아 온 나는 국가의 교육정책이 발표될 때마다 그 내면에 깔려있는 방향을 먼저 보려고 애썼다. '그렇게 바뀐다면 이제부터 뭘 해야 하지?' 라고 생각지 않고, '교육정책이 왜 이 방향으로 갈 수밖에 없을까?' 를 늘 생각하였다. 그곳에 답이 있다. 의도를 알아야 문제를 풀 수 있다.

'어떻게 하면 그 대학에 갈 수 있을까?'

'어떻게 하면 그 목표를 달성할 수 있을까?'

대부분의 부모들은 'How to' 를 생각하는데, 입시에 성공하고 싶다면 먼저 'Why' 라는 물음을 던질 수 있어야 한다. 그래야만 학교가 선발하고 싶어 하는 아이의 모습이 보인다.

"아, 우리 아이가 이런 역량을 갖추어야 되겠구나."

이 답을 보지 못한 채 대부분 부모들은 그 학교에서 선발하고자 하는 의도는 파악하지 않고 학교 입시의 겉모습만 보고 헛다리를 짚기가 십상이다.

"그 학교는 한문도 잘해야 한대. 봉사도 많이 가야되고, 질문할 때 혀 내밀고 그러면 안 된대."

이런 겉핥기식의 정보와 준비 가지고는 아무것도 할 수 없다.

부모 이노베이션

준비된 부모는 아이의 역량에 집중하지만 그렇지 않은 부모는 치장에 집중하게 마련이다.

창의 인성 교육으로의 방향 전환

대한민국 교육의 패러다임이 바뀌고 있다. 과거의 주입식 평가 위주의 교육, 즉 누가 많이 알고 있는가에서 이제는 누가 지식을 활용해 문제를 창의적으로 해결할 수 있는가로 바뀌고 있다. 그 전환의 한 복판에 지금 우리 자녀들이 있다. 창의 인성 교육, 대학자율화, 수시 위주의 입시, 서술형 전면 확대 등....

아이의 내신과 수능 성적만 좋으면 원하는 대학을 들어갈 수 있다는 믿음이 본격적으로 깨진 것은 2011학년도 입시부터였다. 수능만 매달리던 아이들은 물론 부모들도 학교 선생님들도 학원 강사들도 모두 당황하였고 무엇을 준비해야하는지 방향을 잡지 못한 채 날림으로 아이들을 가르치고 있다. 이런 혼란의 시기에 중심을 잡고 있어야 할 사람은 바로 부모다.

수시입시와 입학사정관제는 뗄레야 뗄 수가 없다. 우선 입학사정관제가 뭔지를 반드시 알아야 하고 자기주도 학습전형이란 어떤 전형인지를 알아야 한다. 2014학년도 수능개편과 국가영어능력평가시험인 니트(NEAT), 중고등 내신 개편 등 일련의 변화의 흐름은 입학사정관제나 수시입시제와 모두 연결이 되어 있다. 그것은 앞으로 인재를 서열화된 점수로 평가하지 않고 누가 남과 다르게 자신을 표현할 수 있느냐로 인재를 삼겠다는 의도다.

이러한 교육의 변화를 어떻게 이해하느냐가 중요한 부분이다. 그리고 작년부터 본격적으로 강조되고 있는 창의 인성 교육에 대한 부모의 이해가 있어야 한다. 대한민국이 왜 창의 인성 교육으로 방향 전환을 하려는지 그 의도를 알아야 한다. 그래야 우리 아이의 역량을 효과적으로 집중시킬 수 있기 때문이다.

수능 개편안의 이해

한국교육과정평가원이 주관하는 6, 9월 두 차례의 모의학력평가는 그 해의 실제 수능 시험과 비슷한 난이도로 출제되기 때문에, 수험생들은 미리 자신의 수능성적을 가늠해 볼 수 있다. 그런데 지난 6월 1차 모의학력평가가 치러지고 '물수능'이라는 비판이 잇따랐다. 교육 당국의 'EBS 연계율 70%' 발표 이후 어느 정도 쉬운 난이도의 문제들이 예상됐지만 '수리 가'의 만점자가 3.34%에 이르는 등 예년보다 문제 수준이 많이 낮아졌다. 현실적으로 모의고사 1등급의 상위권 학생의 수가 SKY라 불리는 최상위 대학의 정시 모집 인원을 초과해 버린 상황에서 수능 인플레 현상에 대한 우려의 목소리가 높다. 실수 하나가 대학입시의 당락을 좌우할 수도 있는 것이다. 이에 학부모나 학생들은 변별력이 떨어지는 수능에 대한 비판을 그치지 않고 있다.

그러나 교육과학기술부는 앞으로 수능의 난이도를 점차 더 낮출 것이라는 계획과 함께 장기적으로 수능을 대학입학 자격시험화 하고 2014년도부터는 평가를 문제은행식으로 제도화 할 것을 예고했다. 수능의 자격시험화와 문제은행식의 시스템구축은 대학입시에서 수능의 영향력을 줄이고 대학의 자율화와 입학사정관제의 비중을 높이겠다는 뜻이다. 또 수능은 문제은행에 축적된 문항으로 예측 가능한 문항을 정립해 난이도가 낮아져 결국 고비용의 수능 사교육을 감소시킬 수 있을 것을 기대한다.

이 같은 흐름은 이미 세계적인 것으로 100년이 넘는 역사를 가진 프랑스의 바칼로레아와 미국의 SAT 등 많은 선진국들이 대학입학 자격시험을 시행하고 있으며 평가문항의 문제은행화는 미국교육평가원(ETS)이 주관하는 토플(TOEFL)과 토익(TOEIC), 우리나라 의사국가고시 등 각종 자격시험에서 시행되고 있는 방식이다.

이러한 입시제도의 변화는 궁극적으로 학생의 잠재력과 창의력, 인성을 중시하는 교육의 패러다임 변화에 따른 것이며 수능은 결국 대학입시의 한 전형요소로 자리 잡게 될 것이다. 결국 앞으로는 성적위주의 점수보다는 학생의 창의적 역량을 중심으로 차별화된 준비과정과 활동을 변별력으로 삼겠다는 의도인 것이다.

수능개편안의 핵심

2014학년도 대학 입시부터 새롭게 시행되는 대학수학능력시험

개편안의 핵심은 한마디로 수능을 국영수 중심의 자격시험화 하겠다는 것이다. 우리의 교육 방향을 좌우할 새 수능 개편안이 국영수 중심이라는 사실에 과연 교과부가 국가의 장래에 관심이 있는 것인지 교육전문가를 비롯한 많은 사람들이 우려스러운 반응을 보이고 있다.

내가 만나본 많은 학부모들도 국영수 중심의 수능개편안에 의혹의 눈초리를 보낸다. 그러나 내 생각에 이는 어느 정도의 오해가 전제된 것이 아닌가 한다. 기존의 언어영역이 '국어'로, 외국어영역이 '영어'로 그리고 수리영역이 '수학'으로 대표되었을 뿐이다. '국영수'를 과목으로만 생각하는 편향된 시각이 더 큰 문제가 아닐까 한다.

이것은 과목의 문제가 아니라 역량의 문제다. 앞으로의 미래사회는 변화를 주도하고 네트워킹을 통한 감성적 소통이 중요시되는 글로벌 사회이다. 이러한 21세기 미래에서 국영수로 대표되는 소통과 표현, 변화를 이끄는 역량이 필요하다.

국어하면 단순히 국어 교과서에 수록된 내용을 말하는 것이 아니다. 깊이 있는 독서활동과 보다 다양하고 폭넓은 사고인 비판적 사고, 통합적 사고를 바탕으로 남과 소통하고 나를 표현하는 방법과 기술을 익히는 역량으로서의 '국어'로 받아들여야 하지 않을까. 국어과목이 아닌 국어적 역량, 언어적 역량을 키워야 한다는 것이다.

국어와 영어는 똑같이 언어능력을 기르는 영역이다. 어떤 상황을 글로 읽거나 귀로 듣거나 눈으로 보거나 했을 때 그것을 논리적으로 이해하여 새로운 정보나 지식으로 만드는 것이 국어 역량이다. 비판적 사고력, 논리적 사고력, 통합적 사고력을 가능하게 하는 것이 언어사고력이다. 언어사고력이 한국어로 드러날 때는 국어지만 글로벌 사회에서는 영어로 나타난다. 그래서 이 두 가지는 별개의 것이 아니다.

그럼 수학역량은 왜 중요한가. 오늘날 수학은 점점 깊어지고 다른 학문과 융합되고 있다. 과거에는 경제학과 같은 학문은 사회경제학 계열의 전공분야였다. 그런데 지금은 수학을 모르면 경제학을 얘기할 수 없다. MBA 같은 경우에 수학적 사고가 없으면 어떠한 경제 논리나 경영논리도 받아들일 수가 없다. 점점 세계는 과학기술사회로 발전해 감에 따라 정보력, 과학기술력이 개인과 사회, 국가의 파워가 되고, 지배력이 되는 세상이다. 갈수록 사람들은 수학적 사고력을 바탕으로 하는 분석력, 통합능력, 통계능력을 겸비해야 한다. 이런 역량의 기본이 되는 수학은 더욱 중요시되고 학문의 중심에 놓이게 될 것이다.

미국 대학입학자격시험 SAT는 비평적 독해(critical reading), 수학(math), 작문(writing)의 3개 영역으로 나누어 치러진다. 영역별 내용을 보면, 비평적 독해는 과학 · 역사 · 인문학 수준을 평가하는 시험으로, 읽기능력, 문장 완성, 단락의 비판적 독해능력 등을 평가하며 수학영역은 절대값 · 함수 · 기하학 · 통계 · 확률 · 대수학 등을 평가하고 작문영역은 문법 · 관용어 · 용어선택

부모 이노베이션

등을 평가하는 오지선다형 문제인 파트 A와 에세이를 쓰는 파트 B로 이루어져 있다. SAT도 역시 언어적 사고력과 표현능력 그리고 수학적 능력을 평가하고 있다. 따라서 이 세 영역의 역량을 미래 사회를 준비하고 이끄는 기초역량으로 이해하고 준비해야 할 것이다.

영어도 단순히 문법점수 독해점수 이런 식의 분화되고 죽은 영어의 점수가 아니라 네 가지 영역(읽기, 쓰기, 말하기, 듣기)을 종합적으로 판단하고 사고하는 능력을 평가하게 된다. 이제 미래의 글로벌 네트워킹 사회에서 영어는 소통의 질을 결정짓는 세련된 소통의 도구로 활용될 것이며 자기역량을 다른 사람과 차별화하는 중요한 지표가 될 것이다.

어느 과목이 중요한가가 논쟁의 핵심이 아니다. 어느 과목을 어떻게 가르쳐 우리 아이들의 창의적 미래역량을 키워나갈 것인지에 더욱 주목해야 하며 그 중심에 국영수로 대표되는 기초 학습역량이 있다는 것을 알아야 한다.

수월성 교육의 시행

2014학년도부터 달라지는 교육개편의 내용 중 또 다른 중요한 사항은 영어와 수학에 있어서는 수준별 교육을 실시하는 등 그동안 정부가 내세웠던 수월성 교육을 실시한다는 점이다. 수월성 교육이란 뛰어난 재능을 지닌 학생은 그 능력을 최대한 발현할 수 있도록 하고 일반 학생들도 각자 능력을 극대화 할 수 있는 교육환경을 조성하겠다는 뜻이다. 공교육에서 일반학생의 필요와 수준을 고려한 교육을 제공하는 것으로 학생들에게 개인의 진로와 능력에 따라 심화학습을 포함한 적절한 학습수준을 제공하고 다양한 능력을 개발하도록 하는 개념으로 볼 수 있다.

그렇게 된다면 일반고에서도 특목고에서만 받을 수 있었던 심화수업이 도입되고, 교과교실제도 도입된다. 이런 개편안들은 일면 특목고를 가지 못한 아이들에게도 기회를 주고 재차별화되는

부모 이노베이션

아이에게 교육의 선택기회를 주는 수월성교육을 하겠다는 것으로 '과학중점학교'와 같은 학교가 그 특징을 잘 보여주고 있다. 결국 똑같은 아이들, 비슷한 아이들을 많이 만들겠다는 것이 아니라 그 안에서 남과 다르게 역량있고 도전적이며 차별적인 아이에게는 그만큼의 기회를 주겠다는 뜻이다.

교과교실제나 심화수업 같은 수월성 교육의 핵심은 이제 교육이 가르치는 사람 중심이 아니라 학습자 중심으로 이뤄지도록 하는 것이다. 학생들의 능력에 맞는 선택권을 주고 그 안에서 자율 경쟁 시스템을 만들어주는 것이다.

수월성 교육을 위한 기반으로 이미 초중고의 학년군과 교과군을 재편했으며 고등학교 교과군도 교과의 종류를 대폭 줄이는 등 학습의 양을 줄이고 중복된 학습을 피하고 다양한 체험과 활동을 늘려 학생들의 잠재력을 끌어낼 수 있도록 방향을 설정하고 있다.

내신에서도 중학교 학생들은 2014학년도부터 9등급 상대평가에서 6등급 절대평가로 바뀌며 '수우미양가' 평가에서 'ABCD'의 학점제(GPA) 평가로 변할 것이다.

대학에서는 이제 서열화된 평가보다 어느 정도의 학업성취능력 이상의 아이들은 동등한 역량그룹으로 보고, 그 아이들의 차별화는 개인의 포트폴리오나 3년 동안 어떤 목표와 비전을 가지고 자기 역량을 발전시켜왔는지에 대한 스토리로 판단하겠다고 한다. 이러한 평가의 틀이 달라지는 이유 중 하나가 역량중심의 평가로 변화하는 과정에서 입학사정관제를 전면적으로 도입하기 전에 기초를 만들어 놓겠다는 의도로 풀이된다.

한편으로 학교 안에서 차별성을 두면 좋지 않은 결과를 가져올 수도 있다는 우려가 있을 수도 있다. 그러나 역량이 다른 아이들을 똑같이 만든다는 것에 나는 찬성하지 않는다. 아이들에게 기회를 준다는 의미에서 나는 이 제도를 찬성한다. 물론 그 전에 전제되어야 할 것들이 분명히 있다.

우선 모든 학교가 고르게 교육환경을 갖춘 상태에서 각 학교가 교육과정의 다양성, 자율성을 확보하는 것에서부터 출발한다. 중요한 것은 학생 개개인이 입시 과목의 성적이 낮다 하더라도 자신이 가진 다양한 능력과 소질을 계발해 나가도록 도와줄 수 있는 시스템의 개발이다. 단편적인 수준별 수업을 뛰어넘는 맞춤형 개발수업이 절실하다.

부모 이노베이션

신입생 선발 자율화와
수시 확대

대학은 명품전형 백화점

대학입시에서의 대학 자율화가 실질적으로 2012학년도부터 시작된다. 한국대학교육협의회에서 모든 입시 정책이 수립될 것이다. 이제 대학에서 원하는 학생을 마음대로 선발할 수 있는 수시전형이 확대되는 것이다. 어떻게 보면 입시가 자율화되면서 오히려 변화를 준비하고 역량을 쌓아온 학생은 대학을 선택해서 갈 수 있는 시대가 온 것이다.

서울대가 법인화를 추진하는 이유 중의 하나가 지금까지 국립대에 주어진 여러 제재와 비자율적인 측면이 자유경쟁의 다른 대학과의 경쟁력을 떨어뜨리고 좋은 인재를 놓치게 되기 때문이다. 세계 유수의 대학과의 경쟁에서 밀리지 않고 글로벌 인재를 양성해 보겠다는 의지이기도 하다. 사실 이제는 사회가 글로벌경쟁 사회로 대학도 자유경쟁 속으로 진입하다보니 서울대만 고여 있을 수 없었던 것도 이유일 것이다. 지금은 법인화의 과정 속에서 잡음도 많지만 어떤 형태로든 변화는 올 것이고 그러면 우리나라 전체 대학입시와 대학 교육의 변화가 빠르게 진행될 것으로 본다.

지금도 각 대학들은 마치 자기들만의 특색있는 명품들을 들고 명품 고객들을 기다리는 백화점과 같다. 더 뛰어난 인재를 선발하기 위해 명품 전형들을 다양하게 만들어 내놓는다. 좀 더 많은 인재를 얻기 위해 대학은 수시 전형을 확대 다양화시키고 있다. 대학입시에서 수시 전형이 60%이상 확대되면서 이제는 몇 점을 묻는 것이 아니라 네가 남과 무엇이 어떻게 차별화되는지를 물어보는 것이 현실이다.

수시로 대학 가는 네 가지 방법

우리나라 학생들이 현재 상태에서 수시로 대학을 가는 방법은 크게 네 가지가 있다. 하나는 국영수사과의 과목 성적이 좋아서 학업능력으로 선발되어 가는 수시, 그 다음에 논리적 사고능력이 뛰어나 논술이나 글을 써서 논리적 사고능력을 평가하는 논술수시, 그 다음에 과학수학 분야에 특별한 재능을 가진 아이들을 위한 특별전형수시가 있다. 특히 연세대의 창의 인재 전형은 창의성이 뛰어난 학생을 교과성적을 반영하지 않고 창의성 및 잠재 능력에 따라 에세이와 면접 등을 통해서만 선발한다. 그리고 국제화전형이나 글로벌 전형 같은 영어에 재능이 있는 학생을 선발하는 수시가

부모 이노베이션

있다.

학업능력이 좋은 학생, 영어 수준이 뛰어난 학생, 논술능력이 탁월한 학생, 그리고 수학과학에 재능이 있는 학생 등 어떤 분야에서 특별한 역량을 보여주는 학생을 선발하고자 하는 대학들의 다양한 요구와 의지가 구현되는 것이 수시 입시다.

수시 전형을 잘 이용할 수 있으려면 지금부터라도 내가 잘 할 수 있는 특화된 능력을 찾아보는 것이 중요하다. 그런 점에서 부모는 아이의 시크릿이 무엇인지 파악하고 그것이 확장될 수 있도록 아이에게 매니저와 트레이너의 역할을 열심히 제대로 해 주어야 한다.

입학사정관제의 이해

입학사정관(Admissions Officer) 전형을 시행하는 대학들이 늘어나고 있다. 창의인재트랙, 미래인재, 자기추천자, 학교생활우수자, 자기주도학습우수자, 지역선도인재, 리더십특기자, 다빈치형 인재, 글로벌 리더, 알바트로스 국제화, 네오르네상스… 대학들이 앞 다퉈 도입한 입학사정관제 방식의 전형들이다.

입학사정관 제도는 1910년 미국의 콜롬비아대학에서 시작되었다고 한다. 시험 성적 외에 인성과 리더십을 추가한 당시로서는 무척 혁신적인 학생선발 방식이었다. 현재의 입학사정관 제도는 신입생 선발을 관장하는 전문 사정관을 두고 성적만이 아닌 다양한 요소를 활용해 신입생을 선발하는 전형방식이다. 드러난 성적 외에 학생들의 잠재력과 창의성, 인성과 열정 등을 고루 평가해 숨은 인재를 발굴하겠다는 취지로 도입된 제도다.

부모 이노베이션

우리나라는 2008학년도 대학입시에서 4개 대학이 처음 실시한 이후 지금까지 5년째 시행중이며 2012학년도 수시입학의 전체 모집 정원의 16%를 차지하고 있다. 그만큼 대학입시에서 입학사정관제가 중요한 자리를 차지하고 있고 또 앞으로 계속적으로 늘어날 것으로 보인다.

지금까지 대학입시는 우리가 알고 있듯이 수능시험·학생부·대학별고사 등 성적 위주로 학생을 선발해 왔다. 그러다보니 초중고등학교에서는 정상적인 교육보다 지나친 점수 경쟁이 심화되고 학생의 잠재력이나 소질에 맞는 대학이나 학과를 선택하기보다 점수에 맞춰 지원하는 왜곡된 현상이 나타났다. 또 과거의 입시에서는 성적에 의해서 모든 것이 결정되어 소수점 이하의 미세한 점수 차이로 합격과 불합격이 나누어지기도 하였다. 해마다 재수생이 20만 명이나 되는 현상이 생긴 이유가 바로 여기에 있다.

대학들은 더이상 수능과 내신만 가지고서는 학생의 역량을 제대로 평가할 수 없다는 사실을 깨닫게 되었다. 그래서 대학들은 학생 개인의 포트폴리오와 면접을 추가로 요구한다. 단 몇 점의 성적이 학생의 능력과 역량을 나누는 기준이 될 수는 없다. 어느 정도 자격이 인정된 수준 이상의 학생이라면 그 학생의 나머지 역량을 평가하는 잣대와 다른 학생과의 차별화는 학생의 삶의 비전, 삶의 태도, 그리고 도전 정신, 인성 등과 같은 것을 보고 판단 결정하겠다는 것이 입학사정관제의 취지다.

대학 입학사정관이 살펴보는 인재의 핵심자질은 크게 다섯 가지다. 첫째, 자신의 재능을 정확히 알고 이와 연관된 목표를 설정했는지, 목표를 위해 어떤 준비와 노력을 했는지, 지원한 학과가 목표와 일치하는지 등을 평가하는 '진로성숙도'. 둘째, 자신의 강점과 약점을 파악하고, 약점을 보완해 더 나은 모습을 만들고 더 나은 미래를 향해 갈 수 있게 하는 자기 이해능력인 '자기 성찰력'. 셋째, 고정되거나 편협한 사고가 아닌 전략적이고 통합적으로 생각할 수 있는 글로벌 인재의 가장 중요한 자질의 하나로 꼽히는 '창의적 사고력', 넷째, 어려운 문제나 난관을 헤쳐 나갈 수 있는 '문제해결력', 다섯째, 꿈과 진로, 공부목표와 계획, 문제해결 등에서 자신이 삶의 주인공이라는 의식을 갖고 스스로 생각하며 행동할 줄 아는 힘, 즉 내적 동기에 의해 스스로 움직이는 '주도력' 등이 바로 그것이다.

입학사정관제의 핵심은 학생에게 꿈과 목표가 있어야 한다는 것이다. 그 목표를 이루기 위해 어떤 계획을 짜고 노력했는지 보여주어야 한다. 목표를 이루는 과정에서 어려움을 기꺼이 감수하고 그 극복 방법을 찾아야 한다. 원래 내가 수학을 못했었는데 이것을 극복하기 위해 어떤 방법을 써봤고, 나에게 적합한 방법을 찾아서 어떤 방법의 노력을 했는지 보여주어야 한다. 이런 자신만의 스토리와 색을 펼쳐 보일 구체적인 예를 제시하며 자기를 표현하는 것을 입학사정관제에서 필수로 평가한다. 자신의 삶의 극복 경험이 많으면 많을수록 유리하다.

입학사정관제를 준비하는 학생이라면 나의 흥미와 재능, 적성

부모 이노베이션

을 파악하는 '건강한 자기이해'를 바탕으로 스스로 목표설정을 해야 한다. 또 지금부터 목표를 이루기 위한 일관성 있는 활동들을 축적하는 노력이 필요하다.

입학사정관제는 공정성 시비를 낳을 우려도 있긴 하지만 수능, 내신, 비교과 영역 등 객관화된 기준들을 기계적으로 적용하지 않고 학생의 다양한 역량을 종합적으로 판단함으로써 단면적 평가방식을 넘어서는 장점을 지닐 수 있다.

입학사정관제의 경험이 오래 축적된 미국과 여러 선진국에서도 처음에 자리 잡기까지 갈등이 많았다. 우리나라는 이제 겨우 4~5년, 그것도 부분적인 도입이 되었을 뿐이다. 어차피 미래 인재를 세우고 육성하기 위해서는 학생의 지식뿐만 아니라 다면적 역량을 살펴보아야 한다. 장점을 극대화하고 단점을 최소화하는 지혜를 발휘해 모든 학생들이 제대로 평가될 수 있도록 모두가 노력해야 한다.

스펙과 스토리

입학사정관제가 실시되면서 많은 부모가 자녀의 스펙 쌓기를 걱정하고 있다. 무엇을 어떻게 해야 할지 당황스럽고 비용이 얼마나 들지 불안하기도 하다. 실제로 거액의 스펙학원과 브로커가 생기는 문제까지 일어나고 있다. 그러나 이것은 수시입시와 입학사정관제도를 잘못 이해한 데서 기인한 것이며 부정의하고 불공정한 사회의 관행이 남긴 씁쓸한 자화상이다.

우리 큰아이는 미국에서 내내 컴퓨터 사이언스에 관심을 두고 자신의 역량을 키워갔다. 9학년에 들어서부터는 컴퓨터 사이언스를 전공하겠다는 확고한 의지를 세우고 전공을 결정을 한 후 컴퓨터 사이언스에 관련된 자기만의 활동을 시작했다.

로봇공학(Robotics)에 관심을 갖고 대회에 나가 실적을 올리기도 하고 여러 차례 프로그래밍 대회에 출전하기도 했다. 미국수학 경시대회(AMC)에도 참가했다. 그러나 그러한 활동 말고도 자기만의 경험을 보여주는 활동도 또한 있었다. 학교 컴퓨터에 발생한 문제를 해결해주면서 컴퓨터 사이언스를 활용하는 경험을 다양하게 하기도 했고 또 블로그를 운영하면서 IT 관련 관심분야에 대해 다른 사람들과 소통하기도 하였다.

이러한 아이만의 활동을 들려주는 것, 그것이 바로 '스토리'다. 입학사정관은 그러한 학생의 스토리를 듣고 싶어 한다. 누구나 갖고 있는 활동보고가 아니라 특별하고 감동적인 도전이 있는 자기 스토리를 기대하는 것이다.

한국에서도 학생들의 다양한 적성과 소질을 개발할 수 있는 방과후 활동이 전보다 조금 더 활성화되는 모습이다. 아직도 강제적이고 형식적인 측면이 없는 것은 아니지만 그래도 조금씩 나아지는 모습이다. 이런 방과후 활동을 적극 활용해 자신의 미래 경험을 준비하는 것도 아주 좋은 일이다.

만약 외교관이 되고 싶다면 막연히 외교에 관련한 책을 많이 보는 것으로 그칠 것이 아니다. 인종차별의 문제나 아프리카 아동학대의 문제처럼 차별과 갈등의 문제에 관심이 많던 아이는 늘 커서 세계 갈등과 분쟁해결에 도움을 주는 일을 하고 싶었다. 그러던 중 학교에서 친구들 간의 작은 오해에 의해서 한 친구가 멀어지는 갈등을 보게 된다. 그렇다면 그런 자신의 주변 갈등들을 먼저 해결해 보는 경험을 해보는 게 좋다. '우정을 위해' 이런 작은 동아리를 만들어 친구 문제로 갈등을 겪고 있거나 고민인 친구들의 문제를 해결해 준다거나 나아가 지역의 사회단체와 연계해 다문화 가정의 어린이들을 초대해서 그들과 소통하는 일들을 해보는 것도 좋다. 이렇게 아주 작은 것부터 시작해서 남들이 하지 않은 특색 있는 것들을 해보는 것도 자신의 이야기를 보여주기에 좋다. 뭔가 근사한 것보다는 작은 것부터 실행을 해보는 것이다.

얼핏 보면 외교와 전혀 상관이 없어 보이지만 갈등을 해결하고 소통을 마련하는 활동이라는 점에서 두 일은 서로 닿아있다. 그런 활동들을 통해서 작은 외교를 시작해 보는 것이다.

생각해보면 할 수 있는 일들이 너무 많다. 다문화 가정의 어린이들의 방과 후 공부를 도와주고 함께 전시회를 준비하고 학교 아이들과 멘토를 연결시켜주는 등 작은 활동들을 지속적으로 한다면 그 모든 활동의 결과물들이 자신의 포트폴리오에 활용될 수 있는 자료가 될 수 있다.

많은 대학이 다양한 방식의 수시전형을 실시하면서 그 비중을 높여가고 또 입학사정관제가 도입되면서 대부분의 학부모와 학생들이 일단은 너도나도 지원하려고 한다. 그러나 자기 준비가 안 된 상태에서 '까짓 남들도 다 해본다는데 우리 아이도 해보지, 뭐. 운 좋으면 될 수도 있지.' 라는 마음으로 지원해 실패를 본 학생들을 나는 너무 많이 보아왔다.

수시입시와 입학사정관제를 성적은 좋지 않아도 면접 때 말만 잘 하면 된다는 안일하고 무책임하고 무모한 생각은 버려야 한다. 긴 호흡으로 준비해야 한다. 자신을 들여다보고 자신의 장점이 무엇인지 파악하고 일찍부터 자신의 로드맵을 갖고 목표를 준비하고 도전하는 경험이 있어야 한다. 그리고 수시 전형을 미리 살피고 분석해 구체적인 학년별 계획을 세워 자신의 목표를 이루기 위한 노력을 하는 전 과정이 모두 수시입시와 입학사정관제의 과정이고 단계다. 때문에 수시입시와 입학사정관제는 훨씬 많은 노력과 시간과 열정이 투입되고 계획되는 일로 전보다 더 체계적인 비전이 있어야 한다.

가장 중요한 사실은, 입학사정관제의 핵심은 사정관들이 "과연 이 학생이 미래의 비전을 가지고 살았느냐. 자신의 목표를 이루기 위한 열정을 갖고 있느냐. 그리고 어떻게 자신의 문제를 창의적으로 해결해 왔느냐" 그것을 판단한다는 사실이다. 꿈과 비전이 없으면 입학사정관제로 갈 수 없다. 나중에 그 꿈을 계속 진행하든 하지 않든 대학을 들어가기 전에는 그 꿈이 있어야 한다. 꿈은 살아가면서 바뀔 수도 있다. 그러나 바뀌기 전까지 그동안의 꿈이 있어야 한다. 그리고 그 꿈과 비전에 맞는 자녀의 삶의 이야기가 3년 이상 꾸려져야 한다.

꿈이 있고 목표가 있는 아이들은 목표를 향한 열정적이고 긍정적인 태도는 비슷하지만 방법은 서로 다 다르다. 입학사정관들은 학생이 어떤 참신한 방법으로 자신의 문제와 어려움을 극복했는지 남과 다른 특별한 얘기를 듣고 싶어 한다. 그래서 자신만의 독특한 이야기를 가지고 있는 것이 참 중요하다. 결국 입학사정관에게 바로 자신의 시크릿을 보여줘야 한다는 것이다. 그걸 만들지 못하면 입사관은 통과하기 어렵다.

미국 아이비리그의 대학들은 한 사람이 자신의 목표와 연구에 더 깊이 몰입하고 집중해 갈수록 자신만의 고독과 갈등이 크다는 것을 알고 있다. 그리고 목표를 이루는 과정에서 부딪치는 좌절이 수없이 많다는 것도 걱정한다. 그럴 때마다 자신을 지키고 스스로 위로하며 좌절과 패배감에 맞설 수 있는 자신만의 방법들을 가지고 있는지도 학생을 평가하는 중요한 잣대로 쓴다. 그러한 출구와 방법은 대개 인간의 감성을 조절하고 풀어주는, 스스로의 에너지를 발산할 수 있는 예술적 승화장치로 음악, 미술, 연극 같은 것들이 있다.

또 봉사활동, 체험활동, 특기활동은 한마디로 소통하는 역량의 문제다. 나 자신과 소통하는 것인지 나와 다른 사람과 혹은 사회와 소통하는지의 차이일 뿐 모두 어떻게 소통해 왔는가의 문제인 것이다. 봉사활동은 나와 다른 사회적 약자의 상황을 이해하고 소외되고 어려운 환경을 이겨나갈 수 있도록 함께 사회를 만들어가는 사회적 소통으로 개인의 인성을 알 수 있는 중요한 도구다. 체험활동도 개인이 함께 팀워크를 이루며 조화롭게 문제를 해결하는 모습을 보여주는 일로 열정과 도전의식을 알 수 있다. 특기활

부모 이노베이션

동은 자신과의 소통이 중요하게 드러나는 활동이다. 자신을 들여 다보고 성찰하는 도구이며 끊임없이 자신을 추동해 사회로 이끌 어줄 수 있는 힘이다. 이처럼 다양한 활동을 통해 자기 자신과 타 인, 사회와 소통하는 역량을 키워나가야 한다. 단순히 스펙을 쌓 는 일로 활동들을 생각한다면 포트폴리오의 빈 칸은 채울 수 있겠 지만 자신의 내면에 쌓이는 잔잔한 향기와 은근한 힘은 키울 수가 없으며 또 활동을 통해 성숙해 가는 자신만의 스토리는 만들 수가 없다.

입학사정관이 학생의 역량을 평가할 때는 여러 자료를 검토하고 인터뷰를 하지만 결정적인 것은 그러한 학생의 스토리가 감성을 자극하고 감동적인가 하는 문제다. 학생의 도전과 경험, 시련을 이겨내고자 하는 진실한 열정을 마음으로 느낄 수 있을 때 사정관 은 움직인다.

　입학사정관의 눈에는 스펙과 스토리의 차이가 보인다. 그렇기 때문에 남의 것을 생각할 필요가 없다. 나는 나다. 나는 나만의, 누구도 흉내 낼 수 없는 빛깔이 있다.

　"나는 모차르트 음악을 크게 틀어놓고 종이접기를 하면서 스트 레스를 푼다. 종이접기를 하면서 나는 늘 세상을 이렇게 내 맘대 로 예쁘고 아름답게 꾸밀 수 있기를 바란다."

　이런 활동을 사진이나 종이접기 한 실제 결과물들을 붙여 보일 수도 있다. 그것이 스토리다. 그런데 종이접기 한 것이 대단히 솜

씨가 좋아서 디자이너가 되고자 했던 자신의 목표를 이루는 한 훈련으로 삼을 수도 있다. 종이접기 학원을 나가고 기능시험을 보고 이런 것은 스펙이다. 종이접기 자체는 스펙이 될 수 있지만 그것을 자기와 연결시키는 것이 스토리다. 이렇듯 아이를 차별화시킬 수 있는 방법은 너무나 많다.

큰아이와 작은아이를 미국의 학교에 보내면서 중고등학교부터 대학까지 입학원서를 제출하는 과정에서 아이들은 여러 차례 자기소개서를 써야 했다. 나는 옆에서 아이들에게 지적하고 싶은 것도 많고 고쳐주고 싶은 것도 많았지만 늘 꾹 참을 수밖에 없었다. 내가 그렇게 하는 순간 아이들의 글은 죽은 글이 된다는 것을 알기 때문이다.

"이렇게 만들어라."

그 순간 이야기는 없어진다. 자기로부터 스토리가 나와야 한다. 자신의 색으로 그려야 하기 때문에 부모는 옆에서 지켜봐줘야 한다. 자신의 스토리는 학원이나 학교에서 절대로 만들어 줄 수 없다.

부모들은 아이가 글을 잘 못 쓸 것 같고 유치할 것만 같고 쓰지 않아도 될 말을 쓰면 어쩌나 불안하다. 그런데 입학사정관제도는 부모 입맛이 아니고 대학과 입학사정관의 입맛에 맞아야 하는 것이다. 그것의 핵심은 내가 남과 다른, 내 목표를 위해서 남과 어떻게 달리 살았는가를 진솔하게 보여주는 것이지 멋지고 세련된 말과 글이 아니다.

2011학년도 포항공대의 대학입시전형에서는 다음 8가지 질문을 통한 자기소개서를 가지고 학생들의 모든 부분을 자세하게 들여다 보았다.

1. 자신의 관심분야 및 장래희망(예: 20년 후 자신의 모습)에 대해 구체적으로 기술하시오.

2. 자신의 미래 모습을 위해 다른 대학과 비교해서 포항공과대학교를 선택한 이유 및 앞으로 4년간 포항공과대학교에서 하고 싶은 것은 무엇인지 기술하시오.

3. 자신의 학습 방법 및 태도, 능력에 대해 기술하시오.

4. 고교과정 중 가장 흥미 있었던 교과내용(과목/단원)은 무엇이며, 이를 더욱 계발하기 위하여 무엇을 하였는지 구체적으로 기술하시오.

5. 고교과정 중 가장 어려움을 겪었던 교과내용은 무엇이며, 이를 극복하기 위하여 무엇을 하였는지 구체적으로 기술하시오.

6. 자신이 가진 리더십이나 봉사활동, 인성함양 노력을 구체적으로 기술하시오.

7. 자신의 성장과정 및 교육적 환경(가족, 학교, 지역 등)에 대해 기술하시오.

8. 좀 더 자신을 소개하고 싶은 내용이 있다면 기술하시오.

주어진 질문이 원하는 핵심을 이해하고 거기에 효과적으로 구체적인 생활적 증거를 가지고 자기에 대해서 쓸 수 있는 능력을 갖추어야 한다. 이것들은 경험을 하지 않으면 말로만 쓸 수 없다. 이런 질문에 대한 정답은 절대로 없다. 유일한 정답은 경험이다. 남과 비슷한 것은 입학사정관제에서는 큰 감흥이 없다. 오히려 사정관들은 남과 다른 것을 보길 원한다.

그렇다면 결국 숙제하듯이 주어진 일을 열심히 해온 아이보다는 단 한번이라도 자기 스스로 학습계획표도 짜보고 여러 활동을 경험하면서 시행착오도 겪어본 아이가 낫다. 또 자기에게 닥친 문제를 해결하는 것도 중요하지만 스스로 문제를 만들어서 그 문제를 창의적으로 해결하기 위해 솔루션을 찾아보는 다른 차원의 문제해결력을 갖추는 것도 중요하다.

입학사정관제는 무엇보다 장기적인 목표를 가지고 꾸준히 만들어 나가는 게 제일 중요하다. 공부를 잘하는 것도 중요하지만 결국 자기 인생을 비전을 가지고 이끌어가는 열정을 보이는 게 입학사정관제에서 가장 중요한 일이다.

부모 이노베이션

꿈을 선언하게 하자

학습에 끌려다니는 아이

핀란드 헬싱키리서치에서 185개국의 IQ를 조사한 자료를 보면 이스라엘은 95, 미국은 98, 우리나라는 106이다. 또 OECD 국가를 대상으로 한 일일 평균 학습시간을 측정한 연구 자료에 의하면 핀란드는 4시간 20분, 일본은 6시간 22분, 우리나라는 8시간 55분이다. 우리나라가 핀란드보다 거의 두 배나 오래 공부한다.

그러나 경제협력개발기구(OECD)가 만 15세 이상 학생을 대상으로 각국의 학업 성취도를 비교 평가하는 시험인 국제학업성취도평가(PISA)에서 매번 1~2위를 하는 나라는 핀란드다. 많은 자료들이 보여주듯 우리나라 학생들은 머리도 좋고 공부도 많이 하는데 왜 성과가 미약할까?

우리의 교육은 효율성이 너무나 떨어진다. 쓸데없는 공부를 하고 있다는 말이다. 더 큰 문제는 학업의 흥미도나 동기들이 OECD국가 중에서 너무나 낮은 상태에 있다는 사실이다. 게다가 콜롬비아대학교 김승기 박사 논문에 따르면 1985년부터 2007년까지 미국 명문대 14개 대학에 진학한 한인1.5세와 2세 1400명 가운데 무려 44%가 중도에 탈락했다고 한다. 그에 비해 유대인은 중도 탈락율이 우리의 1/4수준인 12.6%이다. 대체 왜 이럴까?

공부의 목적이 다르기 때문이다. 원래 공부의 목적은 자기가 미래를 내다보고 미래에 필요한 삶의 역량이나 실력을 쌓기 위함인데 우리나라 아이들은 점수를 올리려 공부한다. 그리고 점수가 높아야 실력있는 사람으로 인정해 버리는 사회에서 아이들이 참된 실력을 쌓기보다는 좋은 점수를 얻는 데 집중한다. 이렇게 점수에 집중을 하다보니 공부가 재미가 없다.

학습 동기가 자기 안에 없으면 오래 갈 수 없다. 입시위주의 기능적 교육은 주어진 문제에 충실히 답할 것을 원한다. 이런 수동적 학습은 아이를 점점 약하게 만들고 흥미를 잃게 한다. 부모나 학교 선생님이 보여주는 공부방법과 학습계획은 자기 것이 아니다. 자신에게 맞는 방법을 찾지 못하면 학습을 끌고 가는 것이 아니라 학습이 아이를 끌고 가는 주객전도의 어이없는 일이 벌어진다. 학습의 양과 계획에 따라 아이가 질질 끌려다니다 보면 아이는 지치고 효과는 나타나지 않는다.

아이 스스로 학습을 계획하게 해야 한다. 그러기 위해선 결국 자기 목표가 있어야 한다. 부모는 아이의 학습을 다그칠 것이 아

　　　　　　　　　부모 이노베이션

니라 먼저 꿈을 꾸게 해야 한다.

흔히 학원에서 오랜 시간 공부하는 학생들은 자기 착각에 빠질 수가 있다. 학원의 스케줄에 맞춰 학습을 해온 학생들은 시험계획부터 평소 공부의 양과 과정까지 미리 정해진 틀 속에서 계획되고 준비된 공부를 하게 된다. 우리나라 학생들이 초중고 12년 동안 푼다는 백만 개의 문제가 대부분은 대개 학원에서 풀게 된다. 그렇게 빈틈없는 그물로 걸러지지 않을 시험문제는 없다. 거의 매번 한 번쯤은 풀어 보았을 문제를 풀고 난 뒤 학교 시험을 보면 당연히 기본 점수가 나올 수밖에 없다. 그런데 아이는 그 점수를 자기 실력으로 착각한다.

이런 아이가 보통 고등학교로 진학을 하면 거품이 사라지고 만다. 자신이 어떤 학습자인지도 모르고 '나는 90점은 늘 받아왔으니까 그 정도는 돼.' 라고 믿고 있다가 물벼락을 맞게 된다. 고등학교에서는 여태까지의 미봉책이나 임기응변, 벼락치기가 통하지 않는다. 고등학교 학습 수준은 단순 정답을 고르더라도 한 번 더 사고하지 않으면 안 된다.

기본 학년군에서 이제 심화 학년군으로 넘어간 고등학교에서는 학생의 실력이 본격적으로 드러난다. 고등학교에 올라와 처음 전국단위 기준의 평가를 보고나서야 아이는 자신의 실력을 확인하고 실망을 하게 되고 결국엔 포기하는 사태까지 오기도 한다. 실제로 고등학교 1학년인데도 "아, 나 재수해야지"하는 아이들이 꽤 많다고 한다.

자신을 이기는 아이

성공한 사람의 특징을 보면 다른 사람과 경쟁하지 않는다는 것이다. 성공은 내가 포기하고 싶은 마음, 하기 싫은 마음, 눈감아 버리고 안 보고 싶은 마음 이런 자신과의 싸움에서 이겨야 이룰 수 있다. 절대 다른 사람을 보고 경쟁하는 것이 아니다.

그런데 많은 아이들은 옆의 친구가 공부하지 않는 걸 보면 안심하고 자신도 꾀를 부린다. 주위를 신경쓰고 옆 사람을 보고 경쟁하는 아이의 문제점은 공부하는 동기가 내 안에 있는 것이 아니라 다른 사람, 내 바깥에 있기 때문에 그 동기가 없어지면 공부할 이유가 없어진다. 결국 공부의 목적에 따라 태도가 달라진다.

부모들도 아이들도 모두 경쟁만을 하려고 한다. 초중고 12년 동안 친구를 경쟁 대상으로 전쟁을 치른다. 그러나 정작 아이들이 경쟁해야 하는 것은 자기 자신이다. 목표를 위해 도전하는 힘, 어려움을 극복하는 힘, 스스로를 일으키는 힘, 유혹에도 지지 않는 힘, 자신을 포기하지 않는 힘. 자신과의 싸움에서 이기는 아이가 대학을 가든 사회에 나가든 다른 사람과 선의의 경쟁을 할 수 있다. 초중고 12년 자기와의 싸움의 힘이 남은 70~80년 인생의 힘이 될 것이다.

내가 아는 학생 중에 현재 U.C.버클리에서 물리학을 전공하고 있는 새롬이란 친구가 있다. 방학을 맞아 잠시 한국으로 들어온 새롬이에게 우리 학원의 아이들에게 자신의 도전을 들려주기를 부탁했더니 흔쾌히 받아주었다.

부모 이노베이션

새롬이가 아이들 앞에서 보여준 영어단어는 '환경(environment)'이었다. 새롬이는 공부하는 부모님을 따라 세계 여러 나라에서 어린 시절을 보냈다. 독일에서 태어나 네델란드에서 유년기를 보내고 한국에 들어와 초등학교를 마치고는 중학교 때는 다시 미국으로 가야 했다. 새롬이는 자신의 환경이 너무 싫었다. 친구를 사귈 만하면 다른 곳으로 가야했던 새롬이는 친구가 별로 없었다. 특히 언어적 환경의 변화가 더 힘들었는데 그 나라의 언어를 익혀 이제 겨우 소통할 만하면 다른 언어를 배워야 했다. 늘 처음부터 다시 언어를 익히기 시작하고 말도 잘 못하는 새롬이에게 아무도 친구가 되어주지 않았다. 새롬이는 모든 일에 적극적일 수 없었고 점점 자기가 불행하다는 생각만 들었다. 매사가 부정적이었으며 우울한 날들이 많았다. 자신은 꿈이 과학자였지만 과연 꿈이 이루어질지는 자신도 믿지 않았다.

미국에서 중학교를 다니면서 어느 날 매일 똑같이 우울하고 힘든 자신을 한 번 가만히 들여다 보게 되었다. 자신은 물리학자라는 꿈이 있고 이 꿈을 이루고 싶은데 무엇을 시작해야 할까 고민하다가 새롬이는 자신을 바꾸어야겠다는 결심을 하게 된다. 자신을 둘러싼 환경은 자기 힘으로 바꿀 수 없지만 자기 자신은 스스로의 힘으로 충분히 바꿀 수 있다는 자각을 한 것이다.

'바뀌어 지지 않는 환경을 탓하고 스스로를 가두지 말고 내가 내 환경을 바꿔보자.'

새롬이는 그때부터 스스로를 추켜 세웠다. 그리고 자신의 꿈인

물리학자가 되기 위해 무엇부터 해야 할 것이지 고민했다. 우선 자신을 훌륭한 물리학자로 성장시킬만한 좋은 대학에 들어가야 한다는 생각을 했고 고등학교에 들어와서 자신의 목표를 이루기 위한 본격적인 준비를 하나 하나 실천해나갔다. 미국 대학입학자 격시험인 SAT부터 좋은 결과를 얻어야 했으므로 새롬이는 공부에 매진했다. 그리고 육상선수, 학교 밴드부 등 다양한 활동을 적극적으로 하면서 소극적이고 우울한 자신을 털어버리고 활기차고 적극적인 자신으로 바꿔나가기 시작했다. 마침내 새롬이는 U.C. 버클리대학에 입학했고 물리학을 전공하고 있다. 중학교 때까지 환경이 새롬이를 지배했지만 자신을 바꾸겠다고 결심한 순간부터 새롬이는 자신의 환경을 지배하며 살아가게 된 것이다.

생각 바꾸기. 자신의 생각을 바꾸고 자신과 싸워 이기면 세상과 싸우기는 쉽다. 세상은 쉬운 상대다. 어려운 상대는 바로 자신이며 자신을 밀쳐내고 새로운 자신을 세울 수 있도록 부모는 아이에게 밖이 아니라 아이 자신에게 눈을 돌려 들여다보게 해야 한다.

꿈의 선언

아이들이 공부를 하면서 왜 이렇게 어렵게 공부해야 하는지 불평하는 이유는 왜 공부해야 하는지 공부의 이유가 없기 때문이다. 아이에게 공부의 이유를 만들어 주는 것, 이것이 꿈이다. 내가 공부를 통해서 무엇을 얻고자 하는지 그 꿈이 없다면 처음부터 게임은 진 것이다.

꿈의 선언을 해야 한다. 당장 아이 방에 크게 써서 붙이게 하자.

"나는 10년 후 컴퓨터 회사를 차려 한국의 빌게이츠가 되겠다."

"20년 후 제 2의 반기문이 되어 세계평화를 위해 일할 것이다."

"세상에서 가장 아름다운 수목원을 가꾸어 보겠다."

꼭 근사한 것이 아니라도 모두에게 자신의 꿈을 선언하게 해야 한다. 꿈을 선언하고 모두가 볼 수 있게 하는 것이 중요하다. 꿈을 혼자만 갖고 있지 말아야 한다. 꿈을 혼자 갖고 있으면 그 꿈은 언제든 사라져버리기 쉽다. 그러나 꿈을 선언하게 되면, 엄마도 알고 아빠도 알고 선생님도 알고, 그 꿈을 알고 있는 모든 사람에게 그 꿈으로 가는 도중에 작은 도움이라도 받을 수 있다. 그래야 자신에게 어려움을 극복하고 도전할 동기가 생기고 다른 사람을 의식해 스스로를 추스릴 수도 있다.

"나는 이렇게 될거야!"

그 꿈을 기억해주고 그 꿈을 상기시켜주는 사람들을 감사하게 생각하고 노력한다면 꿈은 반드시 이뤄질 것이다. 그래서 꿈을 선언하게 해야 한다.

그런데 꿈이 바뀔 수도 있다는 생각에 두려워 꿈을 적어내지 못하는 아이들이 있다. 인생은 길다. 당연히 많은 꿈을 꿀 수가 있고 많은 목표가 생길 수 있다. 안철수교수는 의사에서 컴퓨터 백신회사 창업자로 또 교수로 스스로 도전을 멈추지 않고 행한 인물이다. 꿈이 바뀌는 순간까지 그 꿈은 내 꿈이다. 꿈이 바뀌면 다시 바꾸어 선언하면 된다. 이렇게 꿈을 선언하고 그 목표를 위해 달려가다보면 입시에서도 자연히 성공할 수 있다. 중요한 것은 꿈이 있느냐 없느냐다.

끌려다니는 삶을 살아갈 것인지, 삶을 디자인하며 즐길 것인지 지금 우리 아이들의 방에 들어가서 확인해 볼 일이다.

아이들이 꿈을 먼저 세워야 한다. 아무리 힘들어도 자신에게 꿈이 있다면 견딜 수 있다. 자신이 걷는 길 끝에 무엇이 있는지 모르는데 어둡고 힘든 이 길을 끝까지 갈 이유가 없다.

아이에게 목표를 세우게 하자. 꿈을 선언하게 하자.

꿈을 실행하고 찾아가는 방법에는 두 가지가 있다. 일본의 컨설턴트 간다 마사노리(信田昌典)가 이야기한 이 두 가지 방법을 보면 성공의 이유가 보인다.

"일반적인 99%의 사람들은 현재 내가 갖고 있는 것을 계산해 보고 미래를 꿈꾼다. 내가 이만큼 있으니까 내가 여기서 조금 더 해서 이렇게 하면 되겠다고 한다. 그렇지만 1%의 특별한 사람들은 꿈이 있기 때문에 내가 어떻게 행동할지 결정한다. 내가 10년 후에 어떤 모습이길 바라는데 지금 내가 10년 후의 모습이 되기엔 부족하다고 여기면 그 사람들은 내가 무엇이 부족한지 분석해서 역량을 키우려 애쓴다. 걸을 것인가, 뛸 것인가를 자기 꿈에 대비해서 결정한다. 결국은 미리 꿈에 대비해서 행동을 설정하는 1%의 사람, 어떻게 행동할까를 결정하는 사람들이 성공을 한다."

부모 이노베이션

거꾸로 플랜

거꾸로 플랜을 세워라. 자녀가 꿈을 이루게 하기 위해서는 계획을
거꾸로 세우게 해야 한다. 우선 반드시 먼저 꿈을 설정하게 해야
한다. 자신이 10년, 20년 후에 무엇이 될 것인가 먼저 설정을 하
고나면 필요한 준비가 무엇인지, 어떤 대학을 가야 할지, 무엇을
전공하는 게 좋은지, 무슨 회사를 들어가야 하는지 이런 인생의
계획들은 따라서 결정이 될 것이다.

　구체적으로 목표가 설정이 되면 이제 단계별 로드맵을 거꾸로
짜야 한다. 로드맵을 짜기 전에 자녀의 현재 실력과 위치를 있는
그대로 인정부터 해야 한다. 부모는 늘 자녀에 대한 기대를 안고
있는 존재다. 그렇기 때문에 자녀를 객관적으로 인정하기란 쉽지
않다. 그러나 인정하는 것부터 시작하지 않으면 한 걸음도 나아갈
수 없다. 먼저 아이를 인정하고 출발해야 한다.

'난 겨우 평균 70점을 넘는데 그럼 지방에 있는 전문대나 갈 수 있을 거야.'

이런 패배적이고 수동적인 생각으로는 미래를 꿈꾸고 그릴 수 없다.

'난 이 세상 사람들이 모두 내 옷을 입고 싶어 줄을 서서 기다리는 그런 디자이너가 될 거야. 그럼 우선 디자인 공부를 전문적으로 하기 위해 세계적인 디자인 학교가 있는 뉴욕으로 유학을 갈 거야. 유학을 가려면 일단 내게 지원해 줄 곳을 찾아야 해. 내게 지원할 투자자에게 무엇을 가지고 설득할 수 있을까. 내 디자인 능력을 보여주어야 해. 학교 미술반에 가입하고 뜻이 맞는 아이들과도 동아리를 만들어 보자. 무료 강좌도 찾아서 듣고 박람회나 전시회도 열심히 다녀보는 거야. 그리고 유학하려면 무엇보다 영어능력이 중요해. 난 영어가 많이 부족하니까 무슨 일이 있어도 하루에 문장 20개는 외우자. 학교 가는 길에 mp3로 영어회화도 듣고. 그래 잘 해보자.'

이런 구체적인 로드맵을 아이가 그릴 수 있도록 부모는 다양한 정보를 제공해주고 무엇보다 격려를 해줄 수 있어야 한다. 이렇게 거꾸로 실천하는 로드맵을 짜고나면 그 다음은 무조건 실천하는 것밖에 없다. 아이가 꿈을 잊지 않도록 부모는 꿈의 환기를 시켜주고 지금 필요한 계획을 놓치지 않도록 해주어야 한다.

지금 내 자녀가 어떤 공부 습관을 가지고 있던 바뀔 수 있다. 우리 아이들은 아직 충분히 인생을 가꿀 수 있다. 우리 아이들이 창의적 인간이 되기 위해서는 기초역량이 필요하다. 미래의 인재는 아무것도 없는 곳에서 만들어지는 것이 아니다. 지금까지 차곡차곡 쌓아놓은 기초 위에 창의의 새로운 생각과 도전이 있을 때 창의적 인재는 만들어진다. 결국 내 인생의 꿈을 실현하기 위해서는 기초 역량이 되는 기초 학문의 힘을 쌓아야 한다. 그래야 기초 역량 위에서 활용할 수 있는 창의적인 문제 해결력이 마련되는 것이다. 학생은 반드시 기초가 되는 공부를 해야 한다. 그렇다면 공부는 어떻게 해야 하는가.

공부법에는 반드시 노력이 필요하다. 그런데 이 노력은 그냥 무조건 열심히만 하면 되는 노력이 아니다. 항상 목표를 세우고 정해놓은 시간 안에 실천하는 것이 노력이다. 남들이 1시간 걸려서 할 수 있는 일을 3일 걸려서 했다고 열심히 노력했다고 할 수는 없다. 반드시 주어진 시간 안에 집중력을 가지고 끈기 있게 포기하지 않고 하는 것이 노력이다.

결국은 꿈을 세우고 꿈의 로드맵에 맞춰서 현재의 자기 상황을 철저히 분석한 다음 정해진 시간 안에 집중력을 가지고 잠재력을 이끌어내는 노력. 이 노력이 인생을 성공시키는 핵심이다.

'거꾸로 플랜', '역스케줄링' 모두 같은 말이다. 말은 다르지만 반드시 꿈을 먼저 설정하고 그 꿈을 이루기 위한 도전을 되짚어 계획하자는 의미는 같다.

꿈은 사람에게 어떤 길로 가야하는지 안내해주는 이정표와 같다. 그 꿈이 실현되기 위해서는 아이들이 철저하게 시기별, 단계

별 계획이 짜여져 있어야 한다. 노력을 성공으로 이끄는 것은 잘 짜여진 계획과 포기하지 않는 자존심과 어려움을 참아내는 인내심이다. 무조건 끝까지 열심히 계속 노력하는 것이 아니라 단계별 노력을 하고 그 단계별 노력이 바탕이 되서 또다시 한 단계 계단을 밟고 올라가는 것, 이것이 트레이닝이고 성공의 연습이다.

시간을 조각내고 다시 완성하자

나는 항상 우리 아이들에게 시간을 느끼라고 주문한다. 내가 어떤 일을 하고 있을 때, 무의식 중에 시간을 보내면서도 나한테 남은 시간이 얼마인지 내가 지금 어느 만큼의 시간을 썼다는 인식을 하고 느낌으로 알아야 한다. 나도 일을 하면서 늘 시간이 없다. 그러나 나는 내가 일을 하면서 남아있는 시간이 어느 만큼인지는 무의식적으로 느낀다. 마치 새들이 해가 뜨고 지는 것을 몸으로 알고 날듯이 우리 몸도 시간이 흐르는 것을 직관적으로 느끼고 있어야 한다.

아이들은 만 10세가 되기 전까지 시간이 어느 정도의 흐름인지 인식하지 못한다고 한다. 그래서 아무리 얘기해도 놀다가 그만 두지를 못하고 유치원에 늘 지각을 하거나 반대로 빨리 빨리를 외치며 엄마를 보채기도 한다. 어릴 때부터 시간을 인식하고 관리하는 훈련이 필요하다.

"애야, 색칠하기는 점심 먹기 전 30분만 하자. 30분 동안 해야 한단다."

"할머니댁에 가기로 한 시간이 2시다. 출발하기 10분 전에는 준비를 마치고 있어야 해."

"자, 이제 10분 뒤에 출발이다. 네가 그걸 정리하고 준비해서 오지 않으면 엄마는 너와 같이 갈 수 없어. 준비해."

부모는 끊임없이 시간을 확인하게 해주어야 한다. 그런 훈련이 잘 된 아이는 시간이 갖는 의미를 알게 된다. 자기에게 주어진 시간을 어떻게 이용해야 하는지, 시간을 지키지 못하면 하지 못하게 될 일이 얼마나 많은지 알고있는 아이는 짧은 시간도 소중하게 생각하게 된다.

"야, 시간됐어, 그만해. 지금 나가야 돼. 장난감 그냥 두고 얼른 나와."

많은 부모들이 아이가 자기 일을 정리할 시간을 주지 않는다. 아이는 정리하면서 갖게 될 시간의 느낌을 알 수 없게 된다.

"알았어, 조금만 더 해."

부모는 늘 '조금만'이라고 한다. 그리고 자신의 일이 바쁘다보면 잊고 있다가 한참 후에야,

"야, 그만해. 조금만 하라고 했잖아. 왜 이렇게 말을 안 듣니?"

정해주지도 않은 시간을 부모 느낌대로 생각하고 아이에게 강요하는 것이다. 아이가 어떻게 '조금만'을 해석해야 하는가. 엄마

가 설거지 할 동안이 조금인지 TV드라마 한 편을 볼 동안이 조금인지 아니면 손님이 가실 때까지가 조금인지 기준이 없다. 시간을 명확하게 인식하게 해야 한다. 그리고 부모는 시간에 대해서 일관된 태도를 보여야 한다. 어제까지는 1시간 블록을 갖고 논 뒤 책을 읽는 시간이었는데 오늘은 옆집 아줌마가 놀러오셨다는 이유로 아줌마가 가실 때까지 마음대로 하고 싶은 대로 놀 수 있다면 아이는 시간을 계획하고 지키기보다 이용하려고만 할 것이다.

어릴 때부터 시간에 대한 훈련이 잘 되면 아이가 커서도 시간이 어느 정도 주어졌는지, 일을 어느 정도 속도로 해야 마칠 수 있는지 자기 시간을 인식하고 관리할 힘이 생기게 된다.

아이가 자라 스스로 학습을 계획하기 시작할 때 부모는 본격적으로 시간관리를 하도록 해야 한다.

나는 둘째아이 성욱이가 시간관리를 잘하게 하기 위해 먼저 아침에 일어나면 자신이 오늘 해야 할 일을 시간별로 리스트를 만들게 하고 체크하게 했다. 막연히 '오늘은 수학 좀 공부해야지.' 하는 것보다 '학교에 갔다 와서 5시부터 저녁 먹을 7시까지 수학 문제집 1단원 기본 문제를 풀어야지.'로 계획하게 했다. 또 저녁에 자기 전에 반드시 하루의 계획을 체크하게 했다. 날마다 매일의 시간 관리에 대해서 자기가 스스로 점검하게 하고 실천하지 못한 일은 일주일을 넘기지 않고 다시 하도록 했다.

내가 오늘 수학 몇 페이지까지 하고 영어 몇 페이지까지 해야 된다. 그런데 하다보니까 어려운 문제가 나왔다. 그래서 수학을 한 페이지를 못 풀었다. 그럼 대부분의 아이들은 풀지 못한 수학을 영어 공부 할 시간을 할애해서 끝까지 푼다. 그러면 영어가 밀리게 된다. 나는 아이들에게 반드시 끝내야 할 정도로 급하지 않은 일 중에서 시간 안에 어떤 일을 마치지 못했다면 그것을 접어 놓으라고 말한다. 숙제를 말하는 것이 아니다. 숙제와 공부는 다르다. 숙제는 끝마칠 때까지 하는 것이다. 그러나 공부는 아니다. 숙제를 통해서는 자기 실력이 크게 늘지는 않는다. 자기 스스로 부족한 부분을 보충하는 공부에서 실력이 늘어나는 것이다. 그렇게 공부를 하다가 시간 안에 마치지 못하면 그냥 접어 놓게 한다. 영어시간을 끌어와 수학 공부를 하면 영어도 마칠 수가 없다. 영어시간에는 영어를 해야 한다. 그래야 영어라도 마무리 할 수 있다. 그럼 오늘 풀지 못한 수학 문제집 한 페이지가 남아 있게 된다. 하루를 반성할 때 내가 마치지 못하고 접어놓은 공부가 무엇인지 다시 한 번 확인할 수 있다.

다음 날은 다음 날의 계획이 있게 마련이다. 다행히 오늘 할 수학 공부를 조금 일찍 마칠 수 있어서 어제 못 한 수학 한 페이지를 할 수 있으면 되지만 대부분의 아이들이 시간이 남는다고 어제 밀린 공부를 하기는 쉽지 않다. 그럴 땐 주말에 특별한 계획이나 일정이 없는 한 한 주 동안 접어 놓았던 것을 체크하고 완성하게 한다. 그래서 화요일에 접어놓았던 수학 한 페이지, 금요일에 못했던 영어 두 페이지, 이것들이 한 주가 끝날 때까지 반드시 완성이

부모 이노베이션

되도록 한다. 일주일을 넘기지 말게 해야 한다. 그래야 쌓이지 않고 넘어간다. 할 일이 너무 많이 쌓이게 되면 그 무게에 눌려 결국 모른 척하고 포기를 해버리기 쉽다. 그러면 나중에 공부 폭탄을 맞게 된다.

이스라엘의 한 심리학자가 연구를 했다. 군인들을 두 팀으로 나누어서 한 팀에게는 오늘 행군할 거리가 30km라고 알려주고 다른 한 팀에게는 행군할 거리가 60km라고 알려주고 행군하게 했다. 첫 번째 팀은 군인들이 30km를 행군을 다한 후 10km를 더 걷게 했고 두 번째 행군한 군인들은 60km를 행군하다가 40km 거리에서 중지시켰다. 첫 번째 팀과 두 번째 팀 모두 40km를 행군한 셈이다.

행군을 마치고 두 팀의 군인들 혈액을 체취해 스트레스 호르몬 수치를 비교해 보았다. 그 결과 60km를 걸어야 한다고 생각하고 행군을 시작한 군인들의 스트레스 호르몬 수치가 훨씬 높았다. 두 팀의 군인들은 그냥 보기에도 차이가 났다. 30km인 줄 알고 행군을 한 첫 번째 팀 군인들은 멀쩡한데 행군을 60km라고 생각하고 걸어온 두 번째 팀의 군인들은 거의 탈진상태였다.

결국 자신에게 주어진 과제의 양이 클수록 스트레스를 많이 받아 다 마치기도 전에 지쳐버린다는 것이다. 공부도 마찬가지다. 너무 많은 양을 계획하게 하지 말고 단위별로 쪼개 작은 양을 실천하고 끝마치는 성취감을 느끼게 해야 한다. 내가 이 책을 한 달

만에 끝내겠다 하면 그렇게 하루의 계획, 일주일의 계획을 실천하면서 한 달의 큰 계획을 끝내는 것이다.

시간을 조각조각 내서 퍼즐조각 들여다 보듯 시간을 들여다 보는 것. 그렇게 나는 우리 아이들에게 시간을 인식하라고 한다.

"네 시간을 봐라. 네가 지금 어떤 시간 안에 있는지 항상 생각해라."

완벽주의 아이들은 시작한 것은 무조건 끝마치고 가려한다. 절대 넘어가는 법이 없다. 그러나 아무리 해도 풀리지 않는 것, 정말 안 되는 것은 그냥 숨을 고르고 덮어두고 가도 된다. 지금 내가 풀지 못한 어려운 문제는 어떤 형태로든 나중에 또 배울 수 있다. 그러니까 쉬운 것부터 완성하는 습관을 길러야 한다. 어려운 수학문제 푼다고 해서 수학실력이 좋아지는 것이 아니다. 그 아이가 나중에 어렵게 풀었던 그 수학 문제를 다시 마주할 때 아이는 또 못 풀 것이다. 한 번 문제를 풀 수 있었다고 그 문제를 완전히 다 아는 것도 아니다. 조금 쉬었다가 다시 그 문제를 대하면 자신이 놓쳤던 부분을 볼 수도 있다. 쉬운 것부터 해서 자신이 뭔가 해냈다는 성취감을 얻게 해야 한다. 그래야 공부습관을 트레이닝할 수 있다. 너무 어려우면 금방 지친다.

중요한 것은 아이가 자기의 계획대로 한 달만이라도 해보게 하는 것이다. 계획을 마치기까지의 과정에서 아이는 자기 나름대로 자신의 약점이나 강점들, 단점과 장점들을 알게 될 것이다. 풀지 못했던 문제를 다 모아놓으면 그것이 자신의 약점이다. 풀 수 있

부모 이노베이션

었던 문제는 언제 나와도 자기가 풀 수 있지만 내가 이해 안 되고 안 풀리던 문제는 그것을 해결할 수 있는 시간을 투자할 필요가 있다.

한 권의 책을 끝냈던 경험, 한 달의 계획을 완성해보았던 경험, 그러한 경험들이 지속되다 보면 나중에 더 큰 계획을 세울 수 있고 시간을 효과적으로 관리할 수 있게 될 것이다. 자신이 지금 이 순간 어떤 시간에 걸려 있는가를 항상 생각하게 해야 한다.

아이들을 제멋대로 하고 싶은 대로두어야 창의성이 생긴다고 알고 있는 것은 큰 오해다. 시간까지도 자신이 통제하고 컨트롤할 수 있는 힘이 있을 때 진짜 창의성의 힘이 발휘된다. 인재들의 특성 중의 하나가 과제 수행력이다. 주어진 시간 안에 남과 다른 자신만의 방법으로 과제를 수행하고 끝마칠 줄 아는 아이가 창의적인 아이다.

예전에 우리도 학교 다니며 공부할 때 공부 양에 밀려서가 아니라 항상 시간에 밀려서 포기했던 적이 많다. 아이들은 늘 시간이 모자라다. 해야 할 것은 너무 많은데 그것이 뒤엉켜 있으니 시간이 없는 것처럼 느껴지는 것이다. 퍼즐의 조각들을 맞추기 전까지는 한 통 가득한 것처럼 어지럽지만 하나 하나 맞춰가다 보면 어느새 한 조각만 덩그라니 남아 있게 된다. 할 일도 분류하고 정리하면서 자신의 계획 속으로 한 조각 한 조각 짜 맞춰놓으면 어느새 멋진 퍼즐그림이 쫙 하고 자신의 눈 앞에 펼쳐질 것이다.

작심3일 법칙

살아가면서 인간은 어떤 계획을 세우고 실천할 때 처음 한 3일 동안은 의지가 굳다. '그래 이번에는 해보자' 마음 먹지만 하루 이틀이 지나면 흐지부지 '다음부터 하지 뭐.' 느슨해지기 일쑤다. 그래서 예부터 '작심 삼일'이란 말을 하는지 모르겠다. 해마다 새해가 되면 모든 사람들이 새로운 마음으로 새로운 계획을 거창하게 세우지만 정작 그 계획을 실현하는 사람은 별로 없다.

그렇다면 생각을 바꿔보자. 작심3일하고 다시 작심3일하면 되지 않을까. 그러다 작심3일이 되면 또 다시 작심3일,,, 그러다 보면 일주일이 지나고 한 달이 지나게 될 것이다. 주변에서 담배를 끊으려 애쓰는 분들을 보면 안타깝다. 어떻게 이번에는 금연을 했는지 물어보면 답은 비슷하다.

"허허, 잘 안 되네요. 이번에도 작심3일입니다. 내년에 다시 끊

　　　　　　　　　부모 이노베이션

죠, 뭐."

　1년 중에 3일 해보고 잘 안 되니까 다음 해로 362일을 미루다니 말도 안 된다.

　우리는 모두 '처음', '시작', '새것'만 중요하게 생각한다. 새해 첫날, 이번 달 1일부터, 다음 주 월요일부터, 새학기부터, 새학년부터... 그러다보니 모든 것을 처음으로 미룬다. 하다 안 되면 다음의 첫 날로, 첫 시작으로 계획을 미루고 자신을 위안한다. 아이들도 마찬가지다. 그런 사회와 가정의 분위기를 익힌 아이는 부모와 마찬가지로 모든 시작을 새학년으로 새학기로 다음달로 다음주로 미루고 핑계댄다.

　"아직 목요일이잖아. 다음 주부터 할거야. 월요일부터 한다고!"

　"2학기부터는 진짜 열심히 할게요."

중요한 것은 '처음'이 아니고 '다시'다. 부모는 아이가 다시 시작할 수 있도록 도와주어야 한다. 큰 맘먹고 세운 자신과의 약속을 끝까지 지킬 수 있도록 해주어야 한다. 아이가 계획을 세우고 조금 느슨해지고 스스로 게으름에 대한 핑계를 찾기 시작할 때 부모는 환기를 시켜줄 필요가 있다.

　계획대로 하고 있는지 확인하게 하는 것은 중요하다. 계획을 세운 목적과 이유가 무엇이었는지 처음의 마음을 돌아보게 해야 한다. 그래서 작심3일을 넘게 해야 한다.

　특히 작심3일이 되는 바로 그 3일째 한 번쯤 체크하게 할 필요가 있다. 계획한 일주일 중 월화수 3일이 지나고 목요일쯤 되면 스스로 점검하게 해야 한다. 가족도 마찬가지로 옆에서 지켜본 중간점검을 해 줘야 한다.

"한 주 잘 진행되고 있나? 마지막까지 알차게 보내자, 후회없는 일주일이 되게 하자."

부모도 툭툭툭 큐를 주고 아이도 3일 전에 자신이 마음 먹었던 계획이 제대로 실천되고 있는지 점검한다.

아이들은 계획만 근사하게 세운다. 그런데 문제는 계획을 실현할 구체적인 방법에 대해서는 고민을 별로 하지 않고 뭉뚱그려 생각한다. 수학 1시간 공부하기, 영어 문장 외우기. 이런 명확하지 않은 계획보다는 좀더 구체적이어야 한다.

'매일 영어 문장 30개 외우기'

그렇게 하기 위해 더욱 세밀할 필요도 있다.

'외울 문장은 책상에 붙였다가 다 외운 것은 문에 붙여놓기'

이렇게 작은 실천방법을 생각할 수 있도록 옆에서 부모가 함께 고민해주고 조언을 주는 것도 중요하다. 부모들도 자녀가 뭘 하겠다고 하면,

"아, 그래 너무 좋아, 열심히 해봐."

이렇게 끝내고 말면 안 된다.

"그래? 이번 너의 도전을 엄마가 옆에서 응원해 줄게. 계획표 좀 보자. 얼마나 멋진 계획인지. 아, 엄마가 좀 일찍 일어나서 널 깨워줘야겠네. 쥬스도 만들어줘야 하니까 말야. 어디 보자. 네가

　　　　　　　　　부모 이노베이션

외울 영어 문장 써놓을 포스트잇 좀 많이 사와야겠는걸. 우리 아들이 금방 다 외워서 써버릴 테니까. 엄마가 뭘 도와줄 수 있을까? 그래! 문장 외우고 나면 다 외웠는지 엄마한테 확인 해볼래? 그러면 네가 외운 문장을 예쁘게 엄마가 네 문에 옮겨 붙여줄게."

아이는 자기 계획의 동반자를 얻게 되는 것이다.

또 한편으로는 계획이 늘 성공하지 않을 수도 있다는 것을 알게 해야 한다. 아이가 원하지 않은 상황도 올 수 있다는 것을 늘 부모는 일깨워줘야 한다.

"좋은 계획이다. 너무 멋진데. 그런데 만약 그게 네 뜻대로 안됐을 땐 어떻게 할 거야?"

구체적으로 잘 될 것을 무조건 기대하는 것이 아니라 만약에 이런 저런 문제가 생길 수도 있는데 그때 그것을 어떻게 해결할 것인지를 짚어주어야 한다.

"처음부터 영어 문장 30개 외우기 힘들면 20개로 줄여보자. 그렇게 하다가 한 일주일 쯤 지나 다시 5개 더 늘리는 것은 어떨까?"

어떤 계획을 세워서 얘기를 할 때도 좋은 경우뿐만 아니라 반대되는 상황도 미리 준비하게 하는, 두 가지의 상황을 아이 옆에서 모두 얘기해주고 깨우쳐줄 사람은 부모 밖에는 없다.

모든 계획이 성공할 수는 없다. 중간에 포기할 수도 있다. 그러나 계획을 세우고 그 계획에 따라 실천해야 된다는 인식이 머리와 가슴에 박히게 되면 그것은 절반의 성공이다. 완벽한 것은 세상에 하나도 없다. 그것이 실천이 잘 되지 않았다고 해서 포기하는 일만 없으면 된다.

"아, 우리 아이는 계획만 세우다가 끝나요."

그 말은 이미 아이가 도전을 포기했기 때문에 하는 말이다. 포기하기 전에, 계획대로 실천이 잘 되지 않는다면 방법에 문제가 있는지 먼저 살펴봐야 한다.

계획이 자꾸 실패로 끝나는 아이들 중 많은 수가 실행하기 어려운 계획을 세우기 때문이다. 계획을 세울 때 부모가 욕심을 부려서는 안 된다. 부모의 계획을 세우는 것이 아니라 아이의 계획을 세운다는 것을 잊지 말아야 한다.

아이에게 아주 작은 것부터, 작은 성공을 경험하게 할 필요가 있다. 아이의 역량에 따라서 원대한 계획을 세울 수도 있지만, 아이 역량의 그릇이 작은 데 거기다 큰 계획을 무조건 담을 수는 없다. 아이는 차가운 유리그릇인데 부모의 뜨거운 열정을 쏟아 부으면 유리그릇은 쨍하고 깨지고 만다. 반드시 자기 아이를 분석하고 파악해서 아이 그릇에 맞는 아주 작은 계획부터 세우게 해야 한다. 부모는 아이에게 작은 성공을 자잘하게 경험할 수 있는 그런 기회를 반드시 줘야 한다.

부모 이노베이션

5장

영어의 날개를
달아주자

나의 언어의 한계는
나의 세계의 한계를 의미한다
· 비트겐슈타인 ·

영어는 날개다

영어는 전 세계 모든 영역에서 소통의 도구로 쓰이고 있다. 전 세계 라디오 방송의 60%, 전 세계 우편물의 70%, 전 세계 전화통화의 85%, 전 세계 컴퓨터에 입력된 정보의 80%, 또 전 세계 정보의 약 85%가 영어를 사용한다. 날이 갈수록 영어의 필요성이 일상화되고 그 중요성이 점점 더 커져간다. 글로벌 네트워킹의 세상에서 영어의 의존도는 인터넷 사용 인구가 늘어나면서 더욱 급증하고 있다. 이제는 내가 필요하지 않다고 해서 영어를 무시하고 살 수 있는 환경이 아니다.

우리는 영어를 왜 공부해야 하는지 기본적으로 잘 알고 있다. 가장 먼저는 시대의 흐름을 놓치지 않기 위해서다. 미래 글로벌 사회에서 영어를 제대로 하지 못한다면 까막눈과 다름없다. 세계의 미디어와 정보의 대부분이 영어를 사용하는 환경에서 앞으로 미래를 살아갈 우리 자녀에게 있어 영어는 필요한 정보를 얻고 타인과 소통하기 위해서 반드시 아이가 가지고 있어야 할 가장 큰 도구이며 무기다. 단순하게 영어를 못하면 세상을 따라잡기 힘들기 때문이라고 생각하는 사람부터 글로벌 사회에서 아이가 리더로 세상을 이끌어 가기 위해 꼭 필요한 소통의 무기로 영어를 생각하는 사람까지 그 목적은 다르더라도 영어교육이 앞으로 살아가는 데 반드시 필요하다는 의견에는 모두 공감할 것이다.

그러나 그동안 우리나라에서 영어교육은 학교 성적의 중요한 잣대로만 여겨져 왔다. 그래서 영어는 소통의 도구이기 이전에 점수를 획득하는 과목으로 인식해 왔다. 지금도 학교나 학원 선생님 중에는 자신이 20세기 영어를 배웠던 방식으로 아이를 가르치려는 사람이 많다. 그렇게 배우는 영어가 틀렸다기 보다는 이제 그런 영어는 현실에 맞지 않는다.

우리가 아이에게 영어를 가르치는 목적은 미래 역량을 키우게 하기 위한 것이기도 하지만 영어는 역량 이전에 일단 도구가 될 수 있다. 인생에서 좋은 기회를 잡을 도구로도 쓰이고 미래를 이끌어갈 역량으로도 쓰이는 것이다. 좋은 학교에 가기 위해 쓰이는 도구이기도 하고 사회에 나가서도 사회적 지위를 높여주는 도구이기도 한 것이 현실이다

이제 부모는 영어공부가 점수를 올려야 하는 학과목이 아니라, 기회와 가능성을 키워주고, 자신의 꿈을 실현시키는 유용한 도구라는 사실을 아이들에게 인식시켜야 한다. 무조건 학교와 부모님

부모 이노베이션

이 시키니까 막연하게 필요하겠다 싶어서 하는 영어는 아이가 자라고 사회에 나갔을 때 아이에게 큰 힘으로 작용할 수 없을 것이다. 아이 스스로가 미래의 꿈을 키워 나가는 데 영어를 중요한 도구와 기회로 알고 있다면 미래의 날개를 얻는 것과 같다.

부모나 아이들도 마음속으로는 영어가 중요하다고는 다들 알고 있을 것이다. 그러나 중요하다고 느끼는 만큼 실제로 자녀가 영어를 공부하는 시기나, 방법, 환경 등 현실적인 부분에서 효과적으로 대응하고 있는지 정확하게 파악할 필요가 있다. 부모는 단순히 자녀를 영어 학원에 보낸다는 사실만으로 심리적 안정을 얻고있는 것은 아닌지 되돌아 봐야한다.

돈, 시간, 노력을 투자해 영어가 쉽게 습득될 수 있다면 영어를 못하는 사람은 하나도 없을 것이다. 자녀가 영어를 왜 해야 하는지, 어느 수준을 목표로 할 것인지, 어떤 방법으로 배울 것인지 등에 대해 아이 스스로 알고 실천하는 것이 먼저다. 그래야 어려움이 와도 쉽게 포기하지 않는다.

부모가 아이의 꿈과 그 꿈을 이루어가기 위한 과정을 구체적으로 같이 계획하고, 많은 대화를 통해 지속적으로 실천해나가는 과정이 생활에서 끊임없이 반복되어야 한다. 특히 어린 학생들은 스스로 영어에 관심을 가질 수 있도록 다양한 동기유발이 필요하다.

영어학습 초기에는 관심을 보이고 좋아하는 분야와 관련지어 영어를 접목시키면 좋은 결과가 있을 수 있다. 만화를 좋아하면 영어 만화책을 보게 한다든지, 노래를 좋아하면 팝송을 접할 기회를 많이 준다든지 아이의 관심과 호기심을 자극하는 방법들을 통해 영어를 쉽게 접하게 하고 시간이 지나면서 좀 더 체계적이고 규칙적인 영어학습으로 발전시켜야 한다.

　요새는 대중매체와 IT기술의 발달로 효과적인 영어 학습을 위한 좋은 프로그램들을 많이 접할 수 있다. 아리랑 TV나 CNN뉴스에 습관적으로 노출시키거나 흔히 미드라고 하는 미국 드라마도 좋은 수단이 될 수 있다. 특히 내셔널 지오그래픽 방송은 폭넓은 사고와 여러 전문 분야의 표현을 배울 수 있는 좋은 프로그램이다. 그러나 이런 프로그램들은 정기적이고 지속적이며 집중적으로 노출되었을 때 좋은 효과를 볼 수 있다. 그러한 환경과 수단을 이용하여 초기에 사운드를 중심으로 한 영어학습이 단어(word)와 구(pharase)와 절(clause)의 자연스러운 단계를 거쳐 문장(sentence)과 단락(paragraph)을 넘어 문단(passage)을 이해하고 표현하는 수준이 되어야 언어로직의 논리적 완성을 형성할 수 있고 그런 논리적 영어를 구사할 수 있는 인재가 바로 글로벌 인재가 될 수 있다.

대한민국은 무역의존도가 80% 이상인 수출 중심의 국가다. 우리나라가 글로벌 세계에서 살아남기 위해서는 우리가 갖고 있는 컨텐츠를 글로벌 고객들에게 파는 수밖에 없다. 특히 2010년 이후 본격화되고 있는 FTA의 체결로 한정된 내수만으로는 살아가기 더욱 어려운 상황이 전개되고 있다. 우리는 결국 세계와 글로벌

　　　　　　　　　　　　부모 이노베이션

시장에서 우리의 점유력을 확보해야 한다.

세계의 문이 열리고 있다. 앞으로 10년 후면 관세없이 전 세계가 자유무역으로 하나가 되는 그야말로 지구촌 통합시장이 될 것이다. 2011년 1월 현재 우리나라는 유럽자유무역연합인 EFTA 등 5개 FTA를 발효중이며 미국 등 3개가 타결되었고 7개 FTA와 협상중이며 9개 FTA와는 협상 준비 중이거나 공동연구 중이다. 이렇게 급변하는 세계 시장에서 우리는 무엇보다 어떻게 컨텐츠를 개발하고 이익을 창출할 수 있을지 진지한 고민을 시작해야 한다.

FTA로 발생할 수 있는 이익은 한 마디로 고객의 수가 세계의 인구만큼 늘어난다는 것이다. 현대자동차가 소나타를 만들어 한국인 5천만 명에게 팔 수 있었던 것을 수십 억 명에게 팔 수 있게 되는 기회가 오는 것이다. 때문에 우리는 효과적으로 이익을 만들어낼 수 있는 인재를 준비해야 한다. 그러한 인재의 기본 역량은 세계를 설득시키고 그들의 생각을 바꿀 수 있어야 한다. 단순히 의견을 전하고 상황을 설명하는 언어로는 부족하다. 세계를 설득할 수 있는 것은 그들의 마음을 움직이는 일이다. 그것은 단편적인 영어가 아닌 고급의 영어 소통 능력이어야 가능하다.

우리 학원의 많은 아이들이 내게 이런 질문을 던지곤 한다.

"선생님, 그런데 꼭 영어를 배워야 하나요? 그렇게 어렵게 영어를 배울 필요가 있을까요? 이제 과학기술도 발전해서 앞으로 뛰어난 번역기나 통역기가 나오면 바로바로 우리 말을 통역해서 말해 준대요. 동물들 말도 번역하는 기계가 나온다는데 굳이 영어를 배워야 할까요?"

나는 그 아이들에게 이렇게 답하곤 한다.

"네가 단지 말을 전하기 위해 영어를 하는 것이라면 번역기나 통역기를 이용해도 괜찮단다. 그렇지만 네가 다른 사람에게 네 생각을 전달하고 보여주고 너를 이해시키고 싶다면 영어는 반드시 배워야 한다."

언어는 단순히 말을 전하는 번역기의 역할을 하는 것이 아니다. 언어란 그저 설명하는 것이 아니라 의도를 전달하고 감정을 표현하는 수단이다. 어떻게 번역기가 대화를 나누면서 내가 전하고 싶은 감정과 뉘앙스를 전달할 수 있을까. 소통한다는 것은 다른 사람의 의견을 논리적이고 비판적으로 사고하고 상대방이 전하는 정보를 통합해 해석하는 능력이다. 0.01초의 빠른 순간에 상대방의 의도를 파악하고 반응할 수 있는 일을 번역기나 통역기는 할 수 없다.

세상의 흐름은 이제 국가의 단일언어주의의 개념이 사라지고 있다. 한 국가가 전통적인 국어(native language)만 더 이상 고집할 수 없는 상황이다. 이제 더 이상 영어는 외국어가 아니다. 글로벌 언어로서 영어를 글로비쉬(globish)라 부르는 말까지 나오고 있다. 원어민의 개념이 무의미해지고 어느 나라 어디 출신인지보다 어느 언어를 구사할 수 있는지의 능력이 먼저 평가되는 세상이다. 혹자는 더 이상 단일 언어구사자에게는 미래가 없다는 말로

부모 이노베이션

글로벌 사회에서 소통의 중요성을 역설한다.

어떻게 소통할 수 있는가. 글로벌 리더의 중요한 역량 중 하나가 소통의 역량이다. 소셜 네트워크의 사회에서 소통할 수 있는 능력은 변화를 예측하고 먼저 준비하고 그 변화를 만들어간다는 의미이기도 하다. 그렇기 때문에 글로벌 사회에서 영어는 소통의 무기이며 필수역량이다.

부모는 세상의 변화를 먼저 알아야 한다. 그래서 자녀들에게 미래를 준비시키고 변화를 두려워하지 않게 해야 한다. 현명한 부모라면 이 복잡하고 불확실한 변화의 21세기에 꽉 막힌 도로를 달리게 하지는 않을 것이다. 도로를 뛰어 넘어 차선이 없는 하늘로 날아오를 수 있도록 그래서 누구보다 자유롭게 목적지에 닿을 수 있도록 영어의 날개를 달아주어야 한다. 자신의 역량을 계속 확장시켜 갈 수 있는 날개, 영어의 날개로 자신의 기초역량을 품고 날아가도록 도와주어야 한다.

비빔밥 영어가 필요하다

우리나라는 세계 어느 나라보다도 많은 돈과 시간을 들여 영어공부에 투자하고 있음에도 세계적으로 영어실력이 낮은 편이다. 그 주요 원인은 일반적으로 언어 구조의 다름과 영어교육 시기 및 방법의 비효율성에 있다고 보인다.

일리노이대학의 리스킨 가스페로(Liskin-Gasparro)교수는 미국 외교연수원에서 연수 중인 외교관 훈련생들의 외국어 학습 시간에 따른 말하기 성취도를 평가하였는데 그 결과 모국어인 영어와 어족이 다른 외국어(예: 아랍어, 중국어, 일본어, 한국어 등)를 배울 때의 성취 수준은 매주 30시간(평일 6시간)씩 80~90주의 훈련을 거쳐야 최상급 수준에 도달한다고 발표하였다. 2400~2700시간의 언어 노출이 되어야 자유자재로 그 언어를 쓸 수 있다는 것이다.

그러나 우리의 학교 영어교육을 보면 초등학교 3학년부터 고등학교 3학년까지 10년이라는 기간 동안 학교 영어수업 시간은 총 952시간이지만 실제 수업시간은 731시간(약 30일)에 불과하다. 리스킨 교수가 말한 능통한 언어능력이 되기 위한 노출시간의 1/3 수준도 되지 못한다.

더구나 학교 영어교육의 비효율성은 이루 말로 다할 수 없다. 학교시험에 말하기나 쓰기가 불과 3~4년 전부터 도입되기 시작했으며 특히 수능이 50문제 중 독해 33문제(66%), 듣기 17문제(34%)로 독해, 듣기 중심으로 되어있어 학생들이 시험위주의 주입식 영어공부를 하지 않을 수 없었으며 언어의 네 가지 영역에서 고른 습득을 기대할 수가 없었다.

그런데 이제 '한국형 토플·토익'을 목표로 정부가 개발중인 국가영어능력평가시험(NEAT, Natoinal English Ability Test)이 2013학년도 대학입시에서부터 수시 모집때 전형자료로 활용될 것으로 보인다. 나아가, 교육과학기술부는 이 시험으로 대학수학능력시험의 외국어시험을 대체하는 방안도 검토 중이다.

국가영어능력평가시험은 토플처럼 인터넷을 기반으로 하며, 읽기와 듣기는 물론 말하기와 쓰기까지 4가지 영역을 모두 평가하며, 읽기와 듣기는 객관식으로 말하기와 쓰기는 주관식으로 출제될 예정이다. 이렇게 학교 영어 또한 실용영어능력 중심으로 바뀌고 있다.

NEAT는 컴퓨터를 이용한 IBT(Internet-based TOEFL)유형

의 인터넷기반 영어시험으로 정해진 시간안에 빠른 속도로 영어 문제를 종합적으로 해결하는 시험이다. 따라서 미래 사회의 중요한 IT기술을 이용할 수 있는 능력 또한 중요한 평가 요인이 될 수 있으며 IT이용능력이 떨어지면 낮은 점수를 받을 수밖에 없다.

이제는 암기능력을 평가하던 영어가 아니라 언어로서 영어능력을 평가하는 시대로 바뀌고 있으며 IT기술을 이용한 역동적 능동적 언어평가와 함께 아는 영어에서 활용하는 영어능력이 무엇보다 중요해졌다.

지금까지 우리나라에서는 수능 등 거의 모든 영어능력 평가가 듣기와 독해 위주로 되어있었기 때문에 영어를 전문으로 가르친다는 학원들조차도 시험대비 위주의 교육을 시키고 학부모들도 점수를 많이 올려주는 학원이 좋은 학원이라 믿어 왔다.

매일 단어시험과 독해, 듣기평가를 하고 재시험과 나머지 공부를 학생의 성적관리로 포장하면서 살아있는 영어교육을 등한시해온 몇몇 학원은 교육자로서 부끄러워해야 한다. 하루에 영어 단어 100개, 200개씩 써놓고 그것을 한국말로 해석하라는 문제를 가르치는 곳이 영어교육을 하는 영어학원인가, 암기학원인가?

학부모들도 눈에 보이는 결과만을 놓고 영어교육의 효과를 평가하는 안일한 생각을 이제는 버려야 한다. 또한 학교에서는 영어영역 중 지나치게 문법을 강조한 나머지 실제 영어를 사용하는 나라에서는 쓰지도 않는 어려운 표현들로 어렵게만 만든 문법들을

부모 이노베이션

가르쳐 왔다. 기본적으로 이런 현상은 말하기, 듣기, 읽기, 쓰기 네 영역이 원활하게 되지 않는 영어교사들이 한국 영어교육에서 전통적으로 강조되어 온 문법을 위주로 가르치다 보니 생기는 문제이다. 문법은 교사가 가르치기 쉽고 학생 간의 변별력도 높일 수 있기 때문에 더욱 현장에서 강조된 측면이 있었다.

이런 식으로 영어교육을 받아온 결과 초등학교 때부터 대학까지 10년이 넘게 영어를 배워도 외국인과 간단한 의사소통도 하지 못하는 사람들이 많고, 세계에서 가장 높은 영어에 대한 교육열과 많은 비용, 시간, 노력을 영어에 투자하고 있으면서도 영어능력은 다른 나라들에 비해 상대적으로 떨어지는 결과를 낳고 있는 것이다.

TOEFL만 보더라도 우리나라 사람들이 전 세계에서 가장 많이 응시하고 있으며, 응시료로 가장 많은 돈을 지불하고 있지만, 2010년 한국 토플 평균은 120점 만점에 81점으로 157개국 중 80위를 기록하고 있다.

'유통기한이 없는 영어'를 만들어야 한다. 고등학교까지 정답만 찾는 영어에 몰두하다가 대학 가서는 전공수업이나 취업을 위한 영어교육을 다시 받아야 하는 게 우리의 현실이다. 대학생이 되어서도 영어과외를 받거나 어학연수를 위해 해외로 돈과 시간을 낭비해야 하는 비참한 현실을 내 자녀에게는 겪게하지 말아야 한다. 처음부터 체계적인 틀을 갖춘 영어를 제대로 배우게 해서 10년 20년이 지나도 써먹을 수 있는 생존 영어로 만들어야 한다.

'유통기한 없는 영어'는 내 자녀에게 글로벌 네트워킹 시대에 세계 어느 곳, 어느 누구와도 당당하게 관계를 맺고, 토론하고, 소통을 가능하게 하는 글로벌 역량을 선물하게 될 것이다.

'유통기한 없는 영어'란 이것은 문법이고, 이것은 단어다 라는 식의 하나하나 이해시키고 떠먹여 주는 영어가 아니라 종합적이고 직관적으로 사고하여 통합적으로 활용하는 영어를 말한다. 말하기, 듣기, 읽기, 쓰기의 네 영역이 골고루 작용해서 글의 흐름을 파악하고 의미를 이해하고 논리적 비판적으로 판단하고 통합하는 영어 실력이 중요하다.

비빔밥 영어가 중요해진 것이다. 각각 섞여 있는 나물의 맛이 느껴지면서도 모두 합쳐져 또 다른 뛰어난 맛을 내는 비빔밥처럼 영어의 네 가지 영역의 스킬들이 통합적으로 활용되어 고급의 소통으로 이어지는 비빔밥 같은 영어가 이제는 필요한 시대다. 급속한 세계화, 국제화는 영어를 시험 도구로써가 아니라 진정한 언어로써 습득하도록 우리에게 요구하고 있다.

빌 게이츠는 인터넷의 막강한 파워를 이렇게 말한다.

"인터넷은 우리의 잠재성을 엄청나게 증폭시키기 때문에 인터넷의 장기적인 영향력은 전기, 자동차, 전화 발명을 전부 합친 것과 맞먹을 만큼 막강할 것입니다."

인터넷의 모든 웹사이트에 나와 있는 정보의 80% 이상이 영어로 되어있으니 영어를 못하면 21세기의 문맹이 되는 것이다. 앞으로 공교육 영어가 시험의 도구가 아닌 진정한 의사소통의 도구로써 학습되어져야 하는 급속한 환경 변화를 가져올 수밖에 없는 이유를 말해 주고 있는 대목이 아닐 수 없다.

한국영어 미국영어

미국에서 공부하고 있을 때였다. 어느 날 교수가 들어와서 나누어 준 토론 자료를 보니까 한국에서 엄마들이 영어 발음을 좋게 하려고 아이에게 혀수술을 시킨다는 내용의 기사였다. 기사에는 유창한 영어 구사의 핵심은 수술이 아니라 연습이라는 말로 한국사회의 비뚤어진 영어광풍에 쓴소리를 뱉었다. 나는 창피하고 자존심이 상해서 토론을 제대로 할 수 없었다. 그때 생각했다.

"이 왜곡된 영어환경 내 손으로 바꿔버리자."

그리고 한국에 돌아와서 영어 유치원인 위즈빌을 세웠다.

미국에 가지 전까지 나는 영어를 전공자처럼은 아니지만 생활 속에서 계속 사용하고 있었다. 대학 때는 'Time반' 동아리 활동을 꾸준히 하였고 아이를 키우면서도 아이의 영어교육을 위해 아이와 함께 계속 영어에 노출이 되어 있었다. 대학원에 가서도 원

부모 이노베이션

서를 별 무리없이 소화했다. 그리고 미국에 가려고 F1 학생비자를 받을 때도 토플 점수를 600점 가까이는 기본으로 받아야 했으므로 나는 긴장되고 떨리기는 했지만 영어에 대해선 별 걱정은 하지 않았다.

그런데 막상 미국에 간 첫 날부터 나는 좌절하지 않을 수 없었다. 햄버거가게에 가서 주문을 제대로 할 수가 없었다. 지금 생각하면 창피하기도 하고 우습기도 하지만, 종업원이 "Here or to go?" 물어 볼 때도 무슨 말인지 알아들을 수 없었다. 내가 알던 영어와 미국 영어는 너무나 달랐다.

학교에 가서 수업을 들을 때는 더욱 심각했다. 일단 아무 말도 알아들을 수가 없었다. 영어를 잘 알아듣지 못하니까 석사학위를 가진 고학력자인 나는 그곳에선 유치원 아이와 다를 바가 없었다. 그 당혹감을 어떻게 설명하면 좋을까? 그들이 말하는 속도가 너무 빨랐고, 그들의 영어는 유연했으며 리듬감이 넘쳤다. 중요한 몇 마디만 강조하고 다른 부분은 흘러가듯이 말하였다. 나는 계속해서 주변의 학생들에게 도움을 청할 수밖에 없었다.

"Excuse me! Excuse me!"

학교 시작 후, 몇 주가 지나자 도저히 참을 수가 없었다. 학과 리포트는 쌓여가고 들리지는 않고 게다가 말도 통하지 않았다. 내가 말하는 영어를 학생들이 아무도 알아듣지를 못하는 것이다. 나는 순전히 눈치와 감각으로만 학교 생활을 이어가고 있었다.

언제까지나 눈치로만 살수 없었기에 문제해결을 해야 했다. 이

대로 보따리를 싸서 한국에 돌아가지 않으려면 해결책을 찾아야 했다. 그래서 문제가 무엇인지 분석하기 시작했다.

가장 핵심적인 나의 문제는, 교수는 일정한 패턴을 가진 청크(chunk어구)로 연결된 문장들을 반복해가면서 말을 하고 있는데 나는 단어 하나하나에만 신경쓰고 모든 것을 다 알아듣고자 애를 쓰다 보니 이것도 저것도 놓치는 것이었다. 일단 강의실 맨 앞에 앉아 교수의 강의를 몽땅 녹음했다. 그리고 학교를 갈 때나 강의실을 옮겨 갈 때, 시간이 나는 대로 녹음한 강의를 들으면서 교수가 자주 반복하는 문장을 계속 입으로 따라 말했다. 귀에 이어폰을 꽂고 백팩을 맨 아줌마가 종일 중얼거리는 모습에 아마 모두들 나를 동양에서 온 정신이 이상한 아줌마로 보았을 것이다.

그렇게 열심히 듣다 보니까 계속 반복되는 문장과 청크가 귀에 익었다. 그리고 마침내 문장과 청크를 통해 이해하면 자연스럽게 글의 흐름과 맥락을 이해하게 된다는 것을 알게 되었다. 단어와 문법에만 얽매여 모든 것을 다 해석하려고만 했던 내가 교수의 말을 알아듣지 못하고 수업을 따라갈 수 없었던 것은 당연한 결과였다. 이 방법은 내 영어의 아킬레스건이었던 스피킹 문제까지 해결해주었다.

나의 또 다른 문제는 액센트였다. 내 영어 액센트는 세상 어디에도 없는 것이었다. 내 말을 아무도 알아듣지 못했다. 그래도 교수는 유학생들을 많이 상대해서 조금은 나았지만 함께 공부하는 어린 학생들은 내 말을 알아듣지 못하고 "What? What?" 할 뿐

부모 이노베이션

이었다. 학생들은 또 얼마나 답답했을까. 나는 학생들에게 아무 때나 "Would you?"로 시작하는 말로 도움을 청했는데 나중에 알고 보니 그 표현이 적절하지 못한 경우가 많았다. 게다가 또박 또박 말하려는 나의 의도는 단어마다 분절되어 발음하게 되고, 모든 단어가 강조되면서 상대방이 내 말을 문장으로서 연결해 이해 하지 못했다. 나는 한국식의 틀에 박힌 영어를 하고 있었다. 해야 할 말을 생각하며 얼른 말을 문장으로 만들어 말했지만 나의 강한 액센트 때문에 애써 만든 문장을 아무도 이해하지 못했다.

하지만 녹음된 교수의 문장 패턴을 소리를 내서 따라하고 반복 하다 보니 어느 순간 교수가 말한 문장의 패턴과 청크가 내 입에 익기 시작했다. 내가 같은 반 학생에게 무엇을 부탁하는데 그전까 지는 언제나 "What?"이었던 대답이 어느 날부턴가 "O.K."로 돌 아오는 것이었다.

그럼에도 한동안 나는 내가 배운 문법영어를 포기할 수 없었다. 하루는 리딩교수에게 가서 따졌다. 문법시험에서 한국에서 배운 현재완료(have+pp) 규칙에 맞는 정확한 답을 썼는데 교수는 틀 렸다고 채점을 했다. 그래서 나는 한국에서 이렇게 배웠는데 왜 틀리느냐고 물었더니 "한국에서 영어쓰니? 너희 나라 랭귀지가 잉글리쉬니?" 하고 되물었다. 한마디로 자기 언어를 쓰는 사람의 표현력이 맞는 것이라는 말이다.

사실 우리말도 그렇다. 문법하고 상관없이 앞뒤를 거꾸로 말해 도 맞는 얘기들이 있다. 나는 영어를 수학문제 풀듯이 공식에 맞추려 했던 것이다. 실제로 활용되는 영어는 흐름이었다. 대화의 흐름 속에서, 글의 흐름 속에서 파악하는 영어였다. 내가 40년 동안 배운 영어는 규칙이었다. 그 규칙에 충실히 영어를 배웠는데 아무 쓸모가 없었던 것이다.

아이들이 영어를 잘하게 하려면 제일 먼저 잘 들리게 해야 한다. 어렸을 때부터 영어 듣는 게 익숙한 아이들이 원어민수업을 두려워하지 않는다. 왜냐하면 원어민 영어를 많이 들은 아이들은 그 소리와 뉘앙스에 익숙해 있기 때문이다.

단어를 열심히 외우고 한국선생님이 머리에 영어를 주입시킨 아이들은 3년, 4년 영어를 배워도 막상 원어민 선생님과 함께하는 영어수업을 들으면 딱 벙어리가 되고 만다. 마치 내가 미국에서 영어를 처음부터 다시 배웠던 방식으로 새로운 영어를 배워야 하는 것이다.

한마디로 문법의 규칙에 맞게 수학공식 적용하듯 배우는 것이 한국영어다. 상황에 맞게 언어의 의미를 리듬감있게 전달하고 흐름 안에서 의도를 파악하는 것이 미국영어다. 그리고 더 중요한 것은 영어는 감정을 전달하는 표현 중에 말로 할 수 없는 어떤 뉘앙스가 있다는 것이다. 그런 것까지 모두 알 수 있는 수준의 영어라야 글로벌 사회에서 다른 사람의 감정까지도 이해하며 자신을 표현하고 남을 설득하고 이해시킬 수 있다. 진정한 글로비쉬의 언어로써 영어를 생각해 봐야 할 때다.

부모 이노베이션

영어는 시작하는 시기가
가장 중요하다

조기유학, 어학연수, 학원 수강 등을 통해서 국민들이 스스로 엄청난 돈과 시간, 에너지를 영어교육에 투자하고 있다. 하지만 돈, 시간, 노력의 투자보다 더 중요한 것은 영어학습의 적기성이다. 옛 말에 모든 것에 때가 있다고 한다. 영어공부에 있어서 만큼은 그 때가 가장 중요하다.

부모는 자녀가 적절한 시기에 영어학습을 즐겁게 효과적으로 공부할 수 있는 좋은 환경을 만들어 주어야 한다. 그리고 지속적인 관심과 칭찬으로 아이가 계속 흥미를 느끼고 영어의 필요성과 자신의 미래에 어떤 의미인지 인식할 수 있도록 도와주어야 한다.

그리고 영어는 오랜 시간 믿고 기다리는 인내가 꼭 필요하다. 억지로 머리에 넣어줄 수 없다. 스스로 몸이 익히고 반응하도록 해야 한다.

많은 가정에서 우리 아이들의 영어교육을 언제부터 어떻게 시키느냐 하는 문제로 엄마와 아빠가 의견 차이로 갈등을 겪는 상황을 접하곤 한다.

내가 아는 학부모 중에 본인은 항상 우등생으로 의대를 갔고 지금은 병원을 운영 중인 아버지가 있다. 자녀들이 초등학교 4학년, 5학년이 되자 학원이라도 보내서 영어를 가르칠 때가 되지 않았느냐는 어머니의 말에 아버지는 냉랭했다.

"애들은 어렸을 때 흙 밟고 마음껏 뛰놀아야지, 학원은 무슨 학원이야. 나도 중학교 때부터 영어를 했지만 아무 문제 없었어. 중학교나 들어간 후에 생각해보자구."

아주 확고한 소신을 가지고 실천하셨던 아버지다. 하지만 아이들이 고등학생이 되고나서 아버지는 자신의 생각이 완전히 틀렸다는 것을 처절하게 실감하게 되었다.

이미 영어실력이 어느 수준에 이른 상위권 친구들과의 경쟁에서 항상 영어 때문에 시간과 실력에서 밀리게 되었다. 또 너무 늦게 영어를 시작했기 때문에 열심히 해도 학습의 효과도 떨어지고 시간도 몇 배나 더 많이 소요되었다. 당연히 다른 과목에도 영향을 받게 되어 결국 큰아이는 대학입시에서 재수를 하게 되었고, 영어를 극복하기 위해 어학연수를 보내는 길을 택하게 되었지만 결과를 장담할 수는 없는 일이다. 또한, 고3인 작은아이도 영어 때문에 아직까지 힘들어하고 있다.

이 아버지의 문제는 자신만의 제한된 경험에 근거해서 영어를

부모 이노베이션

암기과목과 다를 바 없는 과목학습으로 생각했다는 것이다. 영어도 마음만 먹고 열심히만 하면 단시간에 해결될 수 있다고 믿고 있었던 이 아버지는 아이 어머니의 염려나 전문가의 조언에도 귀 기울이지 않았다.

영어 습득의 효과를 볼 수 있는 적절한 시기를 놓쳐버린 아이들은 아무리 열심히 공부해도 효과가 더디다. 다른 학생들과 경쟁적인 환경에서 영어 능력의 부족은 다른 학습의 경쟁력에도 영향을 미치는 결과를 낳게 된다. 결국 영어는 아이들에게 가장 싫은 과목이 되고 만다.

이 아버지는 자녀들의 희생을 겪고 나서야 영어는 단시간 내에 절대로 정복되지 않는다는 것과 적절한 방법과 시기를 놓치면 아무리 노력하고 투자해도 만족한 효과를 얻기 힘들다는 것을 깨우치게 되었다.

촘스키(Chomsky)와 레너버그(Lenneberg)라는 유명한 언어학자의 이론에 의하면 인간의 두뇌 속에는 L.A.D(Language Acquisition Device)라는 언어습득장치가 있다고 한다. LAD는 1.5세에서 6세까지 가장 왕성하게 작용하여 사춘기인 13세를 전후로 없어지므로 이 기간 내에 언어 습득을 완료해야 한다고 한다. 이 기간 안에는 언어의 무의식적인 습득이 가능하고 그 이후는 의식적 교육과 더 많은 시간과 노력을 필요로 하면서도 성과는 미약하다는 것이 제 2언어 습득의 보편적 이론이다.

특히 이 시기에 인간의 청력은 가장 예민하여 듣기 학습을 계속 강화시킬 경우, 들은 내용이 두뇌에 깊이 입력될 수 있다고 한다. 또 어릴수록 원어민의 다양한 파장음과 굴곡음까지도 잘 들을 수 있어서 이것이 곧 발음관장 두뇌를 자극하여 원어민과 같은 발음을 생성하게끔 도와준다.

아이 둘과 함께 미국으로 가서 공부를 하면서 나는 굉장한 어려움을 겪었다. 내가 배워온 40년의 영어는 쓸모가 없었다. 처음부터 다시 영어를 배우는 수밖에 없었다. 그러나 우리 큰아이는 그래도 나보다는 아주 적응을 잘했다. 한국에서부터 기본적인 의사소통은 가능한 상태에서 건너온 미국에서 큰아이는 불편을 크게 겪지는 않았지만 고급 영어로 수준으로 올리기 위한 더 어려운 공부를 해야 했다.

문제는 작은아이 성욱이였다. 당시 7살이었던 성욱이는 한국에서 겨우 알파벳이나 떼고 단어 몇 개 정도밖에는 아는 것이 없었다. 아이는 말도 알아들을 수도 없고 할 수도 없는데도 참 잘 놀았다. 누가 무슨 말을 하면 일단 웃음으로 무마하고 바디랭귀지를 쓰면서 의사를 전달하며 겨우겨우 소통하곤 했다. 그런데 아이는 불안해하지도 않고 재미없어하지도 않고 아주 즐겁게 지냈다. 나와 제 형은 공부에 정신이 없어 성욱이를 잘 신경쓸 수 없었는데 재미있는 것은 성욱이가 집에 돌아와서는 뜻도 모르면서 제 친구들이 했던 말들을 흉내내며 말하는 것이다. 저도 무슨 말인지 정확히는 모르지만 대충 눈치로 무슨 상황인지만 짐작하고는 친구

　　　　　　　　　　부모 이노베이션

들이 말한 것을 단어든 문장이든 청크든 다 따라했다. 마치 문장을 단어처럼 한 번에 후루룩 말하는 성욱이를 보면서 나도 무슨 말인지 처음에는 몰랐다. 처음 미국에 갔을 때 나란 존재는 거의 유치원 이하의 영어수준이었으므로.

그러던 것이 어느 날부터는 성욱이가 친구들과 대화를 자연스럽게 할 수 있게 되었다. 놀라운 일이었다. 성욱이는 거의 모든 말을 문장 통째로 받아들이고 있었다. 거기다 영어의 리듬을 탔다. 마치 음악을 하듯, 노래를 하듯 리듬감있게 영어를 받아들이고 있었다. 단어 하나도 제대로 모르는 아이가 석사학위를 받은 제 엄마보다 더 빠르고 더 정확하고 더 세련되게 영어를 구사했다.

성욱이의 경우처럼 영어는 습득의 시기가 매우 중요하다. 그리고 영어를 머리로 배우는 것이 아니라 즐겁게 온 몸의 감각으로 노래와 음악을 하듯 리듬을 느끼면서 배울 수 있어야 한다. 그래야 몸이 영어의 감각을 잃어버리지 않는다. 자전거를 한 번 배우면 절대로 그 균형감각을 잃지 않는 것처럼, 음악이 나오면 저절로 어깨와 목이 까딱거려지는 것처럼 영어를 배워야 한다.

그래서 부모는 자녀가 자연스럽게 영어에 노출되고 관심을 가질 수 있는 다양한 환경을 지속적으로 올바르게 만들어 주어야 한다. 영어 유치원 또는 대사관 문화원 같은 곳에 아이를 보내는 학부모들 중 많은 수는 그래도 자녀를 100% 영어 환경에 노출시키는 것의 중요성을 알고 선택한 경우이다. 하지만 경쟁적인 부모들의 욕구에 편승하여 유아들에게 조차도 억지로 외우기를 강요하고, 과제량으로 학습효과를 내려고 하는 일부 영어학원들은 반드시 피해야 한다. 아이가 어려서부터 과제에 대한 스트레스를 받으면 앞으로의 초중고 12년의 학습효과를 떨어뜨릴 수 있다는 것을 알아야 한다.

영어유치원을 선택할 때는 유아의 흥미와 관심을 불러일으킬 수 있는 적절한 환경 속에서 유아의 발달 단계를 이해하는 곳이어야 한다. 유아에 맞는 효과적이고 창의적인 학습을 이끌 수 있는 전문 영어 강사(이중언어사용자 bilingual)가 유아의 신체 · 정서 · 사회성 · 언어 및 인지 발달을 골고루 자극할 수 있는 재미있고 다양한 활동을 제공할 수 있는 곳인지를 꼭 확인해야 한다. 영어유치원은 영어 환경을 도구로 활용하는 유아교육기관이지 영어가 목적인 학원이 아니다. 그 점을 부모는 염두에 두어야 한다.

아이가 초등학교 저학년 때 대충 영어 학습지나 영어 CD 등을 듣는 정도로 영어를 접하다가, 초등4학년이 지나고 고학년 때부터 영어를 본격적으로 시작하려다 보면 영어를 몸으로 습득하는 것이 아니라 학습으로 접하게 될 가능성이 높다. 영어유치원과는 다르게 자신의 문화와 환경이 전혀 다른 상황에서 영어를 배워야 하고 영어 노출의 양도 지극히 제한된 조건 하에서 영어를 습득하고 완성시키는 것은 매우 어려운 일이다. 따라서 시기가 늦은 만큼 영어학원을 선택할 때 더욱 신중한 노력이 필요하다. 많은 학교가 저지르고 있는 잘못된 방식처럼 영어를 단순히 외우고 문법

부모 이노베이션

을 배우고 정답을 찾는 기능적인 방법으로만 가르치는 비효율적인 학원을 또 보낸다면 아이는 영어를 제대로 배울 기회가 없다.

언어의 네 가지 기능인 듣기, 말하기, 읽기, 쓰기를 골고루 습득할 수 있는 과학적이고 체계적인 시스템이 있는 학원을 선택해야한다. 또한, 학생 스스로도 학원의 부족한 학습시간을 보충하기 위해 학원을 가지 않은 시간에 날마다 꾸준히 체계적으로 영어에 노출시키는 남다른 인내와 정성, 시간과 노력이 반드시 병행되어야 한다.

누구든 영어를 잘 할 수 있다

누구든 영어를 잘 할 수 있다. 단, 절대로 포기하지 않아야 한다. 지속적으로 시간을 투자해서 집중적으로 끝까지 하면 된다. 마흔 살의 아줌마였던 나도 해냈다.

　미국에 가서 공부하고 3년 후에 돌아온 한국에서 나는 영어프로그램을 만들 만큼 영어에 대한 깊은 이해를 갖고 돌아왔다. 내가 특별한 언어적 소질이 있어서가 아니라 내가 반드시 영어를 마스터하겠다는 목표가 있었기 때문이다.

　미국에서 나는 영어 때문에 처음에 너무 많은 상처를 받았다. 영어를 못해 무시당할 때마다 정말이지 자존심이 상해서 견딜 수가 없었다. 어쩌면 그 자존심 때문에 더욱 영어에 집중할 수 있었는지 모른다. 나는 마치 고3 학생이 수능공부하는 것처럼 열심히 했다. 온 집안이 영어 단어와 청크를 써놓은 포스트잇으로 도배가

　부모 이노베이션

되어있었다. 나는 내 스스로 환경을 만들어 영어를 익혔다. 만약 내가 포기하고 돌아왔다면 지금의 나는 없었을 것이다.

누구나 영어를 잘할 수 있다. 그러나 한 가지 영역만 잘해서는 안 된다. 듣기만 잘하고 아니면 읽기만 잘하고 말만 잘 하고 쓸 수만 있는 영어는 절름발이 영어다. 영어는 말하기, 쓰기, 읽기 듣기 이 네 가지가 하나처럼 유기적으로 이어져 나와야 한다.

이런 유기적 영어, 고급 영어가 되기 위해서는 반드시 필요한 것이 있다. 바로 토론, 디베이트(debate)다. 영어 성취가 100%가 되지 못하고 90% , 99%에서 멈춰지는 차이는 토론을 할 수 있는 영어인가 그렇지 못한 영어인가의 차이다. 결국 모든 언어활용의 정점은 토론이다. 우리말도 마찬가지다.

토론에서는 우선 상대방의 의견을 경청해야 한다. 경청하면서 상대방 의견의 핵심과 의도를 파악해야 한다. 그리고 상대방에게 내 의견을 객관적으로 입증하고 논리적으로 비판적으로 설득시키려면 순식간에 많은 자료를 읽어내야 하고 상대방이 던진 화두에 대해 내가 그것을 방어할 수 있는 타당한 자료들을 선택해서 내 의견을 주장할 수 있어야 한다. 토론에는 말하기, 쓰기, 읽기, 듣기의 요소들이 다 들어있다. 이제는 토론이 되지 못하는 영어는 아무 필요가 없다.

과거 입시 위주, 점수 위주의 사회에서는 학원에 들어가면 아이가 어떤 목표를 가지고 공부를 하든 말든 아이에게 지식을 주입시키는 것이 다였다. 그러나 언어는 주입만으로 되는 것이 아니고 선생님이 스파르타식으로 시킨다고 되는 것도 아니다. 스스로가 상황에 맞게 여러 가지 표현을 반복해서 사용해 보고 그 경험들이 내 안에 쌓여야 내 언어가 된다. 이것은 본인 스스로가 훈련하지 않으면 절대로 되지 않는다.

어학원의 역할은 영어의 길을 잡아주는 곳이다. 그리고 영어적 환경에 아이를 노출 시키는 곳이다. 그러나 리스킨 가스페로 교수가 연구한 대로 최상급의 언어를 구사하기 위해 필요한 언어노출 시간 2700시간을 모두 어학원에서 할 수는 없다. 집에서도 반복해서 영어에 노출시키는 수 밖에 없다.

에빙하우스(H. Ebbinghaus)가 이야기했듯이 인간은 습득한 지 하루가 지나면 기억의 50%가 날아가 버린다. 그렇기 때문에 규칙적으로 상황에 맞는 언어를 자기 입에 붙도록 반복해야 한다. 집에 돌아오자마자 바로 복습을 해야 하는 이유다.

그런데 엄마들은 어학원에 보냈으니까 아이가 알아서 하겠지라고 생각하고 집에서의 영어는 신경 쓰지 않는다. 어학원은 아이가 언어적으로 몰입하는 곳이다. 무조건 100% 한국말이 들어오면 안 되는 곳이다. 영어적 환경을 만들 수 있는 어학원에서는 원어민과 소통하고 토론하면서 영어로 사고하는 기회를 마련해 주지만 집은 어학원과는 전혀 다른 환경이다. 따라서 집에서는 영어노출을 위해 아이 스스로 훈련하는 수밖에 없다. 열심히 단어와

부모 이노베이션

청크, 문장과 패턴을 수없이 반복해 말하고 귀에 들리게 해야 한다. 그럴 수 있도록 부모가 도와줘야 한다.

자녀가 늦게 영어를 시작했다면 반복만이 최선이다. 이미 영어를 몸으로 감각적으로 받아들일 시기를 놓쳤다면 머리로 익히는 것이 빠르다. 머리에 각인할 수 있도록 하는 제일 좋은 방법이 바로 반복훈련이다. 그래서 어디서든 패턴과 문장을 통으로, 반복적으로 외우는 훈련을 하게 해야 한다.

영어 학습의 제일 좋은 방법은 할 수만 있다면 외국에 보내는 것이지만 꼭 그것만이 답은 아니다. 단순히 영어 하나만 익히기 위해 아이를 외국에 보내는 것에 나는 찬성하지 않는다. 나도 두 아이와 함께 미국에 다녀왔지만 만약 아이들의 영어실력 때문이었다면 미국에 가지 않았을 것이다. 나는 미래사회를 직접 느끼고 변화를 체험하고 싶었다. 그리고 아이들에게 넓은 곳에서 열린 교육을 배울 수 있는 기회를 주고 싶었고 나도 아이와 함께 미래사회의 자녀교육에 대해 공부하고 싶었기 때문에 함께 도전한 것이다. 단지 아이들 때문에, 영어 때문에 그런 것이었다면 기러기 엄마가 되지는 않았을 것이다.

또다른 영어 학습으로 영어 연수가 있다. 아이의 영어 단계가 낮을 때는 영어문화의 경험을 위해 단기로 학교영어캠프 같은 것을 다녀올 수도 있다. 요즈음 필리핀이 가격이 저렴하다는 이유로 학부모들이 선호하고 있는데 주의를 기울일 필요가 있다. 교사의 질이나 주변의 환경적, 문화적 상황도 중요하기 때문이다.

아이의 영어 단계가 문장을 어느 정도 구사할 수 있는 수준이라면 단순 캠프보다 집중몰입교육(Intensive Immersion Program)을 통한 언어능력의 비약(Proficiency Jump) 및 습득동기의 비약(Motivation Jump)을 목표로 해야 한다. 그때는 부모와 떨어진 단체생활을 통해 규율과 자율의 자세를 체득함으로써 셀프리더십(Self-leadership)을 기를 수 있는 기회도 함께 제공할 수 있어야 한다.

나는 우리 학생들에게 청담러닝이 개발한 CIS(Chu ngdahm Immersion School)유학프로그램을 추천하고 있다. 실제로 지금까지 100명 이상의 학생들이 캐나다 벤쿠버에 있는 CIS를 다녀왔으며 영어의 비약적 발전과 함께 자신의 꿈과 비젼을 설정하고 돌아와 많은 발전을 보여주고 있다.

또 이제는 영어의 스킬을 평가하는 방법이 크게 바뀌었다. IT 환경의 확대와 전 세계적으로 글로벌 네트워킹이 강화되고 심화되는 현실에서 영어를 단순히 평면적으로 평가할 수는 없기 때문이다.

컴퓨터를 이용한 다양한 영상과 상황을 보여주며 다면적으로 평가하는 시스템은 지난 날의 좌뇌형 평가에서 벗어나 입체적인 우뇌형 평가가 함께 도입되면서 좌우의 조화로운 학습을 평가할 수 있다. 그렇게 컴퓨터를 이용하면 언어를 훨씬 더 효과적으로 습득 평가할 수 있다.

부모 이노베이션

변화된 환경에서 영어는 이제 선택의 문제가 아니라 생존의 문제다. 아이가 힘들다고 미리 지쳐 포기하지 않도록 끊임없이 다독이고 목표를 환기시켜줘야 할 것이다.

퍼펙트한 영어를 추구하라

콜롬비아대학 김승기 박사의 논문 '한인 명문대생 연구'에 따르면 1985년부터 2007년까지 미국 명문대 14개 대학에 진학한 한인1.5세와 2세 1400명들의 중퇴율이44%에 이른다고 한다. 이는 유대계 학생의 중퇴율 12.5%에 비하면 3배 가까이 높은 것이며, 인도계 21.5%, 중국계 25%에 비해서도 월등히 높은 중퇴율이고 전체 평균 34%보다 훨씬 높다.

그 핵심적인 이유 중의 하나가 영어 능력 때문이라고 한다. 영어실력 때문에 뛰어난 미래역량을 가진 인재들이 중도에 자신들의 꿈을 접어야 한다는 사실은 안타까운 일이다.

큰아이 기혁이가 콜롬비아대에 가서 직접 보니까 결국은 학과에서 좋은 점수를 받기 위한 가장 중요한 요소 중의 하나가 영어실력이 라고 한다. 고등학교 때 어떤 영어를 공부했느냐가 대학에

　　　　　　　　　부모 이노베이션

서 쌓게되는 실력에 많은 영향을 준다는 것도 알게 되었다고 한다. 자신의 전문적 역량과 잠재력을 보여주는 도구가 영어실력이기 때문이다.

한국의 대학 도서관에서는 대학생들이 지금도 50% 이상이 영어책을 붙들고 있다. 초등학교부터 중고등 대학까지 엄청난 시간 동안 영어를 해왔음에도 또 영어를 계속 해야 한다. 이 현실을 이제는 빨리 없애야 한다. 한 번 공부하면 평생가는 그야말로 '유통기한 없는 영어'가 되야 한다. 세계의 다른 대학생과 인재들이 자신들의 학문과 역량 개발을 위하여 도서관에서, 컴퓨터 앞에서, 다양하고 깊이 있는 지식과 정보를 찾아 공부할 때 우리나라 대학생들은 영어만을 붙잡고 있다면 과연 그들이 미래 사회에서 어떻게 경쟁할 수 있을까.

중고등학생들은 영어를 가장 싫어하는 과목 중의 하나로 여긴다. 어릴 때와는 다르게 영어가 언어적 측면보다는 학습의 측면으로 다가와 그럴 것이다. 또 늦게 영어를 접하면 어린 아이처럼 몸으로 느끼고 즐기며 배우기에는 너무 늦었다고 생각하고 미리 포기하기 때문이다. 하지만 늦었다 해도 아직 실패한 것은 아니다. 부모는 자녀에게 그 점을 자꾸 이야기 해주어야 한다. 늦은 것만 부각시켜 아이를 불안하게 만들 필요는 없다. 영어는 1,2년 배우다 마는 공부가 아니고 평생 가지고 갈 나의 무기다.

지금부터 다시 시작하게 해야 한다. 그래서 내가 중학교 고등학교 학생들에게 강력하게 추천하는 것이 청크, 문장 외우기이다.

자주 나오는 패턴의 문장을 통으로 외우기 시작하면 그것과 연관된 다른 작은 미세한 부분까지 함께 추출해 이해할 수가 있다.

아이들이 영어를 혼자 할 수 있는 방법을 찾으면서 전화영어를 하는 아이들이 있다. 일단 기본적으로 스피킹, 말하기는 혼자 할 수 없다. 그것은 벽에 대고 말하는 것과 같다. 스피킹의 전제는 쌍방향이어야 한다. 전화 영어의 경우 처음 아이가 자신감을 갖고 자극이 되기에는 좋지만 상대방과의 피드백이 없기 때문에 결국은 큰 기대를 하기는 어렵다. 그러나 미리 주제를 주고 아이가 주제에 맞는 자료를 조사하고 자신의 생각을 정리한 후 전화를 통해 주제질문에 따른 의견을 말하고 의견을 교환하는 등 충분한 소통의 방법이 있다면 해 볼만 하다.

사실 영어는 특별한 방법이 없다. 미친듯이 파고들고 미친듯이 반복해야 한다. 다른 요령은 없다. 그러나 영어는 한 부분 한 부분 나눠서 먹으면 안 된다. 영어라는 언어의 전체 틀에서 부분을 이해하고 통합적으로 해석해서 한꺼번에 먹는 것이 중요하다.

영어를 공부하면서 객관적이고 신뢰할 수 있는 도구의 평가를 6개월에 한 번씩 정기적으로 받는 것도 좋다. 자녀가 어느 정도의 영어 역량을 지녔는지 영역별로 꼼꼼하게 따질 필요가 있다. 어느 학원을 다니든 어떤 형태로 공부를 하든 영역별 역량을 정확하게 평가하는 것이 중요하다. 아이가 어떤 영역에서 부족하고 보완해야 하는지 평가하고 분석해야 한다. 개인적으로 토플주니어를 추천한다. 중학교 3년까지 지표로 삼기에는 충분하다. 토플주니어

부모 이노베이션

는 무엇보다 미국의 교육지수와 내 아이를 비교할 수 있는 지수를 파라그라프로 보여주고 점수로 환산해 나타내 준다. 그리고 우리나라 같은 수준의 아이와 미국 교과과정의 수준도 비교해 백분율로 보여준다. 이러한 평가는 아이가 자신을 뒤돌아보고 지속적으로 자신의 영어 역량을 쌓을 수 있는 계기가 될 수 있을 것이다.

영어는 생존이다. 그리고 나의 역량을 펼쳐 보일 수 있는 도구다. 그리고 이제는 영어를 내 성공의 무기로 삼아야 한다. 영어가 나의 무기가 될 수 있는 것은 소통의 순간이다. 글로벌 사회에서 매일매일 예측할 수 없는 문제가 생길 때마다 우리는 문제해결을 위해 남들과 소통하지 않으면 안 된다.

우선 무엇보다 잘 들어주어야 한다. 우리는 듣는 기술이 필요하다. 상대방이 말하는 의도와 핵심을 논리적 비판적으로 사고해서 파악(logical approach)해야 한다. 그럴 때 중요한 핵심을 필기(note-taking)하고 요약정리(summery)해야 한다.

그리고 나면 이제 내 의견을 설득력 있게 주장(topical approach)해야 한다. 내 생각과 내 관점으로 문제를 이야기하고(speaking) 상대방을 이해시키고 설득시켜야 한다. 이렇게 상대방과 내가 서로를 이해하고 설득하면서 합의를 도출하고 문제를 해결할 수 있는 것이다.

이러한 일련의 설득의 과정에서 영어의 네 가지 영역인 듣기, 쓰기, 읽기, 말하기가 모두 유기적으로 녹아있음을 알 수 있다. 단 하나도 빠질 수 없는 영어능력이다. 이러한 '생각하는 영어'가 돼야 글로벌 사회에서 소통의 역량을 가진 리더가 될 수 있다.

영어는 글로벌 사회와 소통하기 위한 가장 강력한 무기임을 알아야 한다. 그렇기 때문에 영어의 목표를 그저 상식과 교양의 수준에 두어선 안 된다. 다른 사람과 소통할 수 있는 영어가 되어야 한다. 단순히 대화를 나누는 영어가 아니라 감정을 전달하고 상대방의 마음을 움직일 수 있는, 설득할 수 있는 퍼펙트한 영어를 목표로 삼아야 한다. 우리 아이 영어의 목표를 글로벌 사회의 소통과 공감으로 잡아야 아이가 당당한 글로벌 인재로 커나갈 수 있을 것이다.

부모 이노베이션

아이와 함께 만들어가는 미래

나보다 멋진 아이

나는 성장기 내내 부모님으로부터 사랑한다는 말을 듣는 것은 고사하고 저런 쓸 데 없는 딸들을 뭐 하러 많이 낳았느냐는 집안 어른들의 소리를 귀에 못이 박히도록 들으며 어린 시절을 보냈다. 만약에 내가 남동생처럼 주변 사람들과 부모님으로부터 정말 소중한 아이라는 말을 듣고 자랐다면 내 인생이 어땠을까? 만약에 부모님이 내게 더 일찍 비전을 갖게 하고 격려해 주셨다면 나는 또 어떤 인생으로 살아가고 있을까?

먹고 살기 바쁜 시절, 그래도 육남매를 애써 키워주시고 교육시켜주신 부모님께 감사와 존경을 보내지만, 나는 나의 아이들만은 내가 자랐던 방식이 아닌 공평하고 합리적인 방법으로 키우고 싶은 생각을 늘 갖고 살았다. 내가 듣지 않았으면 좋았을 상처의 말들을 내 아이들에게 들려주고 싶지 않았다. 성장하면서 내가 받았으면 좋았을 수용과 격려의 따뜻한 눈빛들을 내 아이들에게는 더 많이 보내주려고 나는 애썼다.

가부장적이고 일방적이었던 내 부모님과는 다른 방식의 사랑, 내가 느끼고 싶고 겪어보고 싶었던 사랑을 나는 우리 아이들에게 아낌없이 주고자 했다. 그리하여 아이들이 나보다 더 많은 사랑을 품고 더 멋진 미래를 꿈꾸며 살기를 어제도 오늘도 내일도 나는 바라고 또 바란다.

결국 마음을 얻는 일이다

우리는 이 책을 통해 미래형 부모가 되기 위해 할 수 있는 여러 가지 역할들에 관한 이야기를 나누며 왔다. 잘 들어주는 경청의 리스너가 되자, 트레이너가 되자, 매니저가 되자, 좋은 멘토가 되자. 그러나 이건 모두 같은 이야기다. 우리가 알아야 할 것은 사실 단하나이다.

'아이의 마음을 얻어라.'

아이의 마음을 얻기 위한 부모의 이런저런 노력들을 아이는 분명 알아차리게 될 것이다. 부모가 그 과정에서 실수할 수도 있을 것이다. 결과가 좋지 않을 수도 있다. 열 번 노력했다가 한 번 참지 못해 처음부터 다시 시작할 때도 있을 것이다. 그러나 하지 않는 것보다는 낫다. 그러다보면 아이에게 부모의 마음이 왜곡되지 않고 있는 그대로 받아들여지는 순간이 반드시 100퍼센트 온다.

부모 이노베이션

완벽한 사람은 없다. 완벽한 부모는 더더욱 없다. 우리 모두는 인생을 살아가면서 좌충우돌하면서 더 아름다운 길을 찾아가고 있을 뿐이다. 그 과정에서 실수도 하고 실패도 하며 후회하고 고통스러워 하기도 한다. 부모의 길은 내 인생에서 가장 험하고 어려운 길이며 생이 끝나는 순간까지 계속되는 머나먼 여정이다.

20대, 30대, 40대, 50대... 부모와 자식의 관계가 모두 똑같지는 않을 것이다. 오히려 실질적인 생리학적 파워는 시간이 흐를수록 아이가 더 커질 것이다. 시간이 흐르면서 스킬이 바뀔 수는 있다. 그러나 부모 자식간 관계의 스킬은 바뀌어도 변하지 않는 것이 있다. 바로 마음이다.

함께 도전하는 부모

흔히 미래교육을 생각하거나 이야기할 때 중요한 사실 하나를 놓치는 경우가 많다. 그것은 나도 내 아이들과 함께 21세기를 살아가는 세계인이라는 사실이다.

나이가 40이든 50이든 부모인 우리가 해야 할 일은 무한하게 열려있다. 그것이 무엇인지 찾기 위해 분투하는 부모의 모습과 눈빛에서 아이들도 자기 인생에 대한 그림을 볼 수 있을 것이다. 설령 실패한다 해도 도전의 과정에서 보여준 부모의 열정을 통해 아이들은 미래를 배울 수 있을 것이다. 부모 또한 도전의 과정에서 아이의 도전을 보다 심층적으로 이해할 수 있게 될 것이다. 그때부터 부모는 아이를 시시콜콜 감시해야 하는 대상이나 주의깊게

봐야 할 관찰의 대상이 아니라 나의 동지로 이해하게 된다. 아이들도 그 속에서 생겨나는 작은 감성들을 주고받으며 부모를 이해할 것이다.

아이에게 계속 공부하라고 채근하는 것보다는 틈틈이 자기를 계발하는 부모의 모습을 보여주는 것이 훨씬 효과적이다. 비록 당장은 근사한 목표를 향한 도전이 아닐지라도 그 도전은 언젠가 반드시 필요한 경험으로 활용되게 될 것이다.

앞으로의 드림 소사이어티(dream society) 사회에서는 아이에게 헌신하는 부모의 삶만이 아니라 당당한 세계인으로 내가 하고 싶은 일을 하면서 행복을 느끼며 살아가야 한다. 인간은 끊임없이 변화하고 도전해야 한다. 그래야 내가 살아있음을 느낄 수 있다.

나는 결코 특별한 엄마가 아니다. 내가 다른 엄마들과 다른 것이 있다면 나의 목표를 세우고 엄마로서의 길 외에 내 인생을 살아갔다는 점이다. 그 길을 포기하지 않았기 때문에 아이들이 나를 자랑스럽게 생각하고 경외감을 느끼는 것이라고 생각한다.

도전의 시작은 결코 어렵지 않다. 어떤 형태로든 목표를 가지고 적어도 의미가 있는 아주 작은 일이라도 만들어야 한다. 그것을 당당하게 아이들에게 얘기하게 되면 아이들도 부모를 다시 보게 될 것이다. 그것이 꼭 봉사가 아니어도 되고 돈 버는 일이 아니어도 된다. 그러나 그러한 행동은 반드시 목표가 있고 정기적이고 규칙적이고 지속적이어야 한다.

21세기는, 미래는 아이들에게만 주어지는 것이 아니고 우리

부모 이노베이션

부모에게도 똑같이 주어지는 삶의 기회이다. 아이들에게 삶과 꿈에 대해 이야기 해주는 것도 중요하지만 그러기 위해서라도 부모가 먼저 시작해야한다. 미래는 나와 내 아이가 함께 꿈꾸고 함께 만들어가는 것임을 잊지 말아야 한다.